经济增长阶段转换下的结构转变及其演化

◎黄榕 著

南京大学出版社

图书在版编目(CIP)数据

经济增长阶段转换下的结构转变及其演化 / 黄榕著
. 一南京：南京大学出版社，2020.5
ISBN 978-7-305-22994-7

Ⅰ.①经… Ⅱ.①黄… Ⅲ.①产业结构—研究—中国 Ⅳ.①F269.24

中国版本图书馆 CIP 数据核字(2020)第 037428 号

出版发行	南京大学出版社		
社　　址	南京市汉口路 22 号	邮　编	210093
出版人	金鑫荣		

书　　名	经济增长阶段转换下的结构转变及其演化		
著　　者	黄　榕		
责任编辑	刘　飞	编辑热线	025-83592146

照　　排　南京南琳图文制作有限公司
印　　刷　苏州市古得堡数码印刷有限公司
开　　本　787×960　1/16　印张 12.5　字数 252 千
版　　次　2020 年 5 月第 1 版　2020 年 5 月第 1 次印刷
ISBN 978-7-305-22994-7
定　　价　45.00 元

网址：http://www.njupco.com
官方微博：http://weibo.com/njupco
官方微信号：njupress
销售咨询热线：(025) 83594756

＊版权所有，侵权必究
＊凡购买南大版图书，如有印装质量问题，请与所购
　图书销售部门联系调换

序　言

　　结构转变是工业革命以来与现代经济增长同步的现象,即生产要素从农业部门到非农业部门的持续转换以及从工业部门向服务业部门的流动。金融危机前,人们普遍认为,三次产业结构表现出"三二一"的演变规律。但是,自金融危机以来,世界各国开始重新梳理实体经济与虚拟经济、制造业与服务业的关系,提出重新发展本国制造业的发展战略。这对于结构转变的理论研究是最大的冲击。本书以作者博士论文为基础、以结构转变为研究对象,借鉴了世界主要发达国家的结构转变模式,重点关注中国及各省产业部门经济活动及其资源配置情况。

　　本书研究主要分为典型事实与实证分析两部分。第一部分典型事实源于大量的历史数据支撑。本书对21个国家(包括发达国家和发展中国家)1800—2010年的结构转变事实比较发现:制造业份额的拐点是衡量结构转变的重要标准,且就业的结构转变总是先于产出,工业就业的拐点(人均GDP为6 413国际元)先于产出拐点(人均GDP为7 133国际元)。中国处于从"工业化"迈向"去工业化"的阶段——中国工业产出与就业份额都已经过了倒U型拐点;与此同时,中国的农业结构转变尚未完成。中国的结构转变具有库兹涅茨式的复合特征——同时处于结构转变的第一、二两阶段。中国结构转变的初始条件发生变化,过早"去工业化"蕴含极大风险。同时,产业结构演进中二产＞三产＞一产的无效率规律,也是中国新一轮产业技术革命需要注意的问题。第二部分实证分析以严谨的数据获取为基础。本书在国民经济核算框架下测算出中国31个省三次产业部门1978—2012年间可变折旧率,然后再根据永续盘存法估算出各省三次产业部门的资本存量;选取超越对数生产函数、使用随机前沿面板模型对1978—2012年的省际面板数据进行实证分析,发现:① 三次产业的效率下降程度(由模型的效率参数表示)不同,改革开放以来第一产业的演进过程伴随着效率的提高,

二、三产业的演进越来越无效率。②生产无效率的4个影响因素——基础设施建设、市场化程度、政府行为和开放程度对三次产业的效率有着不同方向不同程度的影响。③将三次产业部门的TFP增长率分解为技术进步、技术效率增长率、配置效率增长率三部分，配置效率增长率在三部分贡献中占绝对地位，严重阻碍了本部门TFP增长率。④第三产业TFP增长率显著高于一、二产业，这种差异与劳动力从农业和工业部门流向服务业部门的配置情况相一致。二、三产业TFP增长率或其差值与该部门结构转变变量之间的格兰杰因果关系更为明显。就资本回报率而言，在资本回报率递减规律降低资本回报率、劳动力配置与技术溢出提高资本回报率的互逆作用下，各省三次产业资本回报率随着资本存量增加表现为L型下降趋势，近年来保持稳定、符合卡尔多事实。产出品价格与资本品价格变化的差值，是构成实际资本回报率波动的主要因素。就资本配置效率而言，一产资本配置效率是有效的，二产资金吸引能力与该产业部门的成长性无关，三产存在相对严重的资本错配。三次产业资本回报率的影响因素有TFP增长率、资本产出比、结构转变（产出份额和就业份额）、市场化和政府行为。

当前是"十四五"开局的关键之年，事关2035年我国现代化远景目标的实现。中国需要在现代产业结构转变的大趋势下保持一定的增长速度，但并非过度追求难以企及的增长速度，更重要的是提升增长质量，这是根据我国发展阶段、发展环境、发展条件变化做出的科学判断。面向高质量发展需要和结构转变趋势，我国经济发展需要聚焦关键领域、薄弱环节锻长板、补短板。目前，中心城市和城市群等经济发展优势区域正成为承载发展要素的主要空间，但同时面临着地理边界限制、区域能源安全保障不足等薄弱环节和短板，需要统筹推进跨区域基础设施建设，不断提升中心城市和重点城市群的基础设施互联互通水平。当然，社会发展永无止境，社会科学研究也应继续坚持问题导向，立时代潮头、通古今变化、发思想先声，为社会科学研究的繁荣发展贡献绵薄之力！

著　者

目 录

序言 ·· 1

第一章 绪论 ·· 1
  第一节 研究背景与意义 ··· 1
  第二节 研究思路与内容 ··· 8
  第三节 技术路线与研究方法 ··· 10

第二章 概念界定与文献回顾 ·· 12
  第一节 概念界定 ·· 12
  第二节 对结构转变的事实描述 ····································· 15
  第三节 部门结构与经济增长的理论机制 ······················· 17
  第四节 结构转变与经济增长的实证研究 ······················· 22

第三章 结构转变的典型事实 ·· 29
  第一节 结构转变的测度指标 ··· 30
  第二节 结构转变的国际比较 ··· 31
  第三节 结构转变的省际比较 ··· 45
  第四节 本章小结 ·· 52

第四章 技术准备:省际分部门物质资本存量估算 ············· 55
  第一节 资本测量的理论与研究 ····································· 56
  第二节 分省分部门的资本存量估算 ······························ 75
  第三节 资本形成路径 ··· 87
  第四节 本章小结 ·· 95

第五章 中国结构转变与 TFP 增长率的实证分析 ……………… 96
第一节 分部门 TFP 增长率估算 ……………………………… 97
第二节 部门 TFP 增长率与结构转变 ………………………… 109
第三节 产业部门效率及其影响因素 …………………………… 120
第四节 本章小结 ……………………………………………… 124

第六章 投资驱动下的结构演化 …………………………………… 126
第一节 省际分部门资本回报率 ………………………………… 127
第二节 省际分部门资本配置效率 ……………………………… 140
第三节 资本回报率影响因素分析 ……………………………… 147
第四节 本章小结 ……………………………………………… 156

第七章 产业转型升级的技术选择 ………………………………… 158
第一节 技术选择、产业结构转型升级与经济增长 …………… 159
第二节 全文结论与政策建议 …………………………………… 164

参考文献 …………………………………………………………… 168

附　录 ……………………………………………………………… 190

后　记 ……………………………………………………………… 191

第一章 绪 论

第一节 研究背景与意义

一、研究背景

1. 产业结构变化伴随现代经济增长的过程

梳理人类发展史便会发现,持续和收入的快速增长是18世纪工业革命后才有的现象。从有记载的历史到19世纪初左右,世界人口以及商品和服务的产出量以大致不变的速度缓慢增长:0—1000年,世界经济总量(GDP)的平均增长率为0.01;1000—1820年,这一数值上升至0.22(Maddison, 2001, p.28)。世界范围的经济增长在最近200年出现了急剧变化,这种变化源于工业革命带来的大工业生产方式:1820—1998年间,世界GDP的平均增长率为2.21(Maddison, 2001, p.28)。

与上述戏剧性经济增长同步的有两个现象,一是工业革命后的技术创新,二是经济结构的变化,世界范围内的农业就业比重从80%以上下降到不到10%,全球也从农业社会转型为现代工业化社会(Lin, 2011)。正因为如此,文献中一国从低收入状态到高收入水平的可持续经济发展,被刻画为持续的技术进步与产业升级(Chenery(1960),Kuznets(1966),Maddison(1980),Chenery等(1986),Hayami和Godo(2005))。

2. 金融危机后对产业演进认知的变化

金融危机前,人们普遍认同三次产业结构与经济发展水平一致的分布规律:高收入经济体第三产业产值占比可高达75%,中等收入经济体的三产比重超过50%,低收入经济体的三产比重则不到50%。发达国家高服务化、去工业化的发展模式,与全球分工格局密切相连:将本国低端制造业向低成本的国家和地区(如东亚)转移,本国劳动力迅速从一、二产业转向第三产业(沈坤荣,2013)。发达国家过度依赖虚拟经济和服务经济的经济结构,在2008—2009年的国际金融危机冲击下凸显畸形。此后,发达国家重新梳理实体经济与虚拟经济、制造业与服务业的关系,提出重新发展本国制造业的发展战略,如美国的"再工业化"和德国的"工业4.0"。图1.1表明,美国实施"再工业化"战略、吸引本土企业回迁后,一改制造业就业下降的趋势。这种变化在今后会如何影响三次产业的结构转变规律,值得关注。

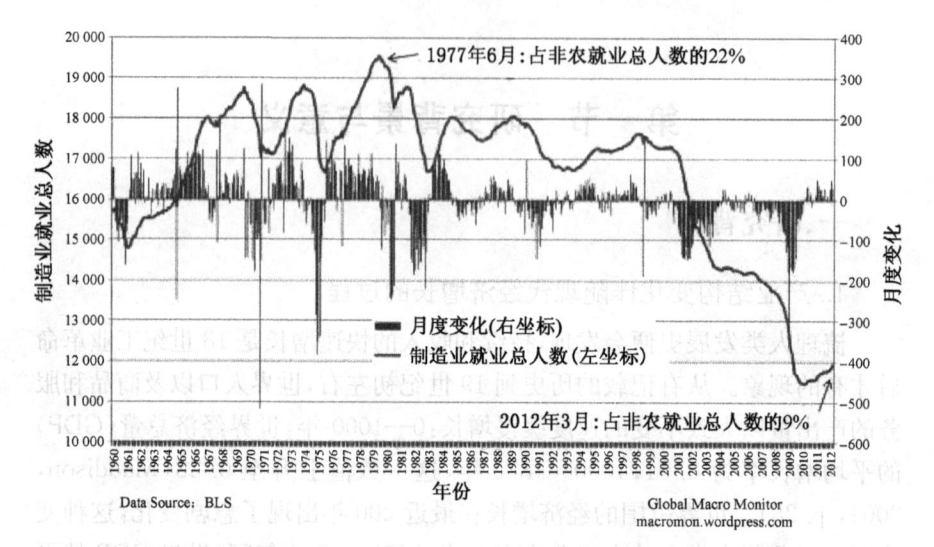

图片来源:华尔街见闻网,《1960年代至今美国制造业就业变化图》(2012年5月1日),http://wallstreetcn.com/node/13645。

图1.1　1960年以来的美国制造业就业占比(单位:千人)

3. 新兴国家需要实现产业结构的升级

一个国家(地区)在一定时期的产业结构,往往取决于这个国家(地区)的资源禀赋状况、所处的社会经济发展阶段、科学技术发展水平以及经济政治体制等状况。对于一国而言,伴随人均收入水平的提高和劳动力结构的变化,经济体的要素禀赋结构和产品相对价格也随之发生变化,从而导致产业结构偏离原先的最优化状态。这一观点的前提假设是,产业结构不是经济增长的外生变量,而是内生决定于同一时点上劳动力、资本和自然要素禀赋结构的相对富裕程度。这与我们的经济直觉是一致的。因此,产业升级是产业结构从原先禀赋结构的最优偏移到新的要素禀赋决定的最优(林毅夫,2012,第22页)。

世界范围内,各国的产业结构是相对稳定的,但又不是静止不变的。以动态和发展的观点来看,世界各国的产业结构在社会再生产的循环中发生相对优势的变化,从而导致国际分工体系的变化。国际经验表明,中国跨越中等收入陷阱、迈向高收入行列,必须探索产业和技术不断升级的道路。根据世界银行"增长委员会"2008年发布的报告,二战后,全球只有13个经济体得以在超过25年间持续成功实现年均7个或7个以上百分点的高速经济增长。这13个经济体中,从低收入开始的只有中国台湾和韩国两个经济体。其他大部分发展中国家尚未能摆脱低收入陷阱或中等收入陷阱。正反两方面的经验和教训表明,中等收入陷阱很大程度上是由于产业和技术不能持续升级、劳动生产率和人均收入水平不能继续提高导致的。而通过持续地提升产业和技术水平成功地由中等收入跨入高收入经济体行列,需要相关的制度安排和政策体系。也正因为如此,尽管发达国家在一定时期内可以实现对高收入弹性、高附加值产品的垄断,但是也面临着新兴国家"后发优势"的竞争压力。新兴国家"后发优势"的动力是自身产业结构的升级,是本国产业结构的合理调整与产业结构的高级化发展。从历史来看,日本、韩国和台湾地区的经验对我国的发展有重要的借鉴意义。这些国家和地区的经验表明,在中等收入阶段向高收入阶段迈进的过程中,产业和技术升级并不是一帆风顺的,对经济体制和政策提出了更高的要求。

发展中国家追赶发达国家的态势在2008—2009年的全球金融危机后有一个明显脱钩。以金融危机为分水岭:在繁荣时代(2003—2007年),发展中国家的人均GDP以年均5.9%的速度增长,发达国家的增速为2.3%;2008—2009年期间,发展中国家的经济增长速度下降至3%,同期发达国家增速为2.2%;尽管2010年发展中国家人均GDP增长率出现强势反弹,达到6.8%,但此后发展中国家经济放缓,2010—2013年人均GDP增长率为4.6%,比危机前慢约2个百分点。[①] 发展中国家的爆发式增长在金融危机后遭受到严重冲击。发达经济体与发展中经济体增长速度的缩小或收敛,使得后发追赶态势必然趋缓。对于中国来说,如何在现有追赶速度放缓、制造业竞争加剧的全球经济背景下,通过实施结构调整和产业发展战略来推动经济增长、缩小与发达国家差距,是值得重新思考的问题。

---

① ZIA QURESHI, JOSE L. Diaz-Sanchez, Aristomene Varoudakis. The Post-Crisis Growth Slowdown in Emerging Economies and the Role of Structural Reforms [J]. Global Journal of Emerging Market Economies, 2015, 7(2): 179-200.

4. 经济增长从结构性加速到减速的阶段转换

经过了二战后的黄金发展期,西方国家在1980年后普遍进入经济增长的减速阶段。对经济增长减速现象进行解释的文献很多,观点也很多,如把减速因素归结为干中学效应,或者归结为设备投资价格下降,或者其他。其中,Maddison(1989)的长期解释更得到认可。他把减速原因归结为三,一是1973年后固定汇率机制的崩溃,二是在抑制通胀、减少赤字和经济增长目标下谨慎实施的政策实践,三是生产率从低部门流向高部门以及资本回报下降带来的劳动生产率下降。Bjork(1999)运用美国产业结构和人口结构等百年数据证实了劳动生产率下降与经济增长速度下降的关系。袁富华(2012)也认为,1970年代以后发达国家产业结构服务化是生产率增长减速的系统性因素,造成了发达国家的减速。中国经济增长减速的拐点也在Eichengreen等(2011)的文献中得到确认。

部门间配置引起的生产率下降对经济增长减速不仅在实证分析中得到证实,也得到理论上的解释,如刘霞辉(2003)和张平(2006)提出的经济增长(人均GDP水平)S型路径,以纵轴为人均GDP、横轴为时间,坐标中的曲线表示产出线。因此,一国长期的经济增长会出现不同阶段,产出增长有快有慢。袁富华(2012)用人均GDP增长率"钟形曲线"代替人均GDP水平的S型路径,更加直观地标定出经济增长中的"结构性加速"和"结构性减速"。"S型增长曲线"与驼峰型的经济增长率有异曲同工之处,可以从经济结构的变化来解读人均GDP增长率与人均产出水平之间的驼峰形(hump-shaped)关系。农业、制造业和服务业的就业占比,以及农业、制造业和服务业的产出对GDP的贡献比率,这两大指标与经济增长率形成互动关系:既随着经济的增长而变化,又反过来影响经济增长率的变化(陈晓光和龚六堂,2005)。

二、研究意义

1. 现实意义

首先,中国是一个特殊的发展中大国,要素资源禀赋结构独一无二。尽管中国地大物博,但庞大的人口基数使得人均资源拥有量低。自新中国成立以来的工业化政策,效仿苏联,以重工业发展为主导、以国有经济为主体建立门类齐全的产业结构体系,中央计划经济下市场需求萎缩、经济效益低下。这种粗放式的经济发展方式使得能源、矿产资源短缺的矛盾日益突出。

改革开放以来,中国经济总量不断扩大,并从世界较小的经济体一跃成为第二大经济体;在世界500种主要工业品中,中国有220项产品产量居全球第一位。伴随着总量上升,中国的经济结构不断优化,经济发展进程与世界现代化进程基本吻合。但是,从要素禀赋结构来看,资源稀缺和人口众多的特征注定了中国依靠大规模要素投入、扩大经济总量的路径不可持续。资源环境和人力资本约束迫使中国将调整经济结构的长远目标尽早提上议程,以使依赖要素供给、规模增加的经济发展方式逐渐过渡到依靠增进要素生产率、提高经济增长效率的质量提升和创新引领型经济发展方式。如何选择产业,并通过产业结构的升级实现经济结构优化,是题中之义。

其次,中国是特殊的新兴国家,区域发展极不平衡。中国凭着人口红利和广大的国内市场,吸引外商直接投资,发展出口加工贸易,树立了"世界工厂"地位。但是,这种出口导向战略造成了本国产业结构的多元化错位:劳动密集型、资金密集型、技术密集型的产业部门并存,农业、乡镇企业、城市工业、城市服务业并存,东、中、西地区发展差异大。这种分布在全国范围内形成多层次的阶梯状结构——同一发展水平的工业部门分布在相同发展程度的地区,沿海经济发达地区进入全球产业价值链的分工体系,具有相对完整性和自我配套性,而西部落后地区尚处于工业化初期阶段。

再次,中国经济增长阶段正在发生转换。经济增长阶段的转换不仅是经济增长速度由高速向中高速阶段转换,更是指中国将要经历高投资和出口驱动的经济增长阶段Ⅰ向城市化和服务业发展开启的经济稳速增长阶段Ⅱ转换(中国经济增长前沿课题组,2012)。在结构调整促进效率提高的增长阶段,樊胜根等(2002)将1978—1995年中国9.9%的GDP增长率源泉分为各部门生产率提高(41.6%)、投入增加(41%)和结构转变(17%)[1],总的要素生产率增长为GDP增长贡献了59%[2]。城市化和服务业的发展所开启的经济稳速增长阶段,也是从结构性加速到结构性减速的转变(袁富华,2012)。与此同时,随着城市化和服务业的发展,经济结构的服务化又会

---

[1] 樊胜根等计算每一部门生产率增长的贡献时,首先用每一投入的增长速度乘以它的弹性来得到这一投入的贡献度,再将整个部门的增长速度减去投入的贡献度,得到此部门生产率增长的贡献程度。整个经济增加的投入与生产率增长的贡献度可按GDP份额为权数由各部门的相应贡献率加权平均得到。

[2] 总的产出增长率减去总的投入增长率,或各部门生产率增长率和结构调整贡献率之和。

带来产业结构的又一次"跳跃"。

最后,中国具备产业和技术进一步升级的禀赋条件。过去30多年凭借劳动密集产业的发展,中国经济保持了年均10%的高速增长。按照世界银行的收入水平划分标准,中国人均国民收入水平于2010年跨过上中等收入国家门槛,并继续保持较高的增长速度。发展阶段提升标志着中国人均资本拥有量显著提高。同时,随着居民营养和教育水平的提升,中国人力资本也快速积累。特别是,未来劳动力供给的数量和结构将发生重大变化,在劳动力总量下降的同时,新增劳动力中接受高等教育的比例上升,再考虑到高中教育、职业教育普及等因素,劳动力队伍的素质将大大提升。这既为产业和技术升级提供了可能,也对更高级的产业和技术结构提出了要求。另外,随着传统的劳动密集产业的迅速发展,特别是加工贸易的发展,中国形成了比较齐全的产业配套、生产组织和物流体系。中国自身的研发能力也有了长足进步,研发投入占GDP的比重日益提高。随着国际贸易和投资关系的拓展,中国日益融入全球经济,中国一些企业也具备了一定的在全球范围内配置资源的能力。这些条件为中国产业升级提供了基础。

2. 理论意义

第一,本项研究从发展中国家的事实出发。

传统经济学工具能更好地解释经济扩张现象,但是对结构变化的研究却显得相对苍白。近年来,大量的研究文献将结构转变置于新古典增长的模型中,以刻画经济增长和发展的某些特征事实,如 Laitner(2000)和 Gollin 等(2002)对经济发展早期结构转变的研究,Messina(2006)、Rogerson(2008)、Ngai 和 Pissarides(2008)分别研究了欧洲和美国的工作时长演进,Duarte 和 Restuccia(2010)研究了 OECD 国家的生产率演进,Caselli 和 Coleman(2001)、Herrendorf 等(2009)研究了地区性收敛,Bah(2008)明确了贫穷国家存在问题的部门。其他对结构转变研究做出贡献的文献有 Echevarria(1997)、Kongsamut 等(2001)、Ngai 和 Pissarides(2007)、Acemoglu 和 Guerrieri(2008)以及 Foellmi 和 Zweimuller(2008)。上述研究都基于完全竞争、完全市场和充分信息等假设,论证在市场机制下技术进步、需求收入效应与价格效应等各种因素如何驱动产业结构自发地升级,主要研究对象是发达国家农业、制造业和服务业的结构变迁现象,而对于生产率水平相对较低的发展中国家及贫穷国家进行定量研究或比较研究的却凤毛麟角。

研究结构转变,对结构转变正在进行的发展中国家而言意义更大。发展中国家的经济增长路径更为不均衡,诸如要素市场分割和调整滞后等,隐含着比发达国家更大的、通过减少瓶颈和再分配高生产率部门的资源以加速增长的潜力。发展中国家的产业结构转型和升级面临的主要问题是如何从相对低附加值的低端产业部门进入到相对高附加值的现代产业部门。

第二,深化结构转变对经济增长机制的理解。

无论人类历史上的经济增长类型或状态如何纷繁复杂,均以工业革命之前的传统增长(又称马尔萨斯增长)、工业革命之后的二元经济发展与增长(又称刘易斯增长)以及以新古典模型诠释的现代增长(又称索洛增长)来囊括。从马尔萨斯到索洛的过渡阶段,亦是传统农业经济向现代非农经济的转变阶段。结构变化是现代经济增长的核心,它不仅具有主要典型事实的关联性,同时结构变化的主体——部门也在总量增长模式中具有独立性。在总量分析的水平上,大量文献研究了结构变化过程中供给和需求两方面要素的影响,尤其是在三次产业部门间的结构转移。现有研究中,有关增长和结构变化的假设是强相关的。大多数研究者辨别出它们的相关性,其中一些强调结构变化对增长的必要性,与经济高增长率相伴随的结构高转变率;另有一些研究则指出,结构转变也存在因高生产率部门挤压生产要素、从而驱使生产要素流向低生产率部门,阻碍技术进步与增长。那么,结构转变对经济增长带来红利还是负担?基于中国经济增长阶段转换这一特殊国情的产业结构研究,需要厘清产业结构与经济增长的关系。随着中国经济增长步入新常态,结构转变对经济增长的贡献又发生了何种变化?今后又会如何演化?

第三,对结构转变过程中资源配置的重新解读。

现代经济增长进程中,经济活动在三大部门(农业、工业和服务业)间重新配置。如果具体到不同国家的不同发展阶段,结构转变的典型事实既有现代经济增长的一般规律,又根据时间属性和地理属性变化表现出特殊性。作为发展中国家的中国,其结构转变是符合发达国家结构转变的普遍规律,还是具有自身特性?中国地大物博,地区差异大、发展极不平衡,三次产业部门的生产效率和增长绩效也因省而异。本书从分省分部门的二维分类,兼顾中国城乡二元结构的分裂,分解劳动、资本等要素在省际三部门(农业、工业和服务业)间的配置情况,描绘出中国结构转变更加翔实的图景。

第二节 研究思路与内容

一、研究思路

从以农业为主的传统经济向以工业、服务业为主的现代经济转变,是世界各国经济结构转变的普遍规律。部门间的技术进步,是推动部门结构转变的动力;而资本、劳动力等要素在部门间的配置变化及其效应,既是结构转变的事实特征,也是结构转变进一步演化的基石;随着经济增长和人均收入水平的提高,结构转变在需求端形成了两个传导机制,一是收入效应,即随着人均收入水平增加个人消费能力和消费偏好的变化,二是相对价格效应,即不同部门产品相对价格的变化。同时,不同部门的资本密集度、替代弹性不同,又形成了结构转变在供给端的传导机制。研究结构转变的增长模型从不同的理论角度解释了部门间配置活动伴随经济增长的现象,大致有三类理论。第一类理论中,关键的驱动力是相同的技术进步,关键的传播机制来自收入效应或相对价格效应;第二类理论中,关键的驱动力是不同部门间的技术进步,关键的传播机制来自消费中的相对价格效应;第三类理论中,关键的驱动力是相同的技术进步,但关键的传播机制是生产中不同资本密集度或替代弹性与消费中相对价格效应的集合。部门间的不均衡增长,影响了整体经济的稳态增长路径。

上述理论机制是基于发达国家结构转变事实、经发达国家数据拟合后确认的。是否适用于发展中国家,尚需解惑。1978 年以来,中国的结构转变受益于增量改革红利,资本、劳动力等要素从传统部门向现代部门的转移释放出巨大的经济增长体量。然而当下,投资总量增长、投资回报率下降的应然规律使得政府主导的投资模式对经济增长的拉动效应示弱;在人口生育率下降、抚养比上升及人口结构老龄化的趋势下劳动力不再无限供给。与此同时,东部地区产业结构进入了淘汰落后产能、产业转型升级倒逼阶段,中西部地区能否凭此契机承接东部转移产业? 中国进入增长阶段的转换期,需要从增量改革模式切换到存量调整模式。掌握中国结构转变的现状是存量调整的主要依据。首先,要分析改革开放以来资本、劳动力等要素在部门间和区域间的配置情况,测算其配置效率;其次,资本、劳动力等要素的不同组合在不同区域的不同部门会产生不同的生产效率,对生产效率(全要素生产率或技术进步)的测度也必不可少;再次,资本、劳动力等要素还会有再配置效应。本书的研究思路见图1.2。

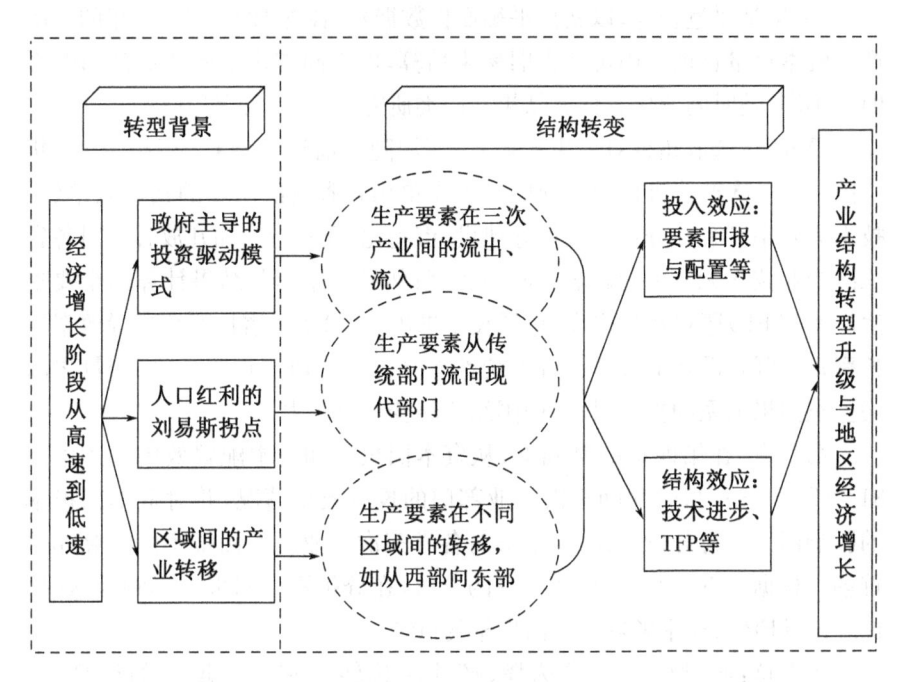

图 1.2 本书的研究思路

二、研究内容

循着上述研究思路,本书具体研究内容如下。

第一章:绪论。主要阐述研究的背景与意义、研究思路与主要内容、技术路线以及研究方法、创新之处和研究不足。

第二章:概念界定与文献回顾。首先,现有文献中交错出现的"结构转变"(structural transformation)与"结构变化"(structural change),均可以概括为产业部门经济活动及其资源配置情况。关于结构转变的研究,可以大致分为三个维度:结构转变的典型事实、部门结构与经济增长的理论机制、结构转变与经济增长的实证研究。当然,各维度间也会在理论上有举一反三、遥相呼应的情况。

第三章:对21个国家(包括发达国家和发展中国家)1800—2010年的结构转变事实以及中国31个省1978—2012年的结构转变事实进行描绘与

回归分析。

第四章：中国31个省三次产业部门1978—2012年间资本存量的估算（缺失数据都尽量补齐，以获得平衡面板数据）。各省1978—2012年的三次产业资本存量首创采用可变折旧率来估算，即不同省份不同产业部门的折旧率不同，随时间变化。估算结果在同类研究中居中，具有稳健性。

第五章：选取超越对数生产函数，使用随机前沿模型对1978—2012年中国分省三次产业进行面板回归。首先得出各省三次产业的技术效率（或技术无效率）项，并分析基础设施建设、市场化、政府行为和开放程度对各省三次产业技术无效率的影响方向与程度；然后根据回归结果计算出全要素生产率（TFP）序列及其构成，包括技术进步、技术效率增长率和配置效率增长率；三部门TFP增长率有着系统性差异，通过对它与结构转变变量之间格兰杰因果关系的检验，找寻中国结构转变的驱动力。

第六章：在第四章的基础上，从资本回报率和资本配置效率描述中国31个省1978—2012年间三次产业部门的投资效率情况，并对资本回报率的影响因素进行分析。其中，本书对各省三次产业资本回报率的测算亦是首创。根据第五章对TFP增长率的分解，在分析资本回报率影响因素时，梳理出TFP增长率影响资本回报率的机制。

第七章：通过构建技术选择、产业结构转型和经济增长的模型，对1978—2012年的省际面板数据进行变系数回归，探讨不同区域产业结构升级的制度安排，并综合前文研究提供全书的结论与政策建议。

第三节 技术路线与研究方法

一、技术路线

前人的理论研究与实证分析为本研究提供了思路，图1.3的框架结构图给出了本书的技术路线。本研究以中国三次产业部门的经济活动及其资源配置情况为分析对象，从库兹涅茨事实与卡尔多事实出发，首先通过国际比较，考察中国三次产业部门的结构转变事实在国际坐标系中的位置状况；鉴于中国改革开放以来以投资为主的增长方式以及中国地区间发展不平衡的典型特征，本书首先以各省三次产业部门的资本存量核算作技术准备，以省际面板数据为对象，使用随机前沿生产函数方法计算部门间全要素生产率,剖析三次产业部门技术无效率的影响因素,并进一步将之分解为技术进步、技术效率增长率和配置效率增长率,探讨中国结构转变的驱动力机制。根据三次产业部门的结构转变及生产效率情况,考察各省的投资效率(包括资本回报率、资本配置效率两个指标)以及影响三次产业部门投资回报率的因素,分析投资驱动对产业结构演化的影响;最后,从各省要素禀赋结构(资本劳动比)视角,探讨各省通过技术选择实现产业转型升级的路径,并提出政策建议。

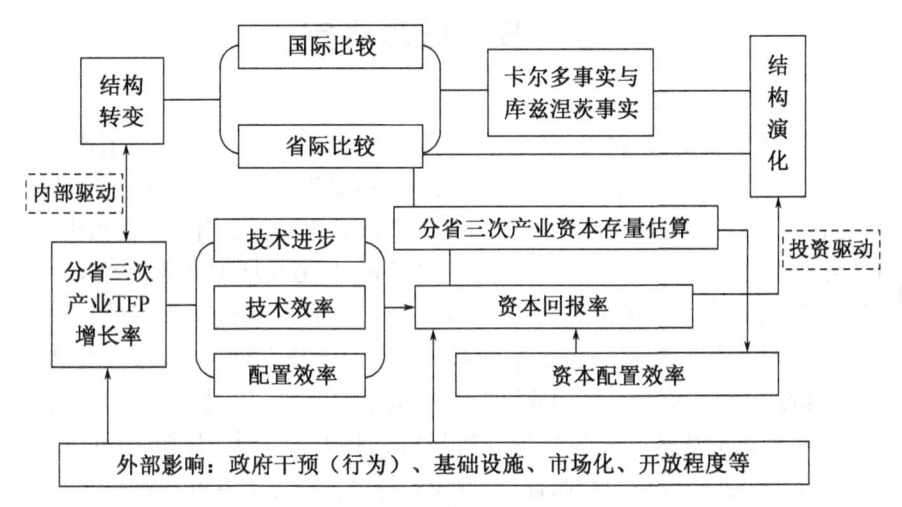

图 1.3 本书的技术路线图

二、研究方法

第一,广泛的国际经验和历史经验的总结。结构转变的历史变迁过程,是与现代经济增长同步发展的,研究的时间跨度从 19 世纪现代经济增长的起步时间到当下。

第二,指标测算与比较研究,在同一尺度衡量下的不同结果,往往能得出有意思的结论。一是结构转变在发达国家与发展中国家同时发生,但这当中又有些许不同;二是中国各省的结构转变也有较大差异。

第三,模型构建。如,以生产函数模型为基础,构建三部门的产出模型,以便测算 TFP 增长率、技术选择等指标。

第四,计量分析。在指标测算获得大量可比数据基础上,对结构转变的理论机制进行计量检验,以获得相对稳健的结论。

第二章 概念界定与文献回顾

第一节 概念界定

经济体是由消费、投资、就业、产业等变量共同构成,吸引人们用智慧探寻经济系统中的变化规律。早期经济学家,如亚当·斯密、大卫·李嘉图、马克思等,都对经济的长期动态结构变化进行了解释。亚当·斯密指出,随着"可产生价值"的"生产性"(与"非生产性"相对)劳动增加而来的就业结构变化是国民财富不断扩张的前提。① 大卫·李嘉图认为经济部门的相对规模变化是生产增长超过一定水平的必要条件。② 马克思指出,各种商品产量比例的变化是"资本有机构成"("不变"资本对"全部"资本的比率)提高的前提。③ 前人的奠基研究为后续分析经济结构开启了大门,如 20 世纪 30 年代里昂惕夫(Leontief)和佩鲁(Perroux)等经济学家。这在一批拉丁美洲的经济学家中具有特别大的影响。他们自称"结构主义者",并且把他们的详细论述归纳为一种描述性、历史性、制度性的方法。④

一、关于"结构变化"

基于现代经济发展的动态过程,某些基本量(如国民生产总值、总消费量、总投资量、总就业量等)绝对水平的持久性变化与其构成的变化有着内

---

① [英]亚当·斯密. 国民财富的性质和原因的研究(上卷)[M]. 郭大力,王亚南,译. 北京:商务印书馆,1972:304-308.

② [英]彼罗·斯拉法. 李嘉图著作和通信集(第一卷):政治经济学及赋税原理[M]. 郭大力,王亚南,译. 北京:商务印书馆,1962:55-69,77-107.

③ [德]马克思. 资本论[M]. 郭大力,王亚南,译. 北京:人民出版社,2004:208-244.

④ [美]约翰·伊特维尔,默里·米尔盖特,彼得·纽曼. 新帕尔格雷夫经济学大辞典(第四卷:Q-Z)[M]. 北京:经济科学出版社,1996:568.

在的联系,这是结构变化(Structural Change)研究得以成立的前提条件。《新帕尔格雷夫经济学大辞典》将"结构变化"定义为"总量经济指标重要组成部分的相对权值的变化"。①

结构变化研究是一个宽泛的定义,它可以涵盖现代经济发展过程中相关联的所有结构变化过程。② 结构变化是现代经济增长的核心。如"一些结构变化,不仅存在于经济中,也存在于社会制度和信仰上,是必要的,没有这些结构变化经济增长将不再可能"(Kuznets,1971,p.348)。结构变化是描述任何全面发展理论进程和构建全面发展理论的本质要素。经济发展"是经济结构中一系列相关的变化,这些变化对于持续增长是必要的"(Chenery,1979,p.XVI)。更为重要的是,有关增长、生产率改进和结构变化的假设是强相关的。结构变化与经济增长相互依存的过程也是一种积累过程:"产出和就业的部门重新配置既是生产率增长的必要条件也是附随产物"(Abramovitz,1983,p.85)。大多数研究者辨别出它们的相关性,其中一些强调结构变化对增长和生产率改进的必要性。有关结构变化是增长和生产率改进重要来源的假设,是Maddison一系列增长核算文献中的重要信条(Maddison,1987)。更慎重的观点认为,"无论结构变化还是GDP增长都不是外生变量;二者都是相互影响的要素作用于供给面与需求面的结果"(Matthews 等,1982,p.250)。

产业结构(Industrial Structure)是结构变化研究中的沧海一粟,有着约定俗成的定义:指国民经济中各产业、部门、行业以及产业部门内部的生产联系、构成比例和结构关系,包括劳动力结构、供求结构、资产结构、技术结构、区域布局结构、进出口结构以及一个国家(地区)的资源禀赋、资源结构等。③ 与"产业结构"与"结构变化"的定义存在重叠一样,研究文献中对二者的界限并非泾渭分明,一批文献直接以"结构变化"指称农业部门与非农部门或三次产业部门间要素配置的变化,如 Laitner(2000)从农业和制造业两部门定义"结构变化",Timmer 和 Szirmai(2000)认为结构变化是指资源

---

① [美]约翰·伊特维尔,默里·米尔盖特,彼得·纽曼. 新帕尔格雷夫经济学大辞典(第四卷:Q-Z)[M]. 北京:经济科学出版社,1996:565.
② SYRQUIN M. Patterns of Structural Change[M]//CHENERY H, SRINIVASAN T N. Handbook of Development Economics, vol. 1. Amsterdam and New York: North Holland, 1988.
③ 刘树成. 现代经济辞典[M]. 南京:凤凰出版社、江苏人民出版社,2005:78.

在各部门间的重新配置。在国内语境中,结构调整与结构改革往往是基于对结构变化的研究,如樊胜根等(2002)、张军等(2009)。樊胜根等 2002 年在《经济学(季刊)》上发表了题为《中国经济增长和结构调整》一文,其英文版发表于翌年的《Review of Development Economics》上,题为《Structural Change and Economic Growth in China》。这是 Structural Change 可以被译为"结构调整"的又一例证。

二、关于"结构转变"

"结构转变"(Structural Transformation)是与"结构变化"相近的高频术语。如,钱纳里等提供了有关结构转变的经典研究:在一个一般均衡模型中综合分析生产和劳动力结构、国家贸易结构、国内需求结构、收入分配结构等,提出"发展的程式化事实"(stylized facts of development)(Chenery,1960;Chenery 和 Syrquin,1975);结构转变也被定义为"伴随着经济发展的结构转变相互关联过程"。Caselli 和 Coleman(2001)在对美国产业结构转变和区域收敛的研究中,将"结构转变"明确为农业部门在经济中地位的下降,涵盖了 4 个特征指标:1. GDP 中的农业份额;2. 就业结构中的农业份额;3. 农产品相对价格;4. 农业相对工资。在其后的模型设定中,也假定经济存在农业和非农制造业两个部门。Gollin 等(2002)从农业和非农的二元部门定义"结构转变",包含农业劳动率的提升、农业就业占比的下降、资本和劳动力等资源从农业部门转移到非农部门等内容。但 Alvarez-Cuadrado 等(2011)认为,Gollin 等(2002)忽略了非农部门的技术进步作为结构转变驱动力的重要作用。更全面的观点认为,结构转变的内涵不能仅仅局限于农业部门,而应包括三次产业部门间的经济活动变化和资源配置情况(Herrendorf,2013)。将三次产业结构转变纳入增长模型是经济增长领域在新千年后的重点拓展领域之一,有关基准模型的详细讨论可见 Acemoglu(2008)。

本书认为,"结构变化"与"结构转变"是一个可以相互替换的概念或指称。它们的学术概念属性并不是很强,只是在研究文献中发挥框定研究范畴的作用。本书选择"结构转变"(Structural Transformation)一词进行论述,将研究对象聚焦于伴随中国经济增长转型的三次产业部门经济活动及其资源配置状况。

第二节 对结构转变的事实描述

结构转变有两个著名的事实：一是更符合发展中国家结构转变进程的库兹涅茨事实，二是描述发达国家经济增长特征的卡尔多事实。

一、库兹涅茨事实

库兹涅茨通过对长期转变过程的实证研究，提出现代经济增长的四个特征：第一，经济中非农部门的产出份额增加、农业部门的产出份额减少，导致经济中的部门构成发生变化；第二，就业份额是产出份额的一种镜像，非农部门雇佣的劳动力比例上升而农业部门的劳动力比例降低；第三，人口在城市和乡村间重新分布；第四，经济中非农部门的资本劳动比的相对规模会增加。这一段文字被 Kongsamut 等(2001)概括为"库兹涅茨事实"。在新语境中，"库兹涅茨事实"的内涵有了极大扩充：不仅包括经济体系中不同部门相对地位的系统性变化，也表示部门的非平衡增长，更在一个广义范围内包括跨部门的生产结构和消费结构变化所综合表现出来的经济结构变迁(李尚骜和龚六堂，2012)。

此外，Kuznets(1973)基于库兹涅茨事实总结出现代经济增长的六个特征：1. 发达国家人均产品和人口的高增长率。2. 生产率的上升，即每单位所用投入的产出较高。3. 经济的高结构转变率。结构转变包罗很多内容。其一，结构变化，不仅指从农业到非农业的继续转换，也包括近期从工业到服务业的转换。其二，生产规模的变化，以及从个人企业到理性经济公司的组织形式，劳动力的岗位形式也相应变化。其三，经济结构的其他方面，如消费结构、国内相对份额和外国进口等。4. 密切相关的、极其重要的社会结构及意识形态变化迅速，如城市化、世俗化等内容。5. 经济发达国家，通过日益增强的技术权力，尤其是交通和传播方式(既有和平的也有战争的)，能够到达世界其他地区，同一个世界的梦想比以往任何时期都更为真切。6. 尽管现代经济增长在全球范围内都有影响，但其扩散有限，四分之三的世界人口所在地区仍然落后于其经济增长潜力。

二、卡尔多事实

Kaldor(1961)从美国和英国宏观经济数据中归纳出 20 世纪发达经济

体实现增长的六个特征:1. 劳动生产率的持续提高;2. 人均资本的持续提高;3. 稳定的真实利率或资本回报率;4. 稳定的资本产出比;5. 稳定的资本所得和劳动所得占国民收入的比例;6. 快速增长的经济体增速差异较大,差距达2%~5%。"卡尔多事实"描绘出经济增长在稳态均衡(或平衡增长路径)时的一些规律。

在"卡尔多事实"的基础上,根据经济发展态势的新变化,Jones和Romer(2009)归纳出一组新的特征事实:1. 市场化程度的提高——通过全球化和城市化增加了市场范围;2. 增长速度的加快,从接近于零增长到相对较高的增长率;3. 人均GDP增速随着与技术前沿地接近而降低;4. 收入和全要素生产率的差异较大;5. 工人平均人力资本的增加;6. 相对工资的长期稳定。这六点特征被归纳为"新卡尔多事实"。

三、结构转变与经济增长的关系

长期经济增长,是一个结构演进到均衡路径逐步达成的过程:前期结构转变促进增长的经济追赶阶段,后期要素/产出比率趋于稳定的均衡增长阶段(中国经济增长前沿课题组,2012)。这也是发展进程中的库兹涅茨结构转变到发达水平的卡尔多经济增长。一种关注长期增长的研究,正逐渐将卡尔多事实与库兹涅茨事实融合到一起。正如Acemoglu(2009)指出,将库兹涅茨的结构转变与经济增长相结合,是因为在平衡增长路径(BGP)及其相邻区域,卡尔多事实更符合发达国家的经验事实;库兹涅茨的结构转变则描绘出发展中经济体的变化。二者的结合,可以将经济增长问题与经济发展问题融合在一个分析框架中。更为重要的是,卡尔多事实强调经济的稳态增长路径。然而,稳态均衡不是增长理论太坏的起点,但可能是其危险的终点(Solow,2000)[1]。而且,卡尔多事实只能描述发达工业化经济在短期内的现象,对于欠发达经济体或工业化早期的发展阶段,卡尔多事实并不适用;库兹涅茨事实恰恰与卡尔多事实形成互补。当库兹涅茨事实与卡尔多事实相融合时,会引发我们进一步思考结构变化与经济增长的关系。卡尔多事实关注长期的平衡增长,以致后续的研究将注意力放在单部门新古典

---

[1] SOLOW R M. Growth Theory-An Exposition[M]. New York, Oxford:Oxford University Press, 2000. 另有中文译著。[美]罗伯特·M·索罗. 增长理论——一种解析[M]. 冯建等,译,杨瑞龙,杨其静,校译. 2版. 北京:中国财政经济出版社 2004.

模型的细则假定以及推导出的平衡增长路径上。但更多的理论研究和经济发展事实表明,部门间持续的配置活动伴随经济总量的稳步上升是平衡增长的共同特征。

第三节 部门结构与经济增长的理论机制

结构转变何以发生?Fisher(1939)和Clark(1940)首先强调了需求因素的作用。相反的,Baumol(1967)、Baumol等(1985)强调了服务业部门和制造业部门由于供给面生产率的差异导致非平衡的劳动力雇佣增长问题。Kuznets(1989)指出了影响结构转变的三种主要驱动力:1.技术变革的不同影响;2.国内需求的不同收入弹性;3.基于国际贸易中可贸易商品比较优势变化的选择机制。① 更多的实证研究在21世纪刚刚起步,并开始探讨结构转变与经济增长的机制关系。近年来的内生增长模型放弃了有关单一产业经济的假设,强调多部门经济总量增长的决定因素,如 Romer(1990)、Aghion和Howitt(1992,1998)。这些模型探究稳定状态时的增长路径,理论上将经济发展的前景解释为成比例增加的现象,与现实生活的千差万别不符,因此难以解释结构变化、部门独立性和不同产业间的资源转移。而更多的理论模型研究将产业结构和经济增长进行融合,在模型的假定和参数设定上实现理论模型解释力的晋级。这些理论模型分为需求面、供给面两大类。

一、需求面:经济增长导致结构变化

根据"恩格尔定律"中食物需求的收入弹性小于1且呈不断降低趋势的事实,一类文献假定农业的需求收入弹性小于1、制造业的需求收入弹性等于1、服务业的需求收入弹性大于1,从而发现,以人均收入增加体现的经济增长,会导致农业下降、制造业先上升后下降的"驼峰型"增长以及服务业不断上升的产业结构演进。

从需求收入弹性视角研究产业结构变迁,以恩格尔法则为理论基石,即假设人们随着收入水平提高消费构成将发生变化。这类文献有:Murphy

---

① KUZNETS. S. Economic Development, the Family and Income Distribution [M]. Cambridge: Cambridge University Press, 1989:15.

等(1989)、Echevarria(1997)、Matsuyama(1992,2002)、Laitner(2000)、Caselli和Coleman(2001)、Kongsamut等(2001)、Gollin等(2002a,2002b)、陈晓光和龚六堂(2005)、李尚骜和龚六堂(2012)等。其中，Kongsamut等(2001)建立一个农业、制造业和服务业三部门生产模型——存在资本和劳动两种投入要素，并相应生产出农产品和服务品供消费、制造业部门产品供消费或投资[①]。假定投资部门的劳动力份额不变、并占据名义产出的不变份额，那么，尽管投资以不变比例被分配到三个部门，也不会在数量上影响趋势。在上述假定下，如果技术和偏好参数满足特定的"刀刃条件"，平衡增长路径就可能存在；以名义生产值来衡量，模型可以解释沿着广义平衡增长路径(GBGP)的服务业部门的增加和农业部门的下降，但是不能产生制造业部门的驼峰形；若假定制造业部门的投资随时间下降，正如美国数据所示，该模型可以推导出制造业在劳动力份额与增加值份额的下降，投资中服务业部门的上升份额仅会加速服务业的劳动力份额与名义增加值份额；名义消费支出的衡量上，该模型只能解释服务业的增加、制造业的不变和农业的下降。[②] 尽管 Kongsamut 等(2001)的这篇论文在研究经济结构与 GDP 总量增长关系的文献中占有一席之地，但陈晓光和龚六堂(2005)认为，这篇论文的结论有两点与现实不符：1. 经济增长率在较长观察期内并非固定不变；2. 制造部门的就业占比与产出占比为驼峰形(倒U型)而非常数。

二、供给面：经济增长导致结构变化

从供给角度考虑问题，往往主张结构变化促进经济增长。因为劳动力从低生产率部门流出，进入高生产率部门(如农业→制造业、制造业→服务业)，提高了农业及全社会平均劳动生产率，进而促进经济增长。

其一，强调各部门之间的非平衡增长对生产要素跨部门转移起关键性作用。

这种研究的思想最早起源于 Baumol(1967)。他为了剖析 20 世纪 60

[①] 传统经济增长与结构转变模型中，往往根据三个产业部门构建三个生产函数，将投资视为由制造业部门提供，这样制造业部门既是供给方也是消费方。新的发展则使用四个生产函数，即将投资单列为一个生产函数。这一方面基于美国的数据，投资不是由制造业部门垄断；另一方面也是因为投资部门的技术进步比其他部门更迅速。

[②] Kongsamut 等(2001)论文中的偏好引用自 Stone(1954)、Geary(1950—1951)，涉及的需求模型通常被称为"线性支出系统"。Deaton 和 Muellbauer(1980)随后对支出系统文献进行了分类贡献。

年代美国的城市危机,从技术变化的角度构造了一个非平衡增长模型,这为后续研究将技术进步速度的差异归结为导致不同部门产出非平衡增长的决定性因素奠定了基础。这个模型的最基本假设是将经济分成两个部门,一是拥有革新、资本积累和规模经济等使得人均产出累积增加的"进步部门"(progressive sector),二是只存在生产率零星增长的"非进步部门"(nonprogressive sector)或称"停滞部门"(stagnant sector)。在不平衡的生产率模型中,若两部门产出比率保持不变,在收入效应和相对价格效应下消费者对非进步部门的产品需求增加,这一消费需求刺激该部门吸纳越来越多的劳动力,长此以往进步部门的劳动力会趋近于 0;在不平衡生产的世界中寻求平衡增长的尝试,会导致增长率相对于劳动力增长速度的下降。特别是若一个部门的生产率和整个经济的劳动力总量保持不变,则经济增长率会逐渐趋于 0。现实经济体系中各部门的技术进步速度不同,既有快速增长的部门,也有缓慢增长的部门;各部门中劳动力发挥的作用也不同,既有劳动力作为生产工具的制造业部门,也有劳动力作为最终产品的服务业部门,因此经济的部门结构就可能发生变化。由于各产品具有不同的生产率增长速度,因此其生产技术水平和生产成本的变动幅度千差万别,产品间的迥异信息最后反映到市场相对价格中;最后,在不同产品不同价格弹性与收入弹性作用下,不同部门的产出与雇佣劳动力会发生变化,整体经济形成了不平衡增长的模式。20 年后,Baumol 等(1985)对其非平衡增长进行了补充,提出"近似停滞(asymptotic stagnancy)部门",这类部门既有技术性的复杂成分也有相对不可或缺的劳动密集型成分。Baumol 等(1985)用各种生产率测算指标对美国的经验数据进行比较,由于通过技术进步或资本深化来提高劳动生产率的潜力是有限的,如大多数个人、社会、文化和公共服务的产业,受到更具高生产率增长的进步部门的影响,不能代替工资水平的上升。其后果是生产成本自然地和不可避免地上升,以及在就业和名义产出上的增加。

Baumol(1967)和 Baumol 等(1985)的研究有两点值得注意:1. 生产率上相对停滞的部门会吸收经济中较高份额的劳动力。这是因为部门生产率与劳动力具有替代性,生产率增长带来劳动力节约效应,导致该部门的劳动力份额下降。这一机制可以用来解释劳动力从农业向制造业、从制造业向服务业的转移。尤其是,如果产出份额由外生力量驱动(如高收入弹性、低价格弹性),相对低技术进步部门(如零售业和高等教育行业)会比其他部门吸收更多比例的劳动力投入。但是,实证结果往往与上述结论不相一致。

在服务业活动的结构转移上,劳动力份额的转移比产出份额更可识别;制造业的 TFP 水平长期高于农业和服务业;生产要素流入制造业部门,在此之前或当此之际,农业的生产率水平也得到了显著提升;服务业部门内部的高生产率行业也会引起就业的扩张。2. 收入需求弹性在不同部门间存在差异,这对结构变化和总量增长模式产生了重要影响。这些弹性系数是个体恩格尔曲线的加总,由消费者的收入、性别、年龄分布等因素决定,因此会随着时间而变化。

对 Baumol(1967) 和 Baumol 等(1985) 的讨论并没有停止。Oulton(1999) 构造了一个包含中间品和最终品的两部门生产模型,劳动力为唯一的要素投入,在规模报酬不变、希克斯中性技术进步以及完美市场竞争条件下,若生产中间品部门的技术进步增长率大于 0,且生产最终品部门的替代弹性大于 1,资源会逐渐转移至中间品部门、使得中间品部门的要素份额逐渐接近 1;同时,总体的 TFP 增长率会上升,为两部门 TFP 增长率之和。因此,Baumol 的结论只适用于提供最终产品或服务的停滞行业。Notarangelo(1999) 将 Baumol 和 Pasinetti(1981,1993) 的模型合并起来,Baumol 的模型可以视为 Pasinetti 模型的一种特殊情况。Pasinetti 的结果确认了就业结构在部门间的转移是宏观经济稳定的必要条件;同时,部门增长率既取决于生产率也由需求趋势决定。根据 Baumol 的非平衡增长,Montobbio(2002) 将"结构变化"描述为"分类"(sorting) 进程和"选择"(selection) 进程两种情况,前者意味着产业部门间的不同增长率由外部力量驱动;后者则恰恰相反,因为产业部门的生产具有替代性,故而产业部门间的不同增长率内生于经济增长。

在 Baumol 的思想启发下,后续研究开始推导出基于部门间资本和劳动重新配置的非平衡增长模型,包括 Meckl(1999)、Hansen 和 Prescott(2002)、Ngai 和 Pissarides(2007)、陈体标(2007,2008)、Acemoglu 和 Guerrieri(2008)、徐朝阳(2010)、袁富华(2012)等。Baumol 的思想被纳入经济增长的框架中。关于增长和结构变迁的文献中,大多数研究认为导致不同部门之间产出非平衡增长的决定性因素是技术进步速度的差异,如 Ngai 和 Pissarides(2007) 等,而 Lin(2003,2009,2010)、Acemoglu 和 Guerrieri(2008) 则认为不同产业要素密集度的差异也是非平衡增长的源泉,资本深化即人均资本劳动比的提升有利于资本密集型部门实现比劳动密集型部门更快的产出增长速度。Acemoglu 和 Guerrieri(2008) 还证明在替代弹性小于 1 的情况下资本深化会导致生产要素从资本密集型部门流向劳动密集型部门。此外,陈体标(2007,2008)认为不同部门外生技术进步的差异是产业结构变迁的主要动力。徐朝阳(2010)引入双层CES生产函数,构筑了一个不同要素密集度(土地密集型、资本密集型和劳动密集型)的三部门产业结构变迁模型,并将不同部门的劳动力份额表述成技术进步速度、要素密集度以及替代弹性等外生参数的方程:土地密集型部门劳动力占比会单调下降,并最终趋近于0,资本密集型部门劳动力占比不断逼近1,在一定条件下会出现单调上升,劳动力密集部门的劳动力比重有可能出现先上升(当土地密集型部门的劳动力比重足够大时)后下降(当土地密集型部门的劳动力比重变小时)的趋势。当资本密集型部门渐进成为经济主导部门时,经济存在着唯一的平衡增长路径:经济中最终品①的产出增长速度、总资本存量的增长速度均将收敛到资本密集型部门,消费者消费水平的增长也由资本密集型部门的产出增长速度决定。随着资本密集型部门的产出、雇佣劳动力和使用资本的增长速度都高于其他两个部门,徐朝阳将这背后的机制归结于产品互相替代的情况下,资本和劳动等生产要素流入快速增长的部门。他利用美国1929—2007年的数据对美国1929年以来产业结构从"工业化"到"后工业化"的变迁过程进行了参数校准与拟合,验证了上述理论机制。

其二,要素禀赋驱动是以林毅夫为代表的一批世界银行经济学家,基于比较优势理论、在新结构主义经济学的框架中提出来的,Ju等(2011)指出,经济增长模型往往假定不同发展阶段的国家拥有相同的总量生产函数,这种典型假设自然而然使得跨国分析关注生产率或人力资本的差异,而忽略不同国家不同发展阶段的结构差异。在"雁行模式"基础上,他们假定经济存在从初始家庭生产到工业化生产的不同阶段,不同阶段有与之相对应的家庭消费构成、产品质量系数、资本存量和资本密集度。要素禀赋结构(资本劳动比)是驱动产业升级的动力机制。在一个动态一般均衡模型中,产业升级速度随着资本品的外生技术参数、家庭跨期替代弹性严格递增,随着产品质量差异和贴现率严格递减。在消费—资本投入或消费—时间的二维空间里,产业动态是一个连续倒V形的演化路径:当资本积累到特定点时,新的产业将会产生、繁荣,然后衰落,最终消失。当该产业衰落的时候,一个资

---

① 为方便分析,除了三部门之外,徐朝阳还假设经济中存在一个最终品部门——使用农产品1以及另外两个非农产品2和3生产最终品,在生产过程中,该部门不需要额外的劳动力和资本,生产函数是双层CES形式的。

本更密集的产业将会蓬勃发展。因此，随着一国资本禀赋变得更加充足，该国的产业将会内生地升级到资本更密集的行业。

其三，研究产业部门分工与集聚。Dixit 和 Stiglitz(1977)在一般均衡框架下构建出产品差异化与垄断竞争的模型，由此引发学术界对规模经济的讨论。基于 Dixit 和 Stiglitz(1977)垄断竞争框架下的"迪克西特-斯蒂格利茨模型"，克鲁格曼的新经济地理模型(Krugman，1991)兴起。这两个理论模型不在本书的研究框架内，因此不做介绍。

对部门结构与经济增长理论模型进行探讨时，我们需要放弃传统经济增长模型中的一些假设：1. 同位偏好假设；2. 在需求面上忽略了恩格尔效应；3. 假定供给部门 TFP 增长率的系统性上升；4. 理性预期假设；5. 完美的要素替代；6. 市场瞬时出清(Montobbio，2002)。已有研究基本上是由发达国家学者提出或使用发达国家数据来进行拟合验证的。只有清晰勾勒出发展中国家结构转变的典型事实，才能做进一步的机制分析。

第四节　结构转变与经济增长的实证研究

传统经济学工具能更好地解释经济扩张现象，但是对结构变化的研究却显得相对苍白。一些更具理论探讨的研究将理论机制与实证研究相结合。Peneder(2003)将之概括为 5 种：1. 收入需求弹性上的部门差异，导致经济发展过程中整体消费的产业份额发生逐渐变化；2. 总量增长作用于产业结构的"结构红利假说"(structural bonus hypothesis)，即在经济发展进程中，经济从劳动投入附加值相对较低的产业升级到人均劳动投入附加值较高的产业，这意味着劳动资源的重新配置；3. 结构变化对总量增长的负面影响可以概括为鲍莫尔假说或非平衡增长或"结构负担假说"(structural burden hypothesis)，假定需求水平一定时，不同产业在提升劳动生产率上具有本质差异，这使得劳动力从高生产率的进步部门进入低生产率、更多劳动力需求的停滞部门。4. 一些特定类型的产业，通过其正外部性——如"生产者相关溢出"(producer related spillovers)和"使用者相关溢出"(user related spillovers)——对经济的其他部分产生间接影响。5. 与前面四种不同的是，第五种机制并不一定意味着不同增长的进化机制，反而与内生稳定状态增长理论的预测一致。这些实证研究与前述的理论探讨并行不悖。第一种关系与基于理论机制的需求面一致，后面四种关系则是基于供给面。

根据实证分析中将结构转变与经济增长哪一项作为自变量、哪一项作为因变量,可以分为总量效应(结构转变为因变量)、结构效应(经济增长为因变量)与互动效应。

一、总量效应

总量效应最初由新古典学派提出。它认为,部门结构变化是伴随经济增长的副产品与产物。从理论分析上看,经济发展进程中,农业、工业和服务业在国民总产出和就业中所占比例变化源于两个因素:1. 相对的劳动生产率增长率 P,制造业和农业的 P 通常被假定为高于服务业。2. 部门产品需求的相对收入弹性 η。制造业和服务业的 η 一般要比农业大得多,农业的 η 值通常小于 1,服务业的 η 值要比制造业高。[①]

总量效应强调劳动力在不同生产率部门间的流动。如,Kruger(2004)分析美国制造业部门 TFP 增长(1958—1996)与制造业各行业附加值份额变化之间的关系,发现结构变化受到技术变化的系统影响。又如,Lee 等(2006)使用美国 1940—2000 年间服务业的产出份额、资本数量估计需求和供给要素在服务业增长中的相对重要性,假定商品生产部门和服务业两部门的劳动力市场均衡且遭受相同的总生产率冲击,发现劳动力在部门间的流动促成了服务业增长。Dewhurst(2002)依据 C-D 函数来构建结构变化与经济增长率的多部门回归模型,以英国 1991—1998 年 11 个地区的数据为样本,证实了总量效应中的地域影响,同时发现结构变化步伐随经济增长率增加会有加快趋势。

二、结构效应

在研究中,产业结构对经济增长的作用,往往是基于以生产法统计的国民经济核算体系。国民经济由各产业部门(通常是三次产业部门)加总构成,因此,各产业部门的规模和增长速度决定了 GDP 的总体规模和增长速度。还有些研究探讨产业结构变化与经济增长在经济增长核算框架以外的机制关系,其中 Lewis(1954)被认为是这类文献中的始祖。他提出通过从人口过剩的部分向资本主义部分"无限制地供应"劳动力来实现工业化的理论;在这个过程中,结构变化对经济增长具有重要作用,从生存部门

---

① [美]约翰·伊特维尔,默里·米尔盖特,彼得·纽曼. 新帕尔格雷夫经济学大辞典(第三卷:K-P)[M]. 北京:经济科学出版社,1996:327.

(subsistence sector)到资本主义部门(capitalist sector)①的部门结构转变是经济增长和生产率提高的重要源泉。其后，Harberger(1998)围绕 TFP 增长率和真实成本降低(real cost reduction)绘制了一系列洛伦茨曲线图，提出了描述行业间要素配置不同状态的"蘑菇效应"和"酵母过程"：前者强调行业的异质性，不同行业间由于资本和劳动的重新配置会产生不同的真实成本降低和 TFP 增长率，具体行业的效应相对明显；后者则说明一些经济基本面因素会同时影响所有行业并促成全行业的生产率进步。

但结构变化并不都会促进经济增长。因此，结构学派和世界银行的一些学者提出了结构效应截然相反的两种假说，一是"structural bonus"（结构红利），另一是"structural burden"（结构负担）。"structural bonus"假说顾名思义，认为结构变化对经济增长和生产率提高具有重要的积极作用，此时生产要素在经济发展过程中从劳动生产率低的行业不断向劳动生产率高的行业转移；而"structural burden"假说借鉴了 Baumol 对社会经济的两部门划分，将各行业分为"progressive"行业和"stagnant"行业。由于"progressive"行业生产率提高很快，在总需求假定不变时大量劳动力被转移到"stagnant"行业；就业结构的这种变化在长期中会削弱人均收入的增长趋势。对"结构红利"与"结构负担"进行检验的代表性研究有 Timmer 和 Szirmai(2000)以及 Peneder(2002,2003)。Timmer 和 Szirmai(2000)最早提出"结构红利假定"(structural bonus hypothesis)，文中采用传统的偏离份额分析方法(shift-share analysis,简称 SSA)测量了劳动力和资本投入的影响。Peneder(2002)对二十世纪八九十年代美国、日本以及欧盟国家各产业劳动生产率的偏离份额分析，结果与大多数研究一致：结构成分在很大程

---

① 在 Lewis 的论文中，"资本部门"是经济中使用可再生资本，并根据使用情况支付报酬给资本家的部分。"生存部门"是经济中其他不使用可再生资本的部分。由于生存部门不是资本的果实，所以该部门的人均产出（而非效用）低于资本部门。因此，如果生存部门中更多工人被吸引到资本部门，这些工人的人均产出也会随之上升。见 Lewis, W. A. 1954. Economic Development with Unlimited Supplies of Labour. The Manchester School, 22, May. 139-191.

度上由生产率增长的偏移内效应决定①。这个结论暴露了 SSA 的缺陷。这是因为:1. 结构变化对生产率增长的贡献既有积极的也有消极的;2. 由于这些效应相互抵消,结构变化在平均水平上仅表现为薄弱的影响;3. 由于特定产业类型比其他产业更系统性地获得较高生产率增长率和产出扩张水平,这些特定产业的结构变化则仍然有利于总量增长。Peneder(2003)对"结构红利"和"结构负担"的成立条件进行了测量,分"静态转换效应"(static shift effect)(表示产业间劳动力配置从基年到报告年的相对变化,并以基年劳动生产率的初始值为权重)、"动态转换效应"(dynamic shift effect)(表示产业间劳动力份额变化与劳动生产率变化的乘积交互项)、"转换内效应"(within shift effect)(相当于没有结构偏离发生、每个产业保持了与基年相同劳动力就业份额时的总体劳动生产率,这实际上是生产率增长正面贡献的求和加总),采用 28 个 OECD 国家的面板数据(1990—1998)及面板回归模型,证实了 OECD 国家"structural burden"成立——就业结构变化对劳动生产率有较弱的负作用,这与 Timmer 和 Szirmai(2000)的研究结果一致。但是,SSA 方法适用于分析总量增长与劳动生产率的不同增长以及劳动力在不同产业间配置的机制关系,中国数据往往不支持"结构红利"假说(吕铁,2002;李小平和卢现祥,2007;刘建党,2008;干春晖和郑若谷,2009;等)。但也有支持"结构红利"的研究。如,李小平和陈勇(2007)认为,劳动力流动对 1998—2004 年间中国省际工业间资本转移具有一定促进作用。

基于生产函数的构造,从资本、劳动等要素及要素间配置效率衡量经济增长结构效应的文献汗牛充栋。这里仅介绍研究中国结构效应的代表性文献。Li(1997)最早从要素配置效率和要素边际生产率角度评估中国 20 世纪 80 年代的工业改革。他根据中国特有的双轨制国情,用不需要市场经济假定的生产函数方法来测算 1980—1989 年中国工业生产率增长情况,利用中国社科院 272 个企业的四省面板数据,采用非线性三阶段最小二乘法,测

---

① 偏离份额分析法分解为三大组成部分,静态转换效应与动态转换效应都取决于劳动力份额的增加或减少所引起的偏离效应,这是随各产业劳动力份额变化互相抵消后,在所有产业间产生的正面贡献和负面贡献加总所得结果。因此,劳动力资源的份额变化会导致生产率绩效的净变化,但偏离效应只捕获相对于总量增长的较小增量。由于这种抵消算法,偏离份额分析方法不能测量结构变化对总量增长的直接、本质贡献。见 Peneder(2003)。

量了要素的边际产品、TFP变化和以产出投入实际变化比较的要素配置改进。结果表明,中国工业企业的要素边际生产率和TFP有明显改善,87%的TFP增长归功于激励改进、产品市场竞争的加强和要素配置的提高。Fan等(2003)首先定义社会福利最大化时的GDP值为"有效配置GDP",在一个中央计划者经济中,完全竞争导致商品和服务的帕累托最优分配,此时各部门间投入要素的边际回报是相等的。效率指数E是实际GDP(Y)与有效GDP(Y')的比率:$E=Y/Y'$。从而实际GDP增长可以分解为有效配置GDP与效率变化的增长两部分,总产出又可以分解为部门产出的加权和。假定各部门的实际GDP服从新古典生产函数,表现为双对数函数形式,发现中国经济增长的17%来自结构变化,42%来自各部门的生产率(扣除结构变动因素的TFP)进步,TFP年均增长率高达4.2%。王德文等(2004)分析了产业结构由重工业向轻工业的转变对工业整体生产效率的影响。Bosworth和Collins(2008)运用形如$Y=AK^{\alpha}(LH)^{1-\alpha}$的C-D生产函数对中国和印度1978—2004年的经济表现进行核算,比较了中国与印度1978—1993,1993—2004两个时段三次产业部门的产出年增长率、就业年增长率、劳均产出年增长率、物质资本对劳均产出的年贡献率、教育对劳均产出的年贡献率、TFP对劳均产出的年贡献率。刘伟和张辉(2008)将GDP增长分解为四部分——资本投入增长效应、劳动投入增长效应、净技术进步效应和产业结构变迁效应。张军等(2009)以中国工业分行业全要素生产率为分析对象,采用随机前沿生产函数模型及其分解方法,度量出行业间要素配置效率(即结构红利)对改革开放期间工业生产率提高贡献了38%、对工业产出增长贡献了20%。姚战琪(2009)使用数据包络分析和随机前沿生产函数、分阶段(1985—1997、1998—2007年)比较发现,中国全要素生产率增长率在1985—1993年剧烈波动、1993—2007年出现下降;要素再配置效应在经济总体6部门和工业部门的表现都差强人意;工业的劳动生产率总配置效应为负;经济总体和工业部门的资本生产率再配置效应均为负。丁志国等(2012)运用空间面板模型测度了劳动力、资本、技术进步等要素配置对本地发展的直接效应和对其他地区的间接溢出效应,其中,资本和技术进步存在显著效应:1998—2010年固定资产投资仅对二、三产业有影响,它对第二产业既有显著的正向直接效应也有更严重的负向溢出效应,从而总效应显著为负,它对第三产业的正向直接效应和正向总效应显著;技术进步对三次产业的促进效应均显著。

另有一些研究直接建立计量模型分析产业结构对经济增长的贡献,这类文献会根据具体研究问题选择合适的计量模型。如,吕铁和周叔莲(1999)、蔡昉和王德文(1999)利用计量模型表明资本和劳动力在不同的产业间流动对经济增长的正向贡献。周英章和蒋振声(2002)证实了产业结构变动与我国实际经济增长存在长期均衡的协同互动关系,产业结构变动是经济增长的格兰杰原因。刘伟和李绍荣(2002)基于产业产出量与总产出量的等式关系,构建了产业部门对经济增长贡献的计量模型,发现1992—2000年中国经济增长主要由第三产业拉动;同时基于C-D生产函数,构建了关于产业生产规模(三次部门产出份额及两两部门产出份额的乘积项)、要素效率(分别用资本和劳动要素投入与产业部门产出份额的乘积项表示)和总产出的计量模型,得到产业结构对生产规模和要素效率的影响模型,发现一、二产业部门对经济规模产生正效应,三产则是负效应。其后,刘伟和李绍荣(2005)针对产业结构对生产规模和要素效率的影响模型进行了拓展,经济结构比重除产业结构比重外还增加了所有制结构份额,结合我国东、中、西三个区域1993—2001年的数据进行了分析,归纳出东部初级市场经济结构、中部非工业化和西部农业化经济结构的特征。

三、互动效应

互动效应基于总量效应与结构效应的普遍存在,指出结构变化与经济增长是互相依赖的关系。诚如前文所述,结构变化导致经济增长的"结构效应"与经济增长带来结构变化的"总量效应"并非泾渭分明,支持"结构效应"的学者并不否认"总量效应"的存在,如钱纳里等(1989)、Echevarria(1997)等。

钱纳里等(1989)认为,作为非均衡增长的经济增长,生产要素的边际收益在部门间存在差异,当生产要素从低收益部门向高收益部门流动时会产生积极的结构效应。因此,他构建出基于新古典经济增长模型的多国回归模型,并将结构变量纳入模型中,以发达国家数据进行分析。钱纳里的多国回归模型成为后来研究结构转变与经济增长的典范。在钱纳里多国模型基础上,曾先锋和李国平(2011)添加人力资本变量进行了扩展,将资源配置效应表示为工业整体的全要素生产率与工业行业全要素生产率Domar加总之差,并对中国1985—2007年36个二位数工业行业的结构变化对工业生产率和产出增长影响进行了实证分析,结果发现:1985年以来,我国工业整体生产效率的提高主要依赖于工业行业自身全要素生产率的提高,"结构红利"(即资源再配置效应)发挥了一定作用,但整体的影响效应并不显著。按照 Chenery 等(1986),人均收入水平刚刚超过 1 000 美元时,资源再配置对全要素生产率增长率的贡献度在 25% 左右。而事实上,曾先锋和李国平(2011)发现,资源再配置对我国工业整体全要素生产率增长的贡献度仅为 7%,并将之称为资源再配置的"弱效应"。

Echevarria(1997)运用一般动态均衡方法和索洛模型、集总量效应和结构效应于一体,偏好的层次性首先使得部门结构发生变化,然后影响经济增长率,这种传导机制对部门构成与经济增长相互关系进行了检验。

第三章 结构转变的典型事实

经济学研究中关于"结构"以及"结构转变"的概念有很多。钱纳里等提供了有关结构转变的经典研究:在一个一般均衡模型中综合分析生产和劳动力结构、国家贸易结构、国内需求结构、收入分配结构等,提出"发展的程式化事实"(stylized facts of development)(Chenery,1960;Chenery and Syrquin,1975);结构转变也被定义为"伴随着经济发展的结构转变相互关联过程"[①]。随着经济理论与计量工具的发展,经济结构的研究也从宏观层面向微观层面拓展,比如考虑行业内或企业间资源配置的影响。本书的"结构转变"概念将继续秉承长期增长方式的宏观研究传统,将研究对象聚焦于伴随经济增长的三大部门经济活动及其资源配置。对长时间序列数据或跨国截面数据的统计描述,可以总结出结构转变中劳动力、资本、资源等要素进行再分配的一般模式与特征;但是测量尺度不同,所描述的结构转变图景也会有差异。尽管结构转变的研究由来已久,老生常谈的话题在新的历史时期却不乏研究的价值与新的焦点。其一,结构转变进程是在整个经济发展阶段持续进行的,以长时间序列的跨国数据来刻画其中的属性十分必要。信息技术的日新月异催生了大数据时代,不仅增强了新数据集的时效性和可获得性,而且不同来源的数据被统一到同一测量指标体系下,较高的数据质量提高了可比性。本书基于新数据的特征总结是一种与时俱进的尝试。其二,以往结构转变的跨国研究大多集中在生产率水平较高的发达国家,对于生产率水平相对较低的发展中国家及贫穷国家进行定量研究或比较研究的凤毛麟角。Bah(2008)从部门增加值份额变化与人均 GDP 对数值变化的相关性以及一定人均 GDP 下部门增加值份额水平两个维度,揭示出发展中国家结构转变路径与发达国家的背离。发展中国家结构转变的异质性,有待进一步研究。其三,结构转变中,部门间资源的重新配置以更高的生产率贡献给经济增长。因此,在这样的不均衡情况下,若结构转变能使资源获

[①] SYRQUIN M. Chapter 7 Patterns of Structural Change[J]. Handbook of Development Economics,1988,1(88):203-273.

得更全面、更高效地利用,它将成为经济增长的潜在源泉。研究结构转变,对结构转变正在进行的发展中国家而言意义更大。发展中国家的经济增长路径更为不均衡,诸如要素市场分割和调整滞后等,隐含着比发达国家更大的增长潜力。

第一节 结构转变的测度指标

"典型事实"一词由 Kaldor(1961)首创,用以描述对工业化国家经济增长的观察。典型事实包含了马尔萨斯式的传统增长、刘易斯的二元经济发展与增长和索洛的新古典式现代增长,这个过程的典型事实是传统农业经济向现代非农经济转变。在这个库兹涅茨式的结构转变中,各国的经济增长路径表现出诸多共性特征,其中之一便是与经济高增长率相伴随的结构高转变率,即生产要素从农业部门到非农业部门的持续转换以及从工业部门向服务业部门的流动(Kuznets,1973)。这为"结构转变"(structural transformation)的定义勾勒出基本框架,即现代经济增长进程中,经济活动重新配置资源在三大部门(农业、工业和服务业)间流动。如果具体到不同国家或地区,结构转变的典型事实既有现代经济增长的一般规律,又根据时间属性和地理属性变化表现出特殊性。

结构转变的典型事实最早是"配第克拉克定律"以分部门的劳动力份额变化捕获出来的。配第独创地应用算术方法来论证英、法、荷三国的经济力量,发现"(荷兰)工业的收益比农业要多,而商业的收益又比工业多得多"[1],从而指出产业间相对收入差异是劳动力在产业间流动的重要原因,劳动者存在向高收入部门流动的趋势。Clark(1940)吸收了配第关于收入与劳动力流动的关系学说,并借鉴了 Fisher 的三次产业划分[2],系统地搜集和整理世界 40 多个国家的经济统计资料,比较不同时期三次产业劳动投入和总产出,并按照年代序列发现了劳动力随着人均国民收入水平提高的不同阶段从第一产业向第二产业、再向第三产业转移的趋势,在这个过程中,

---

[1] [英]威廉·配第.政治算术[M].陈冬野,译.北京:商务印书馆,1978:19-20.

[2] 英国经济学家 Fisher 在其 1935 年出版的《安全与进步的冲突》中首次提出"第三产业(tertiary production)"的概念,以明确区别于"第一产业(primary production)"和"第二产业(secondary production)"。

先是从事农业人数相对于制造业下降,然后是从事制造业人数相对于服务业下降。Clark 认为这个产业结构变动的一般规律印证了配第的观点,在《The Conditions of Economic Progress》(《经济进步的诸条件》)一书中将其命名为"配第定理",这就是"配第—克拉克定律"(也有称克拉克法则)。这一定理从生产结构维度勾画出产业结构转变的宏观趋势——劳动力配置从第一产业到第二产业再到第三产业就业之间的变动。除了部门劳动力份额的变化外,部门增加值份额的运动也是结构转变进程中的重要规则。库兹涅茨(1989)通过一系列典型事实研究长期转变过程的实证研究,提出现代经济增长的四个特征,即"配第定理"的升级版。迄今为止,从生产维度描述农业、工业和服务业三大部门结构变迁基本事实的,大多是以最新的数据资料重新验证"配第定理"或者"库兹涅茨事实",并力图补充一些新的发现。如 Chenery 和 Syrquin(1986)从国内需求变动、工业产品中间使用增加、随要素比例变动而发生的比较优势变化、资本和劳动的再分配来解释工业份额增加的原因。他们不仅分析了同收入增加相伴随的劳动力配置变化,还描绘出资本以不同于劳动力转移的速度自初级产品生产向制造业和服务业的转移轨迹。① 本书为便于国际比较及省际比较,考察资本投入要素和劳动力投入要素,分别以增加值份额和劳动力就业份额这两个指标表示结构转变变量。

第二节 结构转变的国际比较

一、数据来源及处理

1. 样本选择

样本国家包含发达国家和发展中国家。囿于研究的局限性和数据的可获得性,共有 19 个发达国家样本,分别为:美国、加拿大、澳大利亚、奥地利、比利时、丹麦、芬兰、法国、德国、爱尔兰、意大利、荷兰、挪威、葡萄牙、西班牙、瑞典、英国、日本和韩国。此外,参考 Bah(2008),与非洲、拉丁美洲国家

---

① [美]钱纳里,鲁宾逊,赛尔奎因. 工业化和经济增长的比较研究[M]. 吴奇,王松宝,等译. 上海:上海三联书店,上海人民出版社,1995:56-114.

相比,亚洲国家在平均意义上最接近发达国家的结构转变路径。[①] 发展中国家的样本仅局限于亚洲地区。又考虑到大国规模的可比性,发展中国家仅选择了印度作为中国的参照国。

2. 数据来源

考虑到跨国研究的可比性、识别经济发展程度的门槛,衡量总体经济时多以不变价格的人均GDP为替代指标。这部分数据基本来自麦迪逊以1990年国际元(International Geary-Khamis Dollars)衡量的人均GDP数据(2013年1月更新)。相应的国家和数据时间跨度如下:美国(1800—2010)、法国(1820—2010)、西班牙(1800,1850—2010)、加拿大(1820,1830,1840,1850,1860,1870—2010)、德国(1800,1850—2010)、瑞典(1800—2010)、澳大利亚(1820—2010)、爱尔兰(1820,1870,1913,1921—2010)、英国(1800—2010)、奥地利(1820,1830,1840,1850,1860,1870—2010)、意大利(1800—2010)、日本(1800,1850,1870—2010)、比利时(1812,1846—2010)、荷兰(1800—1808,1815—2010)、韩国(1820,1870,1911—1940,1950—2010)、丹麦(1820—2010)、挪威(1820,1830—2010)、印度(1870,1884—2010)、芬兰(1820,1850,1860—2010)、葡萄牙(1800,1820,1850,1851,1855,1861,1865—2010)、中国(1820,1870,1890,1900,1913,1929—1938,1950—2010)。这部分数据有多个来源:米切尔(2002)、联合国数据库、格罗宁根增长与发展中心(Groningen Growth and Development Centre)、EU Klems 2012、OECD、各国统计局官方网站等。详细的数据来源见附录A。

3. 部门界定

在部门界定上,遵循以下法则:1. 农业对应于国际标准行业分类(ISIC)中的A—B部分。若ISIC分类不可得,本书会将表格标题中著有"农业"或"农业、林业及渔业"的归为农业。2. 工业对应于ISIC分类中的

[①] Bah(2008)的实证分析表明,非洲、亚洲和拉丁美洲的子大陆地区遵循着不同的结构转变进程。1. 非洲国家往往在人均GDP水平较低时有较低的农业产出和较高的服务业产出;2. 与发达国家相比,拉美国家在人均GDP较低时从结构转变的第一阶段(即资源从农业部门流向制造业和服务业部门)过渡至第二阶段(即资源从农业部门和工业部门流向服务业部门);3. 亚洲国家有相对较高的工业增加值份额和可媲美的服务业份额。此外,非洲与拉丁美洲的一些发展中国家在经济增长的停滞阶段甚至下降阶段仍然经历了大规模的结构转变。

C—F部分,包括采矿业、制造业和建筑业。若ISIC分类不可得,本书会将表格标题中著有"采矿业""采掘业""制造业""建筑业""电力、燃气及水供应"等归为工业。3. 服务业对应于ISIC分类中的G—P部分,包括公用事业、批发、零售业、住宿和餐饮、交通运输、仓储及通讯、金融、保险、房地产、商用服务业以及社区社会及个人服务业。若ISIC分类不可得,本书将注有"商业""金融""贸易""交通""通信""服务"等归为服务业。

需要特别说明的是:EUKLEMS提供了大部分国家分部门的就业数据,有"number of persons engaged"(就业人数)与"number of employees"(员工人数)的区别。本书一般会优先选择"number of persons engaged"(就业人数)指标;在该指标不可得时,采用"number of employees"(员工人数)指标代替。

二、典型事实描述

1. 结构转变的长期趋势

图3.1～3.2是历史时间序列。横轴为麦迪逊数据库以1990年国际元衡量的人均国内生产总值;图3.1的纵轴为农业、工业和服务业三大部门的增加值份额(当期价格),图3.2的纵轴为农业、工业和服务业三大部门的就业份额。这两张图清晰地验证了"库兹涅茨事实"。

在过去两个世纪,人均GDP的增加与农业中就业份额与增加值份额的降低相关,与服务业中就业份额与增加值份额的增加相关。工业则表现出完全不同的特性:其就业份额与增加值变化是驼峰形(a hump shape)或是倒U形,它们在经济发展水平比较低时上升、在经济发展水平较高时下降。

图3.1～3.2还表现出结构转变的其他规律。第一,当人均GDP的对数值达到9(人均实际产出为8 103国际元)时,工业部门的就业份额与增加值份额会出现从上升到下降的拐点。第二,尽管现代服务业是随着现代产业分工逐渐发展起来的,有史记载的服务业就业份额与增加值份额却不是从零开始。在工业革命前后人均产出水平较低时,服务业的增加值份额最低为20%、就业份额最低为10%。第三,工业的增加值份额与就业份额处于顶峰时的GDP对数值,正是服务业增加值份额和就业份额开始加速的起点。当人均GDP的对数值达到9(也就是人均产出为8 103国际元)时,服务业的增加值份额与劳动力份额会有一个增长率的加速。如果描绘工业增加值与服务业增加值的比例关系,其路径与工业增加值的变化一样呈现驼峰形。一些研究已经证实,服务业增加值份额加速与工业增加值份额下降

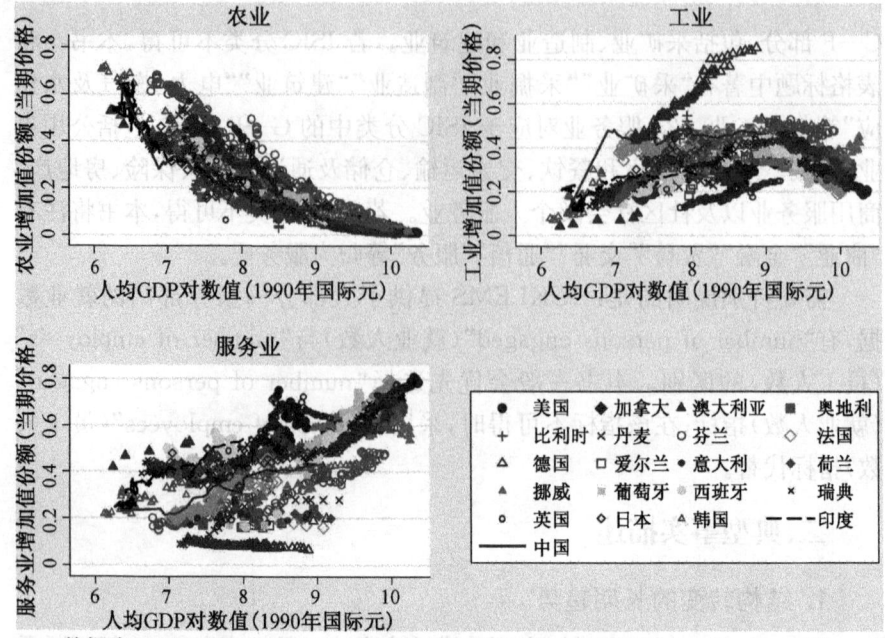

数据来源：Maddison(2013)，米切尔(2002)，BEA，UNDATA，Groningen Growth and Development Centre 等。

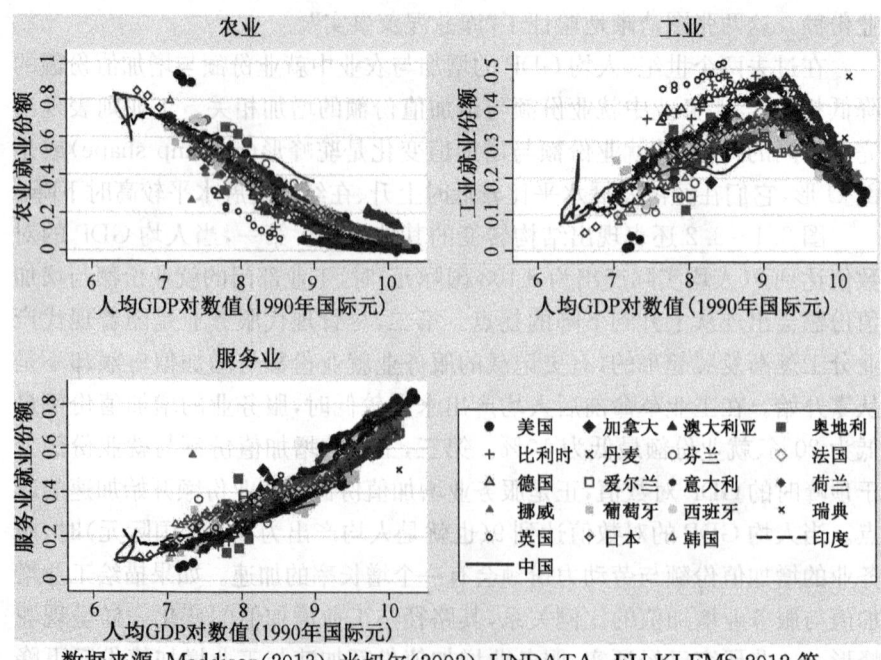

图 3.1　样本国家增加值份额

数据来源：Maddison(2013)，米切尔(2002)，UNDATA，EU KLEMS 2012 等。

图 3.2　样本国家就业份额

的一致不是偶然。Buera 和 Kaboski(2012)的实证分析表明,当人均 GDP 处于较低阶段时工业部门比服务业部门扩张更快;当人均 GDP 达到一定水平后,工业部门的扩张慢于服务业部门。

2. 结构转变的阶段性

图 3.1～3.2 中,分别以虚线和实线来描绘印度和中国的部门增加值份额与就业份额。经济发展初期,经济体的大部分资源集中在农业部门,其后的结构转变分为两阶段:阶段一,随着经济发展,资源从农业部门流向制造业和服务业部门;阶段二,资源从农业部门和工业部门流向服务业部门(Kuznets,1973)。工业部门增加值份额与就业份额的驼峰形变化说明,发达国家已经进入了结构转变的第二阶段;与之相比,印度和中国还处于结构转变的第一阶段。

在结构转变的第一阶段,结构转变显著表现为人口因素,即劳动力从农业部门向工业部门转移。表 3.1 是样本国家达到相应农业就业份额的年份。

表 3.1 各国达到农业就业份额的年份

	50%	20%	10%		50%	20%	10%
澳大利亚	—	1931	1961	挪威	1891	1960	1974
加拿大	1891+	1951—	1969—	葡萄牙	1950—	1988	2008
奥地利	1910+	1970	1990	西班牙	1940+	1975	1990
比利时		1921	1961	瑞典	1903	1951	1965
丹麦	1880+	1958	1970	英国	—	1861	1891
芬兰	1950—	1970	1987	美国	1880+	1941	1955
法国	1866	1962	1975	日本	1930	1970	1987
德国	1882—	1952	1967	韩国	1973	1988	2001
爱尔兰	1841	1979	1997	印度	×	×	×
意大利	1936—	1971	1984	中国	1999	×	×
荷兰	—	1930+	1960				

注:"—"表示数据不可获得或缺失;"+"表示在所得数据中最接近对应数值的年份,且其数值超过所对应数值;"—"表示在所得数据中最接近对应数值的年份,且其数值略低于所对应数值;"×"表示尚未达到。

Aoki(2011)基于人均国内总值增长率和增长分量的变化,将经济发展分为 M(马尔萨斯)、G(政府主导)、K(库兹涅茨)、H(基于人力资本)和 PD(后人口转变)五个阶段。[①] 当农业就业份额达到 80% 以上时,经济发展处于 M 阶段;当农业劳动力份额低于 20% 时,经济发展从 K 阶段向 H 阶段转变。根据 Alvarez-Cuadrado 和 Poschke(2011),农业部门结构转变完成的标志是农业就业份额低于 10%,这也是农业社会转型为现代工业化社会的标志。截至 2004 年,印度农业就业占比为 62%;截至 2014 年,中国农业就业占比为 31.4%,这说明中国和印度都还处于农业劳动力转出至工业和服务业的阶段。

3. 结构转变的时间窗口

三部门就业结构转变和产值结构转变并不同步,图 3.3 描绘了各国在 1970—2010 年间部门增加值份额与就业份额的差值随人均 GDP 水平变化的轨迹。

第一,对于已完成农业结构转变的国家而言,同一时期的农业部门增加值份额都会低于就业份额,增加值份额与就业份额差的轨迹一直在 0 值线以下。[②] 当经济处于较低水平时,农业部门的增加值份额与就业份额的差距较为明显;随着经济发展水平的提高,这种差距会缩小。韩国和葡萄牙是相对较晚实现农业结构转变的,见表 3.1,因此,其农业增加值份额与就业份额差值的收敛效应比较明显。对于未完成农业结构转变的印度和中国而言,增加值份额远远低于就业份额。

第二,工业部门的表现与农业部门恰恰相反,即同一时期的工业部门增加值份额基本会高于就业份额,增加值份额与就业份额差的轨迹大多聚集在 0 值线以上。当然,也有少数国家例外,其中,在 2000 年后意大利、瑞典、葡萄牙工业部门增加值份额还低于就业份额。

第三,各国服务业部门的表现无规律可循,服务业部门增加值份额与就

---

① 增长分解为三个部分:1. 以劳动人口与总人口的比例来衡量的人口经济变化;2. 结构转变,即劳动力份额从第一产业向二、三产业转移,且第一产业与二、三产业劳均产出差距缩小;3. 各部门的劳均产出变化,某一部门的劳均产出又进一步分解为该部门的 TFP 和资本产出率的加权和。

② 图 3.3 中,澳大利亚农业增加值份额与就业份额差值出现骤降是源于不同的统计口径,1970—1988 来源于联合国 ISIC Rev. 3 版,1989—2010 来源于联合国 ISIC Rev. 4 版。

业份额差值的分布相对分散。这可能是由于结构转变第二阶段尚在进行中。

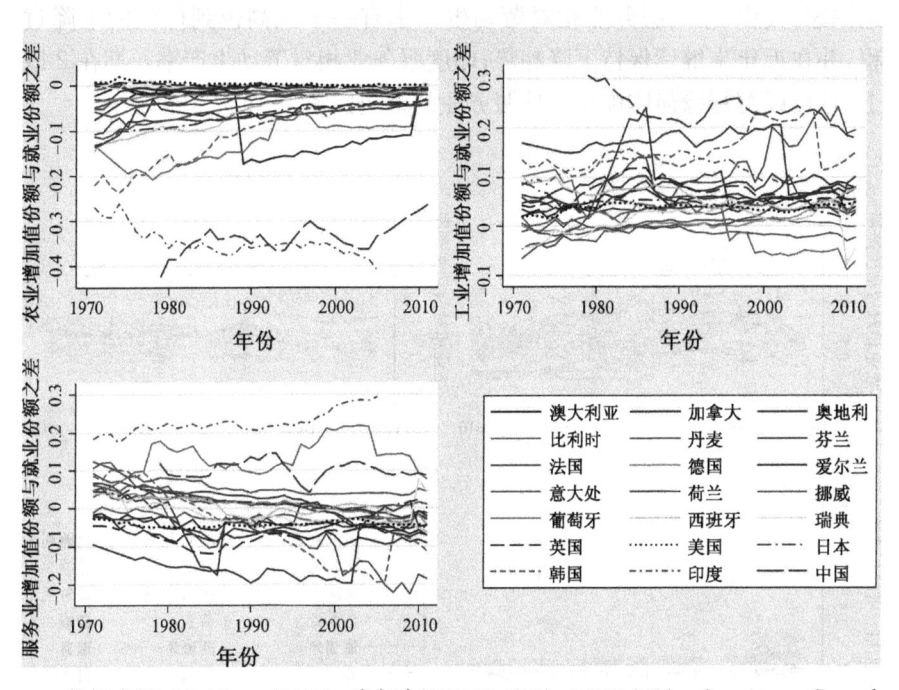

数据来源：Maddison(2013)，米切尔(2002)，BEA，UNDATA，Groningen Growth and Development Centre，EU KLEMS 2012 等。

图 3.3　样本国家增加值份额与就业份额之差

4. 结构转变的效率

以部门增加值和部门就业人数为基数的劳动生产率是衡量三次产业部门效率的重要指标。为便于国际间的比较，本书以部门的增加值份额与就业份额之比来衡量结构转变效率，称之为相对劳动生产率。该指标衡量了一国某部门劳动生产率与整体劳动生产率的比值。

图 3.4 描绘了各国三部门相对劳动生产率在 1970—2010 年间的变化。各国农业部门相对劳动生产率基本落在[0.5,1]的区间内，即相对于三部门的劳动生产率、农业部门劳动生产率偏低。美国农业部门相对劳动生产率高于所有国家，维持在[1,1.5]的水平上。各国工业部门相对劳动生产率基本落在[1,1.5]的区间内，即工业部门劳动生产率高于三部门劳动生产率。作为发展中国家的印度和中国，工业相对劳动生产率则在 2 左右，反映出两

国较高的相对劳动生产率。各国服务业部门相对劳动生产率在1值线上下运动。作为发展中国家,印度和中国的服务业相对劳动生产率高于其他发达国家;其中,中国服务业相对劳动生产率有一个从高位到低位的下降过程,并在近年来继续保持下降趋势;印度服务业相对劳动生产率长期在2以上,这可以解释缘何印度是全球服务业的外包国家。

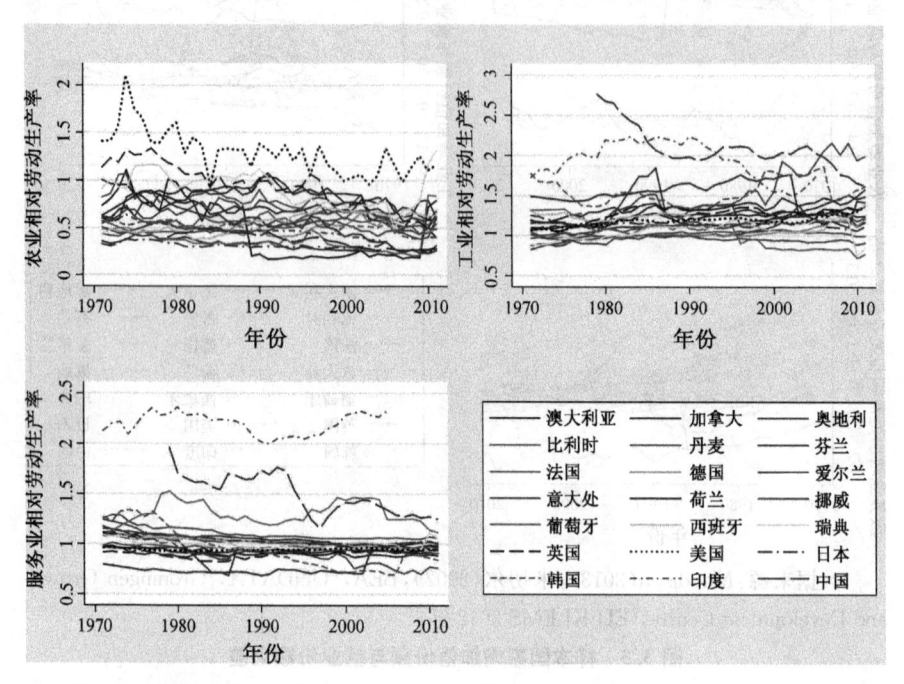

数据来源:Maddison(2013),米切尔(2002),BEA,UNDATA,Groningen Growth and Development Centre,EU KLEMS 2012等。

图3.4 样本国家相对劳动生产率

一个现象是,20世纪70年代以来发达国家二、三产业劳动生产率从较大差异到逐渐收敛的变化过程,先是三产劳动生产率高于二产,其后二产生产率逐渐接近甚至超过第三产业,最后两个部门劳动生产率逐渐趋同;与此相反,发展中国家的服务业劳动率普遍低于第二产业劳动生产率,这被称为"产业结构演进无效率"现象(中国经济增长前沿课题组,2012)。本书以1970年后各国工业相对劳动生产率减去服务业相对劳动生产率,得到一国工业相对劳动生产率是高于服务业的,仅有葡萄牙、意大利和印度除外,见图3.5。

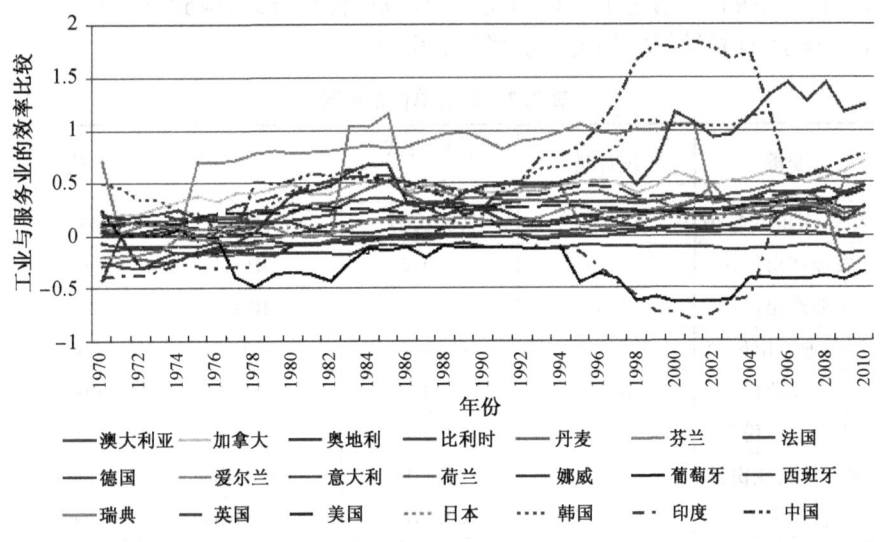

数据来源：Maddison(2013)，米切尔(2002)，BEA，UNDATA，Groningen Growth and Development Centre，EU KLEMS 2012 等。

图 3.5　样本国家工业与服务业的效率比较

这从相对劳动生产率角度验证了产业结构演进的无效率。中国工业相对劳动生产率一直高于服务业，并在 90 年代有一个较大攀升，到 2005 年工业与服务业的差距开始收敛，但工业相对劳动生产率依然高于服务业。产业结构演进的无效率，可以解释发达国家在去工业化时期的经济增长减速。[1]

三、结构转变的回归拟合

1. 平稳性检验

非平稳的经济时间序列往往表现出共同的变化趋势，对这些序列进行回归容易造成虚假回归或伪回归(spurious regression)。因此要对面板数据是否存在单位根进行平稳检验。面板单位根检验的方法有 LLC，IPS，Breintung，ADF-Fisher 和 PP-Fisher 5 种，但并不是所有方法都适用于非平衡面板数据。表 3.2 报告了面板数据的单位根检验结果。由于篇幅有

---

[1] 关于服务业效率低于工业的结论本身就是有争议的。一些研究将社会福利、环境成本等因素放入核算框架，计算出来的服务业效率高于工业。但从经济增长速度的角度看，服务业是相对低效率的，假定其他条件一样，占经济体量相同份额的服务业部门对经济增长的贡献明显弱于同等份额的工业部门。

限,本书仅报告了通过单位根检验的统计量、检验方式、检验方法及 P 值。结果显示,面板数据的相关变量都是平稳的。

表 3.2 面板单位根检验

变量	统计量	检验方式 (c,t,d,p)	检验方法	P值
人均 GDP 对数值	−1.606 9	(0,1,0)	IPS	0.054 0
农业产出份额	−7.652 7	(1,0,0)	IPS	0.000 0
工业产出份额	−2.697 4	(1,0,0)	IPS	0.003 5
服务业产出份额	−4.441 6	(1,0,0)	IPS	0.000 0
农业就业份额	−8.001 0	(0,0,0)	IPS	0.000 0
工业就业份额	−3.907 4	(0,1,0)	IPS	0.000 0
服务业就业份额	6.575 4	(0,1,0)	ADF-Fisher	0.000 0
食品消费	8.210 5	(0,0,0)	ADF-Fisher	0.000 0
工业制品消费	5.491 6	(0,1,1)	ADF-Fisher	0.000 0
服务消费	2.781 7	(0,1,1)	ADF-Fisher	0.002 7

注:上表中的检验方式 t、d、p 表示含时间趋势、去平均值、滞后 p 期的单位根检验。其中,"$t=1$"表示带常数项,"$t=0$"表示不带常数项;"$d=1$"表示进行了去均值处理,"$d=0$"表示未进行去均值处理;p 表示滞后期数。IPS(Im-Pesaran-Shin)检验报告了 Z-t-tilde-bar 统计量;ADF-Fisher 检验报告了 Modified inv. chi-squared 统计量。

2. 模型设定

为了进一步确认部门增加值份额、劳动力份额与收入(人均 GDP)的关系以及检验样本国家是否经历了相同的结构转变进程,本书参考 Bah (2008)、Buera 和 Kaboski(2012)、Herrendorf 等(2013)使用多项式函数来拟合,多项式的阶数从一阶到多阶[1]。回归模型为固定效应模型(FE),这是因为每个国家的国情不同,可能存在不随时间而变的遗漏变量。对于每个部门,用以下方程进行估计:

$$share_{it} = \alpha_i + \beta_1 \log(gdp_{it}) + \beta_2 [\log(gdp_{it})]^2 + \beta_3 [\log(gdp_{it})]^3 + \cdots + \varepsilon_{it} \tag{3.1}$$

---

[1] 本文与之前研究的区别在于数据差异,一是样本国家包含发达国家与发展中国家,二是时间序列更长,最早可上溯至 1800 年。这类研究仅通过回归拟合结构转变变量(三次产业部门的产出份额和就业份额)与收入水平(人均实际 GDP)之间的上升下降关系,并非严格意义上的实证分析。

其中, $share_{it}$ 分别表示国家 i 在 t 期的三大部门产出份额、就业份额以及消费份额, α_i 为国家固定效应。

3. 回归拟合

表 3.3 报告了对三个部门增加值份额进行回归的结果。

表 3.3 对增加值份额的回归分析

被解释变量		解释变量				R^2
		$\log(gdp)$	$[\log(gdp)]^2$	$[\log(gdp)]^3$	常数项	
农业部门增加值份额	(1)	−0.146** (0.010)			1.438** (0.082)	0.831
	(2)	−0.664** (0.078)	0.030** (0.005)		3.602** (0.336)	0.854
	(3)	0.193 (0.968)	−0.073 (0.115)	0.004 (0.005)	1.259 (2.682)	0.856
工业部门增加值份额	(1)	0.032* (0.016)			0.050 (0.131)	0.076
	(2)	0.905** (0.161)	−0.051** (0.010)		−3.598** (0.650)	0.262
	(3)	−0.330 (1.177)	0.098 (0.142)	−0.006 (0.006)	−0.221 (3.218)	0.263
服务业部门增加值份额	(1)	0.131** (0.017)			−0.648** (0.142)	0.519
	(2)	−0.594** (0.188)	0.043** (0.011)		2.379** (0.771)	0.576
	(3)	1.467 (1.710)	−0.206 (0.204)	0.010 (0.008)	−3.256 (4.744)	0.576

注: 括号中为稳健标准误。显著性水平分别是: * 为 $p<0.10$, ** 为 $p<0.05$, *** 为 $p<0.001$, $N=2\,145$。

一次多项式和二次多项式能较好地拟合农业部门增加值份额和人均 GDP 对数值的关系: 以一次多项式来说, 当人均 GDP 对数值每增加 1 个单位 (即人均 GDP 增长为初始值的 2.7 倍), 则农业部门产出份额会下降 14.6%; 以二次多项式来说, 农业部门产出份额与人均 GDP 的关系位于抛物线的下降区间, 下降速度在放缓。工业增加值份额与人均 GDP 对数值的关系最适宜用二次多项式描述：工业增加值份额的上升速度在趋近拐点时放缓、在越过拐点后下降。服务业增加值份额与人均GDP对数值关系兼有一次多项式和二次多项式特征：一次多项式中，人均GDP增长为初始值的2.7倍时，服务业部门增加值份额上升13.1%；二次多项式中，服务业产出份额在增加区间有加速增快趋势。

尽管三部门增加值份额与人均GDP对数值的关系可以由一阶多项式或二阶多项式来描述，但综合考虑模型解释力和系数显著性，本书更倾向于用二阶多项式来描述它们之间的关系，见图3.6。根据工业部门的二阶回归式，易知工业增加值下降的拐点在7 133国际元（人均GDP对数值为8.87），中国业已进入工业产出份额的下降区间。① 这与典型事实的观察一致。根据服务业部门的二阶回归式，当人均GDP达到1 000国际元（人均GDP对数值超过6.9）后，服务业增加值份额就进入了递增区间，而且随着

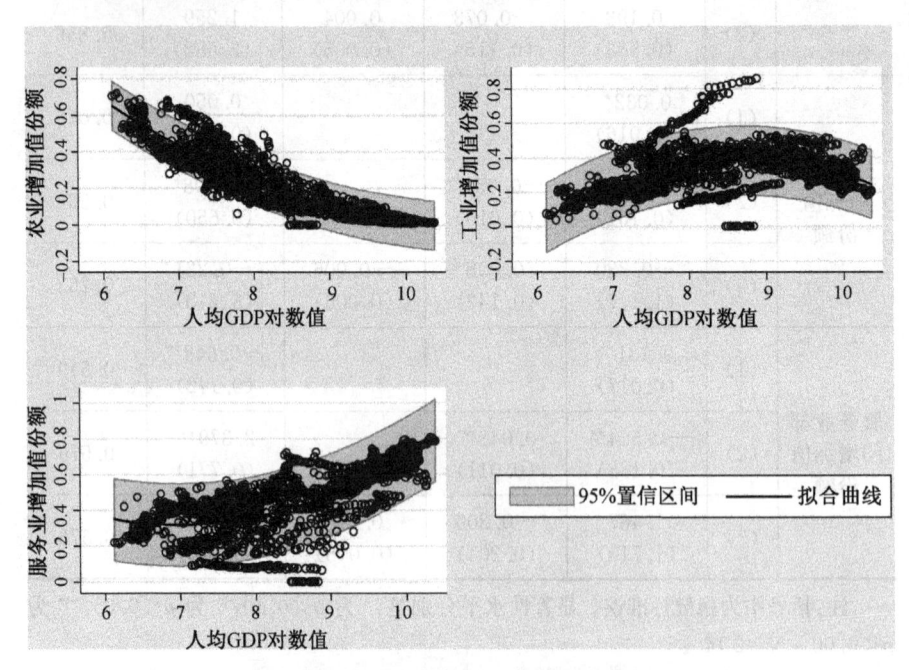

注：三部门的拟合曲线和置信区间均来自二阶多项式回归。

图3.6 三部门产出的结构转变

---

① 根据麦迪逊对中国人均GDP的测算值，中国2009年首次达到工业增加值下降的拐点，当时实际人均GDP为7 308国际元。

人均GDP对数值的增加该份额增加的速度越快。① 农业和工业部门产出份额降低的放缓、服务业部门产出份额的加速增加,造就了发达国家以服务业为主导的产业结构格局。

表3.4报告了对三个部门就业份额进行回归的结果。一次多项式和三次多项式能较好地拟合农业部门就业份额和人均GPD对数值的关系:在一次多项式中,当人均GDP增长到初始值的2.7倍,农业就业份额会下降20.4%;在三次多项式中,在以人均GDP对数值为横轴、农业就业份额为纵轴的象限中,农业就业份额从极大值向极小值递减。工业部门就业份额和人均GDP对数值的关系用二次多项式和三次多项式进行拟合,其中,在二次多项式中,当人均GDP为6 413国际元时,工业就业份额开始从上升到下降。② 服务业就业份额与人均GDP对数值可以用一次多项式和二次多项式拟合。在一次多项式中,当人均GDP增长到初始值的2.7倍,服务业就业份额会上升19.8%;在二次多项式中,当人均GDP达到490国际元时,服务业就业份额开始进入上升和加速区间。

表3.4 对就业份额的回归分析

被解释变量		解释变量				R^2
		$\log(gdp)$	$[\log(gdp)]^2$	$[\log(gdp)]^3$	常数项	
农业部门就业份额	(1)	−0.204** (0.011)			2.057** (0.100)	0.914
	(2)	−0.603** (0.217)	0.023* (0.012)		3.761** (0.957)	0.927
	(3)	4.464** (0.675)	−0.580** (0.079)	0.024** (0.003)	−10.304** (1.915)	0.934
工业部门就业份额	(1)	0.007 (0.013)			0.218* (0.113)	0.088
	(2)	1.087** (0.211)	−0.062** (0.012)		−4.409** (0.922)	0.614
	(3)	−3.853** (0.610)	0.525** (0.071)	−0.023** (0.003)	9.310** (1.759)	0.682

---

① 根据麦迪逊对中国人均GDP的测算值,中国1979年首次达到服务业增加值份额加速的区间,当时实际人均GDP为1 039国际元。

② 根据麦迪逊对中国人均GDP的测算值,中国2008年首次达到工业就业份额的拐点,当时实际人均GDP为6 725国际元。

(续表)

被解释变量		解释变量				R^2
		$\log(gdp)$	$[\log(gdp)]^2$	$[\log(gdp)]^3$	常数项	
服务业部门就业份额	(1)	0.198** (0.010)			−1.276** (0.091)	0.908
	(2)	−0.508** (0.049)	0.041** (0.003)		1.745** (0.208)	0.940
	(3)	−0.395 (0.671)	0.027 (0.082)	0.000 (0.003)	1.433 (1.806)	0.940

注：括号中为稳健标准误。显著性水平分别是：* 为 $p<0.10$，** 为 $p<0.05$，*** 为 $p<0.001$，$N=1\,344$。

图3.7描绘了农业劳动力份额随人均GDP收入上升而持续下降的典型事实，这契合了Lewis(1954)的二元经济理论：通过从人口过剩的部分向资本主义部分"无限制地供应"劳动力来实现工业化；在这个过程中，结构转变对经济增长具有重要作用，从生存部门(subsistence sector)到资本主义部门(capitalist sector)①的部门结构转变是经济增长和生产率提高的重要源泉。工业和服务业成为吸纳农村剩余劳动力的重要部门。工业就业份额的驼峰形变化说明工业吸纳劳动力的能力下降，结构转变进入劳动力从农业和工业流入服务业的第二阶段。

跨国横截面数据及各国的时间序列数据都表明，人均GDP越高，会在三次产业间导致不同的变化：(1)农业产出份额及劳动力份额越低；(2)服务业产出份额及劳动力份额越高；(3)制造业则表现出"工业化"(industralization)和"去工业化"(deindustralization)两阶段的倒U型变化，制造业产出份额及劳动力份额的上升阶段对应工业化阶段，而下降阶段则对应去工业化阶段。而且，就业的结构转变总是先于产出：工业就业的拐点(6 413国际元)先于产出拐点(7 133国际元)；服务业就业份额加速的拐点(490国际元)先于产出(1 000国际元)。

---

① 在刘易斯的论文中，"资本部门"是经济中使用可再生资本，并根据使用情况支付报酬给资本家的部分。"生存部门"是经济中其他不使用可再生资本的部分。由于生存部门不是资本的果实，所以该部门的人均产出(而非效用)低于资本部门。因此，如果生存部门中更多工人被吸引到资本部门，这些工人的人均产出也会随之上升。

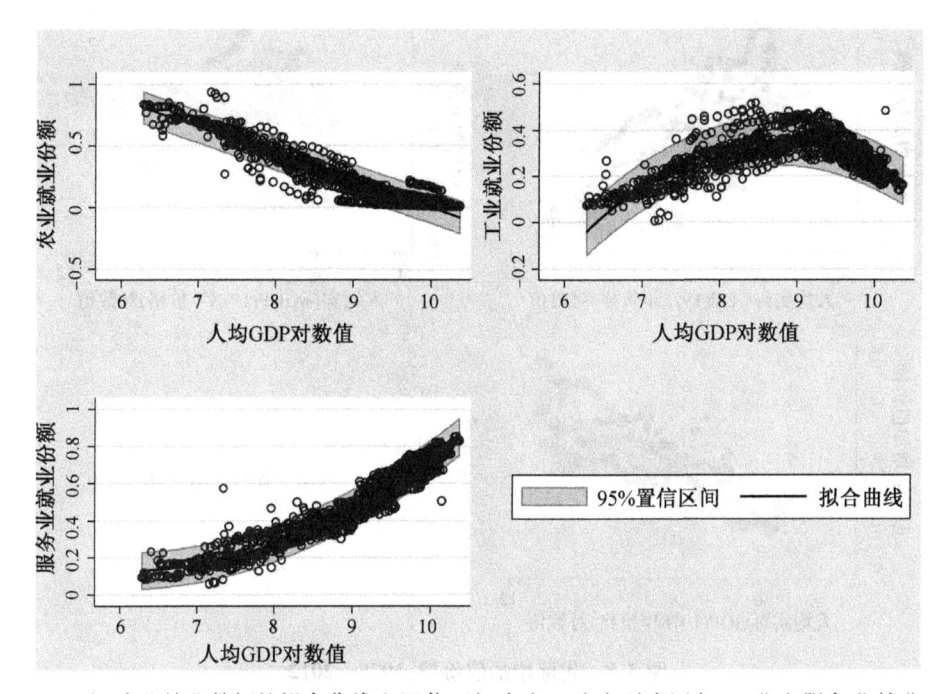

注：农业就业份额的拟合曲线和置信区间来自一阶多项式回归，工业和服务业就业份额的拟合曲线和置信区间均来自二阶多项式回归。

图 3.7　三部门就业的结构转变

第三节　结构转变的省际比较

为了进一步对中国结构转变进行剖析，本节从省际[①]来比较 1978—2012 年间区域结构转变的典型事实。所使用数据均来自历年《中国统计年鉴》及各省历年统计年鉴。

一、典型事实描述

图 3.8～3.9 是历史时间序列。横轴为人均实际国内生产总值，以 1978 年价格表示；图 3.8 的纵轴为农业、工业和服务业三大部门当期价格

---

① 本文的研究涉及 22 个省、5 个自治区以及 4 个直辖市，为行文方便，简称为省份或省际。

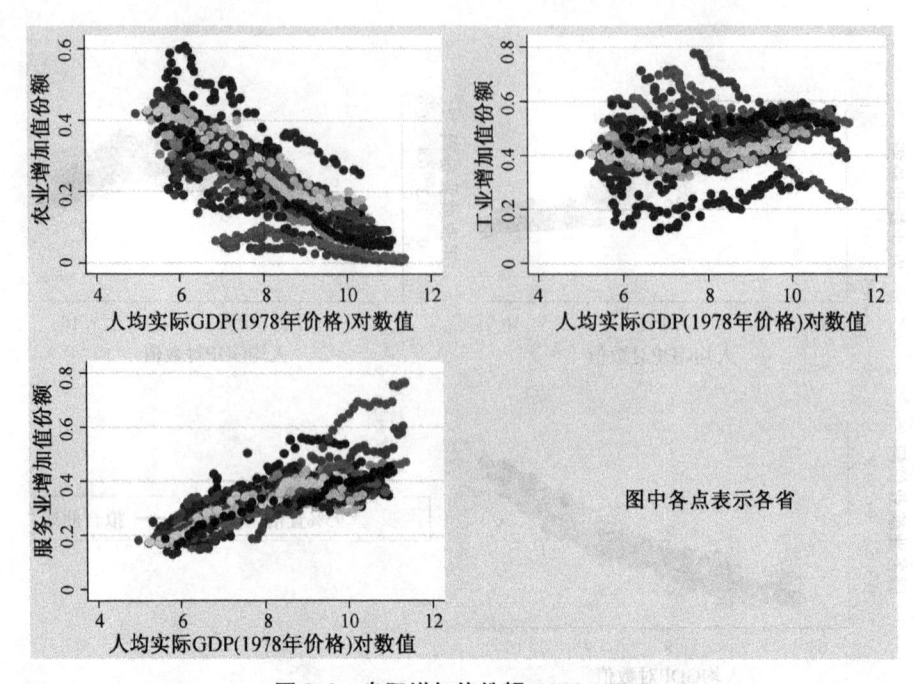

图 3.8　省际增加值份额：1978—2012

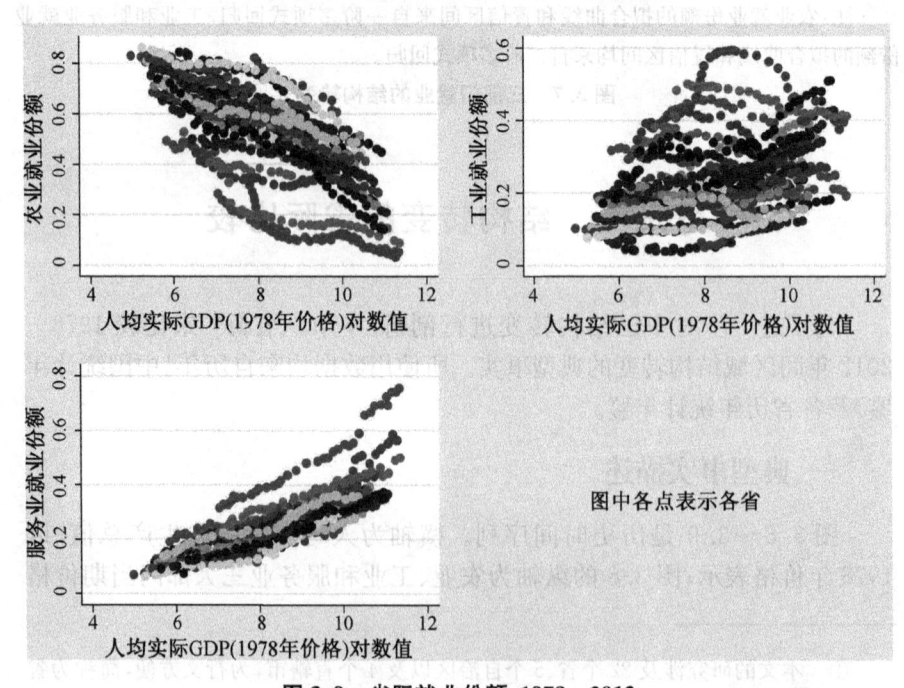

图 3.9　省际就业份额：1978—2012

的增加值份额,图3.9的纵轴为农业、工业和服务业三大部门的就业份额。这两张图表明:改革开放以来,中国各省的结构转变符合"库兹涅茨事实"。人均GDP的增加与农业中就业份额与增加值份额的降低相关,与服务业中就业份额与增加值份额的增加相关,与工业增加值份额及就业份额呈倒U型关系。

此外,本书继续比较相同产业部门增加值份额与就业份额的数值关系。图3.10为各省增加值份额与就业份额之差随年份变化的轨迹图。与国际比较,相同的是,中国各省农业增加值份额均低于就业份额,其差值在0值线以下。不同的是,各省工业增加值份额一直高于就业份额;各省服务业增加值份额在大多数年份高于增加值份额,但在2000年后两者差距开始收敛。

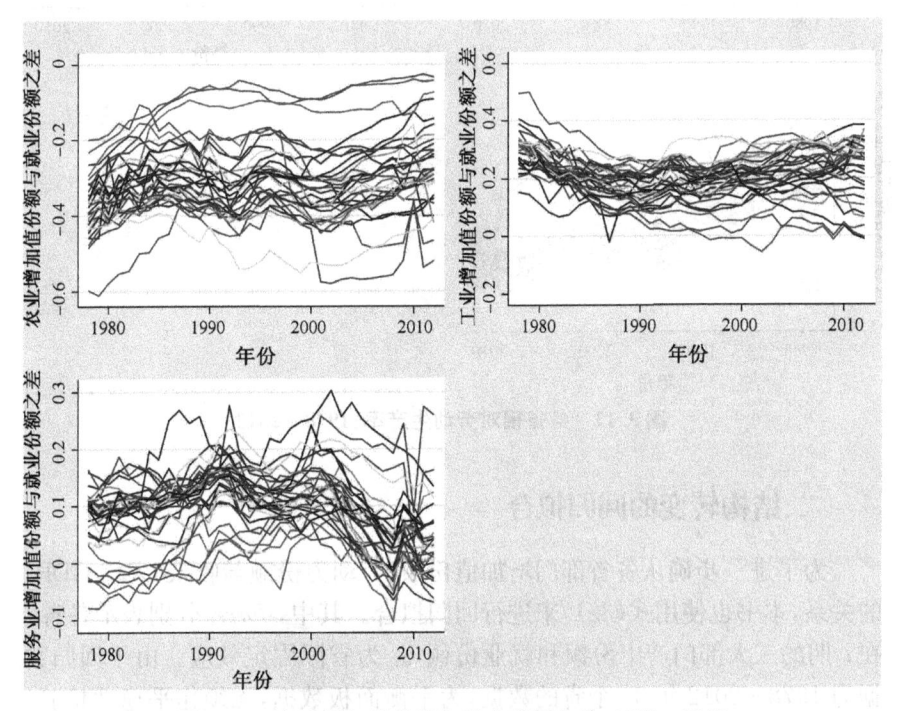

图 3.10　各省增加值份额与就业份额之差:1978—2012

图3.11为各省相对劳动生产率随年份变化的轨迹图。各省1978—2012年间三次产业的相对劳动率分布区间与国际比较有所不同。各省第一产业相对劳动生产率在[0.2,0.6]的区间内,低于国际比较的[0.5,1]区间值;各省第二产业相对劳动生产率大致分布在[2,4]的区间内,高于国际

比较的[1,1.5]区间值；各省第三产业相对劳动生产率在[1,2.5]的区间内，略高于国际比较中在1值线上下波动的区间。中国各省三次产业相对劳动生产率依然保持着二产＞三产＞一产的位次顺序，验证了产业结构演进的无效率规律。

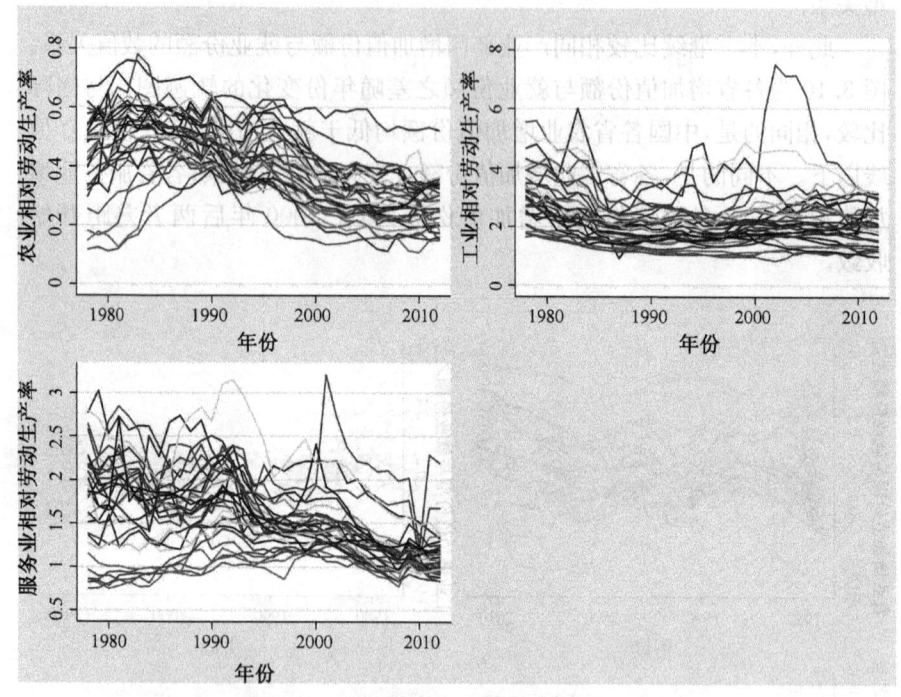

图3.11　各省相对劳动生产率：1978—2012

二、结构转变的回归拟合

为了进一步确认各省部门增加值份额、劳动力份额与收入（人均GDP）的关系，本书也使用式(3.1)来进行回归拟合。其中，$share_{it}$分别表示各省i在t期的三大部门产出份额和就业份额，α_i为省际固定效应。由于回归数据为1978—2012年31个省的数据，为平衡面板数据，无须作平稳性检验。表3.5报告了对各省三个部门增加值份额进行回归的结果。一次多项式和二次多项式能较好地拟合农业部门增加值份额和人均GDP对数值的关系：以一次多项式来说，当人均GDP对数值每增加1个单位（即人均GDP增长为初始值的2.7倍），农业部门产出份额会下降5.8%；以二次多项式来说，农业部门产出份额与人均GDP的关系在当前区间内位于抛物线的下降区间,下降速度在放缓。工业增加值份额与人均GDP对数值的关系最适宜用三次或四次多项式描述:以三次多项式为例,工业产出份额位于上升再下降的区间。上升的起始点为831元(1978年价格),下降的拐点在63 850元(1978年价格)。

表 3.5 对各省增加值份额的面板回归

被解释变量		$\log(gdp)$	$[\log(gdp)]^2$	$[\log(gdp)]^3$	$[\log(gdp)]^4$	常数项	R^2
农业部门增加值份额	(1)	−0.058** (0.004)				0.696** (0.029)	0.821
	(2)	−0.142** (0.026)	0.005** (0.002)			1.024** (0.098)	0.836
	(3)	0.397** (0.147)	−0.062** (0.018)	0.003** (0.000)		−0.285 (0.385)	0.845
工业部门增加值份额	(1)	0.022* (0.074)	−0.001 (0.005)			0.318 (0.271)	0.037
	(2)	0.901** (0.238)	−0.114** (0.031)	−0.005** (0.001)		2.732** (0.596)	0.100
	(3)	4.456** (1.133)	−0.895** (0.214)	0.078** (0.018)	−0.003** (0.001)	−7.743** (2.213)	0.147
服务业部门增加值份额	(1)	0.048** (0.004)				−0.058** (0.028)	0.699
	(2)	0.527** (0.194)	−0.055** (0.026)	0.002** (0.001)		−1.405** (0.458)	0.719
	(3)	−4.629** (0.918)	0.916** (0.176)	−0.078** (0.015)	0.002** (0.000)	8.679** (1.766)	0.743

注:括号中为稳健标准误。显著性水平分别是:* 为 $p<0.10$,** 为 $p<0.05$,*** 为 $p<0.001$, $N=1\,085$。F检验结果表明使用固定效应优于混合回归;Hausman检验表明农业和工业部门更宜使用固定效应,服务业部门更宜用随机效应。

目前仅有北京(2009年为63 996元)、上海(2009年为66 122元)、天津(2010年为65 348元)到达了工业产出份额下降的拐点,这三个直辖市在中国的行政规划中极具特殊性。服务业增加值份额与人均GDP对数值关系兼有一次多项式、三次多项式和四次多项式特征:一次多项式中,人均GDP

增长为初始值的 2.7 倍时,服务业部门增加值份额上升 4.8%。图 3.12 为各省三部门产出结构转变的拟合图。

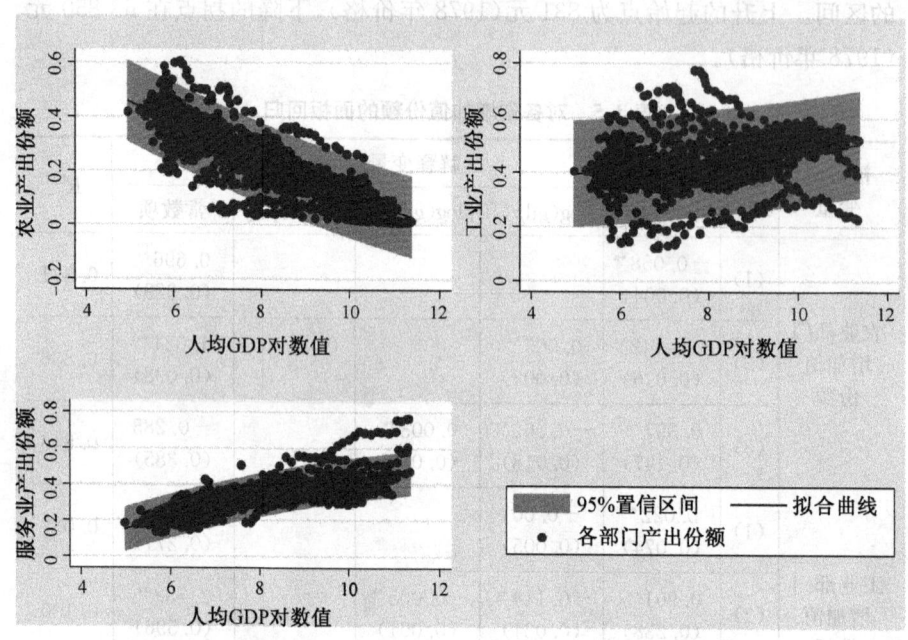

注:农业部门和服务业部门的拟合曲线和置信区间均来自一阶多项式回归,工业部门的拟合曲线和置信区间来自四阶多项式。

图 3.12　各省三部门产出的结构转变

表 3.6 报告了对三个部门就业份额进行回归的结果。一次多项式最适宜拟合农业部门就业份额和人均 GDP 对数值的关系:当人均 GDP 增长到初始值的 2.7 倍,农业就业份额会下降 6.6%。工业部门就业份额和人均 GDP 对数值的关系用二次多项式和四次多项式进行拟合,在二次多项式中,人均 GDP 为 24 343 元(1978 年价格)时,工业就业份额开始从上升到下降。截至 2012 年,我国 31 个省(自治区、直辖市)中,仅西藏、甘肃、贵州、云南四省(自治区)未达到工业就业份额的下降拐点。服务业就业份额与人均 GDP 对数值最宜用一次多项式:当人均 GDP 增长到初始值的 2.7 倍,服务业就业份额会增加 5.4%。

表 3.6 对就业份额的回归分析

被解释变量		解释变量					R^2
		$\log(gdp)$	$[\log(gdp)]^2$	$[\log(gdp)]^3$	$[\log(gdp)]^4$	常数项	
农业部门就业份额	(1)	−0.066** (0.005)				1.066** (0.039)	0.792
	(2)	−0.087* (0.031)	0.001 (0.002)			1.150** (0.121)	0.793
工业部门就业份额	(1)	0.012* (0.005)				0.128 (0.041)	0.119
	(2)	0.101** (0.045)	−0.005* (0003)			−0.219 (0.165)	0.175
	(3)	2.333** (1.107)	−0.425* (0.211)	0.034* (0.018)	−0.001* (0.001)	−4.595** (2.170)	0.187
服务业部门就业份额	(1)	0.054** (0.002)				−0.194** (0.019)	0.890
	(2)	−0.014 (0.028)	0.004** (0.002)			0.069 (0.105)	0.902
	(3)	−1.304* (0.655)	0.254* (0.129)	−0.021* (0.011)	0.001* (0.000)	2.524** (1.231)	0.905

注：括号中为稳健标准误。显著性水平分别是：* 为 $p<0.10$，** 为 $p<0.05$，*** 为 $p<0.001$，$N=1\,085$。F 检验表明固定效应优于混合回归；Hausman 检验表明固定效应优于随机效应。

图 3.13 为各省三部门就业结构转变的拟合图。根据 Aoki(2011) 以部门就业份额划分的发展阶段，截至 2012 年，仅有北京、上海、天津完成了农业结构转变。

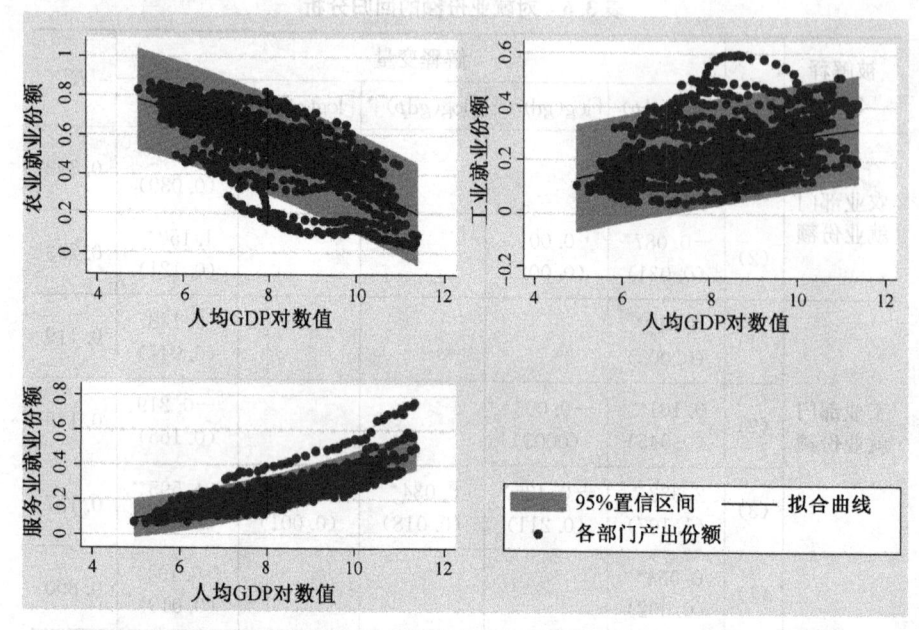

注：农业部门和服务业部门的拟合曲线和置信区间均来自一阶多项式回归，工业部门的拟合曲线和置信区间来自四阶多项式。

图 3.13　各省三部门就业的结构转变

第四节　本章小结

本书对 21 个国家（包括发达国家和发展中国家）1800—2010 年以及中国 31 个省 1978—2012 年的结构转变事实进行描绘与回归分析，验证了库兹涅茨事实：1. 农业产出份额与就业份额随着人均 GDP 水平的提高不断下降，表现为递减的一次函数或二次函数的递减区间（抛物线向上，现实的人均 GDP 水平远低于函数对称轴）；2. 工业产出份额与就业份额随着人均 GDP 水平的提高先上升后下降，表现为二次函数或四次函数（函数对称轴在现实人均 GDP 范畴内）；3. 服务业产出份额与就业份额随着人均 GDP 水平的提高不断上升，表现为二次函数的递增区间（抛物线向下，现实的人均 GDP 水平远高于函数对称轴）或递增的一次函数。此外，本书还发现了库兹涅茨事实以外的其他规律：第一，当经济发展处于较低水平时，农业部门的增加值份额远低于就业份额，服务业部门的就业份额与增加值份额都远离 0(就业份额最低为 10%,增加值份额最低为 20%)。第二,三次产业不同部门的增加值份额与就业份额有不同的产业部门属性。农业增加值份额总是低于就业份额,工业增加值份额总是高于就业份额,服务业增加值份额略高于就业份额或与就业份额相接近。第三,以部门的增加值份额与就业份额之比作为相对劳动生产率时,各国相对劳动生产率出现了二产>三产>一产的排序。因此,由于产业结构演进的无效率,当发达国家进入去工业化发展阶段时,经济增长会进入减速通道,这既是各国结构转变的一个普遍规律,也是今后中国结构转变会面临的一个问题。第四,制造业份额的拐点是衡量结构转变的重要标准,且就业的结构转变总是先于产出:国际比较发现,工业就业的拐点(6 413 国际元)先于产出拐点(7 133 国际元);省际比较发现,工业就业的拐点(24 343 元)先于产出拐点(63 850 元)(均为 1978 年价格)。

作为发展中国家,中国的农业结构转变尚未完成,农业部门就业在经济结构中尚占据 1/3 的席位;与此同时,中国又处于从"工业化"迈向"去工业化"的阶段——无论是产出指标还是就业指标,中国都已经过了工业份额的倒 U 型拐点。中国的结构转变具有库兹涅茨式的复合型结构转变特征——即同时处于结构转变的第一阶段与第二阶段。在复合结构转变中,以北京、上海、天津为代表的直辖市是推动中国结构转变的先锋——北京、上海和天津是中国内陆 31 个省、自治区和直辖市中仅有的 3 个既实现农业就业的结构转变又实现工业产出份额驼峰形变化的地区。

一直以来,欧美发达国家以服务业为主导的产业结构格局似乎成了经济体由初级水平到高级水平的必然导向。但是,这一具有导向效应的灯塔却备受质疑。毋庸置疑,服务经济对经济增长的拉动效应低于制造业;而欧美国家将制造业外包造成的产业空心化问题一直为人诟病。这其中,又夹杂着大国利益、国际分工等问题。2008—2009 年的金融危机强化了这一冲突,尤其是金融危机后美国提出"再工业化"战略、德国提出工业 4.0 战略,制造业在结构转变中的重要地位凸显。欧美发达国家与产业革命并行推进的"再工业化"战略,短期内以吸引本土企业回迁、创造就业、复苏经济为目标,长期则是以抢占高端制造业、从需求端重新布局全球的制造业活动为战略目标。在这样的背景下,中国结构转变的初始条件在两方面发生变化。一个变化是农业劳动力转移至非农部门的窗口在收缩。在中国过去的成功实践中,出口导向型的制造业将大量没有技术特长的农业工人吸引进工厂,瞬间提升了这部分人口的生产力从而提高全社会劳动生产率。现如今,技术进步的发展趋势是逐步取代人工操作,全球行业对初级人力资本的需求大大降低。中国中西部地区想延续沿海地区发展路径——通过雇佣低端劳动力生产廉价商品实现跳跃式发展和结构转变的可能性大大降低。因此,可预期的是,依靠二、三产业对第一产业形成拉力效应实现结构转变的概率已然减少,未来中国结构转变需要第一产业提高自身效率,将多余的劳动力资源推至二、三产业部门,从而实现农业结构的转型。另一个变化是金融危机后全球分工与竞争格局在高端、低端两头发生变化。高端方面,过去中国作为欧美国家制造业的外包基地,参与全球分工,合作大于竞争;如今,则是与发达国家展开全面竞争,涉及制度设计、科技研发、生产条件、经营环境、劳动力素质、基础设施等多领域。尽管中国一直强调对高端市场和高附加值产业的开拓,但中国制造在全球价值链中一直处于低附加值产业是不争的事实。中国的比较优势在"中国制造"原材料和低成本制造业的一亩三分地上,例如,在全球服装出口份额中,中国的占比从2011年的42.6%上升至2013年的43.1%。这些比较优势并不能直接转化成高端制造业领域的竞争优势。低端方面,制造业体系正从中国扩散至亚洲周边国家,中国低成本制造业的市场空间被压缩。随着中国沿海制造业基地的工资上涨,一些低成本作业被转交给东南亚地区的低收入国家,如三星、微软、丰田等跨国企业削减在中国的生产,转向缅甸、菲律宾等地区。以鞋类为例,2009年中国在美国鞋类进口额中所占比重为87%,2014年这一比例跌至79%,流失的份额被越南、印度尼西亚和柬埔寨等国抢占。同时,印度以及撒哈拉沙漠以南的非洲地区,也希望从中国工厂手中夺取制造业工作。

工业兴邦是中国过去三十多年的成功经验;现如今,中国"去工业化"初现端倪,但在当前的国际经济形势和经济发展阶段下,过早的"去工业化"蕴含极大的风险。作为全球供应商,中国有相对成熟的贸易体系、相对配套的基础设施建设、相对熟练的技术工人、逐渐成长的自主创新能力、日益加速的技术进步速度等。中国政府新近提出"中国制造2025"以应对发达国家高端制造业的"再工业化"和发展中国家的低端制造业挤占:计划在2020年前每年造10个机场,进一步完善基础设施建设,在区域经济一体化的核心能力下驱动地区性贸易及全球性贸易;倡导中国企业采用自动化操作提高生产率、降低工资成本;等等。这些措施不仅仅是作用于制造业,还为在新一轮产业革命下共同提高三次产业部门的生产率、缩小三次产业部门的劳动生产率差距,规避结构转变的无效率演进规律。

第四章 技术准备：省际分部门物质资本存量估算

资本在经济生产活动中的地位举足轻重，对它进行测量或估算是许多研究的第一步，如投资函数估计、经济潜在产出研究、经济增长核算和全要素生产率测算等。然而这项工作充满了挑战。在生产者意义下，一方面，资本投入通过为生产提供服务的流量而进入生产过程中，另一方面，资本服务以资本投入数据的形式进入生产函数。因此，兼具存量和流量的双重属性是资本的特性之一。资本存量与资本服务共同构成了资本核算的内容：资本存量是资本服务的载体，为生产提供资本服务流量；资本服务体现了资本存量对生产的贡献，其贡献大小反过来成为衡量资本存量价值高低的标准。构建资本服务的物量指数（Volume Indices of Capital Services，VICS），首先将不同类型、不同年龄的固定资产数量转化成标准的效率单位（即资本服务数量），然后再将这些单位乘以资本服务的单位价格——租赁价格（或使用者成本）（OECD，2001，p.21）。但无论是资本服务的数量还是价格均难以获得，因此研究者通常假设资本服务和生产性资本存量（productive capital stocks）成正比，通过测量某一特定时期内（通常为一年）的生产性资本存量来替代资本服务的物量指数。这种替代是可行的，因为无论是增长核算还是生产率估计，需要的是资本服务指数值而非水平值。

需要注意的是，"资本存量财富"与"生产性资本存量"是两个不同的概念。在统计上，资本存量财富（wealth capital stocks）是国民账户中的一项，用一定时点下安装在生产单位中资本资产的数量表示，代表一国或地区拥有的资本存量价值。对于同一组资本品 K_0，其价格为 P_0，购买时的资本存量财富是 $P_0 K_0$，生产性资本存量为 K_0。经过一期的使用后，该资本品的存量财富折旧为 $(1-\delta)P_0 K_0$，其中 δ 为折旧率。同样，生产性资本存量为 $(1-d)K_0$，式中 d 表示资本品的相对效率。因此，生产性资本存量反映了资本相对效率，它往往从 1951 年 Goldsmith 开创的永续盘存法（Perpetual Inventory Approach，PIM）获得。在相对效率几何下降模式的假设中，资本存量财富与生产性资本存量可以等同视之。下文将作详细介绍。由于资本品种类繁多,简单地进行数量加是不合理的;而且,资本品的役龄和性能也因物而异,对其实际使用效率的评估也无法统一标准。为获得准确的资本存量数据,一些国家采用直接调查法,比如,日本和韩国基于国民资产负债表的"国民财富调查",荷兰针对部分制造业行业进行的资本存量调查。尽管一般意义上的资本存量包括土地和存货,但文献中对资本存量的估算仅就固定资产而言。根据联合国国民经济账户体系(System of National Accounts,SNA)的定义,固定资产所包含的耐用品是耐用的、有形的、固定的、可再生的。在 SNA 体系下,美国、OECD 国家和联合国等多采用永续盘存法来估计固定资本存量。

中国的情况更加复杂。官方关于不同年份固定资产投资和测量的数据,都是以历史收购价格来计算的,这与 SNA 的现价要求不一致。根据 SNA,生产过程中的资金成本,应该能反映潜在的资源成本和当时生产发生时的相对需求,从而需要采用资本使用期而非最初购买期的实际或估计的价格和固定资产租金。由于我国不具备资本服务测算的基础,因此测算中国资本存量时采用的普遍方法是用资本存量数据表示资本投入变量。但根据 OECD(2001)的规定,资本存量分为资本存量总额和资本存量净额。资本存量总额不考虑资本的任何折旧,除了报废和退役的不用资产外其余所有资产按照"新资产"价格计入,这更多表现了生产能力;资本存量净值则是在资本存量总额的基础上除去折旧,这是登记在国民资产负债表的具体项目,在实际应用中意义更大。因此,我国资本存量的测算通常是测算资本存量净值。

第一节 资本测量的理论与研究

一、永续盘存法

在一般的文献中,永续盘存法被直接概括为公式,实际应用中往往忽略了该方法的严格假定导致研究不严谨。如,折旧率 δ 并不是在几个数值间选择,而需要在折旧模式或相对效率模式下根据资产的折旧年限来确定。因此,本书将对永续盘存法的原理及公式推导作详细介绍。

1. 永续盘存法原理

永续盘存法的基本思路是将所有过去不同时期的资本流量加权成具有

同质性和替代性的资本存量。对于一组资本品而言,其资本存量是资本品数量的汇总。需要注意的是,资本品在实际投入生产时的役龄(vintage)不同,即使用中的资本品可继续使用的年限不尽相同,资本品不同役龄结构下的生产效率也会千差万别。对某组资本品而言,其资本存量可统一为不同役龄资本品数量的加权和,资本品的相对生产效率是加总时的权数。用永续盘存法计算的某一时点上的资本存量是所有过去不变价投资数的加权和:

$$K_t = \sum_{\tau=0}^{\infty} d_\tau I_{t-\tau} \tag{4.1}$$

其中,K_t 为 t 期资本存量;τ 表示资本品实际投入生产使用的役龄;$I_{t-\tau}$ 是 τ 年前以不变价表示的投资数,用以表明某一役龄资本品的数量;d_τ 既表示资本品的相对效率,也可以理解为 τ 年前投资的权数。在市场均衡的条件下,d_τ 表示旧资本品相对于新资本品的边际产出。它有如下性质:新资本品的相对效率为 $1(d_0=1)$,退役后资本品的相对效率为 0,资本品的退役被隐含地理解为相对效率损失的外在表现。$d_\tau - d_{\tau-1} \leqslant 0 (\tau=0,1,\cdots,L)$($L$ 表示资本品的寿命期),即资本品相对效率关于役龄或使用寿命是非增的。此时 d_τ 不仅有相对效率的含义,也有生存率的含义,令 $m_\tau = d_\tau - d_{\tau-1} \geqslant 0$,用以衡量资本品相对效率损失的比率,即死亡率。对式(4.1)进行一次差分:

$$\begin{aligned} & K_t - K_{t-1} \\ &= \sum_{\tau=0}^{\infty} d_\tau I_{t-\tau} - \sum_{\tau=0}^{\infty} d_\tau I_{t-1-\tau} \\ &= d_0 I_t + d_1 I_{t-1} + \cdots + d_\tau I_{t-\tau} - d_0 I_{t-1} - d_1 I_{t-2} - \cdots - d_{\tau-1} I_{t-\tau} - d_\tau I_{t-1-\tau} \\ & \qquad \qquad (\text{首项 } d_0=1, \text{末项} \lim_{\tau \to \infty} d_\tau = 0) \\ &= I_t - [(d_0 - d_1) I_{t-1} + \cdots + (d_{\tau-1} - d_\tau) I_{t-\tau}] \\ &= I_t - \sum_{\tau=1}^{\infty} m_\tau I_{t-\tau} = I_t - R_t \end{aligned} \tag{4.2}$$

式(4.2)中,R_t 表示资本品在 t 年需要重置的值。

引入重置率 ϕ_t 表示役龄为 τ 年的资本品需要被重置的比率。想象 $\tau+1$ 年前没有任何资本品,则 τ 年前的资本存量即可用当年购买的资本品数量表示。假定初始期以来的资本存量保持不变,每一期的投资仅仅用于将资本存量保持在初始水平,重置率 ϕ_t 是为保持初始资本存量水平所必须重置的资本品比率,为 τ 期所有重置率的累积:

$$\phi_\tau = m_1 \phi_{\tau-1} + m_2 \phi_{\tau-2} + \cdots + m_\tau \phi_0 \tag{4.3}$$

R_t 亦可用重置率和过去的资本存量变化表示：

$$R_t = \sum_{\tau=1}^{\infty} \phi_\tau (K_{t-\tau} - K_{t-\tau-1}) \tag{4.4}$$

2. 相对效率模式和退役模式

根据式(4.1)，资本存量估算时必须要确定 d_τ 的值。由于该值难以直接测量，替代方法是假设资本品服从一定的相对效率模式。根据资本品在寿命期内的不同使用情况，相对效率 d_τ 有四种假设(不同模式下的相对效率、死亡率、重置率假定见表4.1)。

(1) 单驾马车型(one-hoss shay)，d_τ 在寿命期内不变、寿命期外为0；

(2) 线性递减型(straight-line decay)，d_τ 在寿命期内直线下降，即 $d_{\tau-1} - d_\tau = \frac{1}{T}, \tau = 1, \cdots, T-1$；

表4.1 资产效率模式及参数分布

效率模式	相对效率	死亡率	重置率
单驾马车型	$d_\tau = \begin{cases} 1 & \tau=0,1,\cdots,L-1 \\ 0 & \tau=L,L+1,\cdots \end{cases}$	$m_\tau = \begin{cases} 0 & \tau \neq L \\ 1 & \tau = L \end{cases}$	$\phi_\tau = \begin{cases} 0 & \tau \neq L, 2L\cdots \\ 1 & \tau = L, 2L\cdots \end{cases}$
线性递减型	$d_\tau = \begin{cases} 1-(\tau/L) \\ \tau=0,1,\cdots,L-1 \\ 0 \quad \tau=L,L+1,\cdots \end{cases}$	$m_\tau = \begin{cases} 1/L & \tau=0,1,\cdots,L \\ 0 & \tau=L+1,L+2,\cdots \end{cases}$	$\phi_\tau = \frac{1}{L}\left(1+\frac{1}{L}\right)^{\tau-1}$, $\tau = 1, 2, \cdots, L$
几何递减型	$d_\tau = (1-\delta)^\tau$, $\tau = 0, 1, 2\cdots$	$m_\tau = \delta(1-\delta)^{\tau-1}$, $\tau = 1, 2, \cdots$	$\varphi_\tau = \delta$, $\tau = 1, 2, \cdots$

注：本表引用自肖红叶、郝枫(2005)表1。

(3) 几何递减型(geometric decay)，相对效率以不变常数 δ 的速率下降，即 $\frac{d_{\tau-1} - d_\tau}{d_{\tau-1}} = \delta$，其中，当 $\delta = \frac{2}{T}$ 时为双倍余额递减法(the double declining balance method)的特殊情况；

(4) 双曲线衰减模式(hyperbolic decay pattern)，此时相对效率用含系数 β 的公式表示：$d_\tau = \frac{T-\tau}{T-\beta\tau}, \tau = 0, 1, \cdots, T, -\infty < \beta \leqslant 1$。$\beta$ 取不同的特殊值，与之前的三个模式相关：当 $\beta = 1$ 时，为单驾马车型；当 $\beta = 0$ 时，为线性递减型；当 $\beta < 0$，为几何递减型(Hulten, 1990)。

四种效率模式中,几何递减效率模式最为常用。但是,几何递减效率模式假定资本品在寿命期开始几年的效率下降最快,且其寿命期无限长,这种模式是不切实际的。蔡晓陈(2009)质疑"在几何效率递减模式下,资本品的重置率和折旧率一致"的结论。本书代入几何递减模式下的相对效率参数值和死亡率参数值,易得此时的重置率为常数:

$$\phi_t = R_t/K_{t-1} = \frac{\sum_{\tau=1}^{\infty} \delta(1-\delta)^{\tau-1} I_{t-\tau}}{\sum_{\tau=0}^{\infty} (1-\delta)^{\tau} I_{t-1-\tau}}$$

$$= \frac{\delta I_{t-1} + \delta(1-\delta) I_{t-2} + \cdots + \delta(1-\delta)^{\tau-1} I_{t-\tau}}{I_{t-1} + (1-\delta) I_{t-2} + \cdots + (1-\delta)^{\tau-1} I_{t-\tau}}$$

$$= \delta \tag{4.5}$$

式(4.5)表明,"在几何效率递减模式下,资本品的重置率和折旧率一致"有理论支撑。将式(4.5)代入式(4.2),有:$K_t - K_{t-1} = I_t - \delta K_{t-1}$,从而得到我们常见的资本存量模型:$K_t = I_t + (1-\delta) K_{t-1}$。然而,推导工作并未结束,关于常数 δ 的数值意义和经济学意义,在下文的资本租赁价格模型中会得到阐释。

需要指出的是,表 4.1 中的各种参数都假定所有资本品在寿命期 L 时同时退役,这就是同时退役模式。所谓退役模式是预期或平均服务寿命的分布。常用的退役模式还有直线退役模式和钟形退役模式。

3. 资本租赁价格模型

当资本品为其所有者服务时,资本的交易价格即使用者成本或资本的租金价格,往往是隐含其中的;对这些隐含交易量的测算,即核算期内资本存量带来的服务,是资本核算的挑战之一。Jorgenson(1973)假设一个理想的资本品租赁市场,由此得到的资本品租赁价格数据与传统 PIM 的资本存量数据形成对偶性,从而建立起资本投入数量核算与价格核算相联系的统一分析框架。生产者所需资本可以从这个理想的租赁市场获得,并通过买卖资本的方式调节其资本存量,资本买进卖出的过程不需要付出任何额外代价。资本品的全部报酬在完全竞争市场中就是资本品的租赁价值。而在竞争均衡条件下,资本品的当期购置价格相当于将资本品未来的期望租赁收入贴现、加权,加权源于资本品相对效率的下降,权数为资本存量测量中的相对效率:

$$q_t = \sum_{\tau=0}^{\infty} d_{\tau} \prod_{s=1}^{\tau+1} \frac{1}{(1+r_s)} p_{t+\tau+1} \tag{4.6}$$

q_t 为 t 期资本的购置价格，也可以理解为资本存量净值[①]。p_t 为 t 期新资本品的租赁价格，$\prod_{s=1}^{\tau+1}\frac{1}{(1+r_s)}$ 是 $\tau+1$ 年的折现因子。对式(4.6)进行差分，有：

$$q_t - (1+r)q_{t-1} = \sum_{\tau=0}^{\infty}d_\tau\prod_{s=1}^{\tau+1}\frac{1}{1+r_s}p_{t+\tau+1} - (1+r)\sum_{\tau=0}^{\infty}\prod_{s=1}^{\tau+1}\frac{1}{1+r_s}p_{t+\tau}$$

$$= d_0\frac{1}{1+r_1}p_{t+1} + d_1\frac{1}{1+r_1}\frac{1}{1+r_2}p_{t+2} + \cdots +$$

$$d_{\tau-1}\frac{1}{1+r_1}\frac{1}{1+r_2}\cdots\frac{1}{1+r_\tau}p_{t+\tau} + d_\tau\frac{1}{1+r_1}\frac{1}{1+r_2}\cdots$$

$$\frac{1}{1+r_{\tau+1}}p_{t+\tau+1} - (1+r)\Big[d_0\frac{1}{1+r_1}p_t +$$

$$d_1\frac{1}{1+r_1}\frac{1}{1+r_2}p_{t+1} + \cdots + d_\tau\frac{1}{1+r_1}\frac{1}{1+r_2}\cdots$$

$$\frac{1}{1+r_{\tau+1}}p_{t+\tau}\Big]$$

(p_t 项 $d_0=1$　　$p_{t+\tau+1}$ 项 $\lim_{\tau\to\infty}d_\tau=0$)

$$= -p_t + \sum_{\tau=1}^{\infty}(d_{\tau-1}-d_\tau)\prod_{s=1}^{\tau}\frac{1}{1+r_s}p_{t+\tau}$$

$$= -p_t + \sum_{\tau=1}^{\infty}m_\tau\prod_{s=1}^{\tau}\frac{1}{1+r_s}p_{t+\tau} = -p_t + p_{D,t} \quad (4.7)$$

$p_{D,t}$ 表示折旧，表示资本品在核算期内由于正常退化、报废或事故损坏等情况而产生相对效率下降的价值。这里引入折旧率 δ_τ，它与折旧 $p_{D,t}$ 存在如下的等式关系：

$$p_{D,t} = \sum_{\tau=1}^{\infty}\delta_\tau(q_{t+\tau}-q_{t+\tau-1}) \quad (4.8)$$

式(4.8)说明，折旧 $p_{D,t}$ 是资本品未来效率递减的贴现值；式(4.4)中的重置 R_t 表示资本品相对效率在当期的递减。因此，一般意义上的折旧率与重置率在经济学意义和数值上都截然不同。

前文中，在相对效率几何递减的假设下，重置率和资本存量模型都有了特定形式。这里继续几何递减的假定，给定名义收益率为 r，在式(4.6)中

[①] 资本存量总值是测算目前正在使用的所有资本品在某一年份购置价格的总和；是将历年不变价的固定资本形成加总，并从中扣除已经退役的资本品价值。资本存量净值则是目前正在使用的资本品当前重置价格的加总。见孙琳琳和任若恩(2014)。

代入相对效率：$q_t = \sum_{\tau=0}^{\infty}(1-\delta)^{\tau}\prod_{s=1}^{\tau+1}\frac{1}{(1+r_s)}p_{t+\tau+1}$；式(4.7)中代入死亡率：$p_{D,t} = \sum_{\tau'=1}^{\infty}\delta(1-\delta)^{\tau'-1}\prod_{s=1}^{\tau'}\frac{1}{1+r_s}p_{t+\tau'}$。根据 τ 的取值范围，易有 $\tau=\tau'-1$。所以有 $p_{D,t}=\delta q_t$，即 $\delta_\tau=\delta$，此时折旧为投资品价格的一个比例常数。根据式(4.5)，有 $R_t=\delta K_{t-1}$ 的关系。在几何递减的相对效率模式下，资本存量模型中的重置率与资本租赁价格模型中的折旧率在数值上是相同的，这可以直接得出两个结论：其一，常数 δ 是资本品的折旧率，它可以在特定的折旧模式或相对效率模式下通过资本品的寿命期获得。其二，折旧 $p_{D,t}$ 等价于重置 R_t，资本存量财富 q_t 等同于生产性资本存量 K_t，PIM 方法为统计学意义上的资本存量财富和生产者意义上的资本存量架接了桥梁。至此，有关资本服务、生产性资本存量和资本存量财富相关的概念也可以厘清，见表 4.2。[①]

表 4.2 资本概念

	生产性资本		财富性资本
	资本服务	生产性资本存量	资本存量财富
对象	资本服务流	生产性资本存量	资本品存量
应用范围	生产和生产率分析	生产和生产率分析	收入和财富、商业核算
测算重点	能力或效率	能力或效率	资本价值
退役	生产能力的退出	生产能力的退出	经济折旧或资本消费
估值	年龄—效率剖面	年龄—效率剖面	年龄—价格剖面
加总时的价格权数	租金（或使用者成本）	固定资产平减后的购置价格	固定资产的购置价格并折算到当前值

注：引用自 Wang and Szirmai(2012) table 1。

4. 永续盘存法的核算应用程序

根据 OECD(2001)，PIM 方法估算净资本存量的程序分为三步。首

[①] 表 4.2 中，资本租金为资本服务数量与资本服务价格之积。假定资本服务价格恒定不变，则资本租金的变动模式即为资本服务量的变动模式。资本提供的服务量随服务年限的变动成为年龄—效率剖面(age-efficiency profile)；随服务年限的变动，资本价格发生变化的模式是年龄—价格剖面(age-price profile)，见蔡晓陈(2009)。

先,使用资产价格指数将现价固定资本形成总额转化为不变价的;其次,使用永续盘存法中的退役模式(寿命死亡函数),以不变价格固定资本形成总额估算资本存量总额,再根据折旧模式或折旧函数假定来估算固定资本消耗。从资本存量总额中减去固定资本消耗,得到资本存量净额。最后,根据资产价格指数分别获得现价固定资本消耗、现价净资本存量以及现价资本存量三个序列(郝枫,2005)。

在联合国和OECD等国际组织的倡导下,以永续盘存法为蓝本的资本存量核算方法进入各国官方统计体系。根据各国不同数据质量和处理程序,国际通行的资本核算方法有四种:1. 以新加坡为代表的简单永续盘存法,适用于没有资本存量统计的非OECD国家;2. 以法国为代表的永续盘存法标准作法,对退役模式和折旧模式做了假定,并适用于多数OECD国家;3. 美国经济分析局基于本国的经验研究结论,对永续盘存法进行修正,将退役模式和折旧模式合并;4. 综合永续盘存法,在澳大利亚等少数国家使用,强调资本的财富度量和生产投入度量的内在一致性(郝枫,2005)。我国国家统计局也逐渐启动SNA修订工作,意在综合考虑退役模式、年限价格模式、年限效率模式等,构建基于累积账户、生产账户、收入形成账户以及资产负债表的资本存量估算体系("SNA的修订与中国国民经济核算体系改革"课题组,2013)。在此之前,中国学术界的独立研究为中国资本存量估算填补了空白,并在不同层次的资本存量估算上形成不同的学术传统与范式。

二、中国资本存量研究

1. 主流估算方法的变化

永续盘存法是目前国际研究机构和学术界公认地估算资本存量的主要方法,但在中国资本存量的早期研究中并未使用。因为这种方法首先需要将资本品分为建筑安装工程、机器设备购置等类型,然后分别估计每种类型的资本存量,再加总为总资本存量。更为重要的是,永续盘存法需要在SNA核算体系中实现。而我国最早采用的是物质产品核算体系(System of Material Product Balances,MPS),1993年才开始采用SNA核算体系。因此,中国资本存量的估算随着统计体系的变化有一个较大转变。

早期学术界对中国资本存量的研究采纳了财富核算的资本存量概念,如张军扩(1991)、贺菊煌(1992)、Chow(1993)、王小鲁和樊纲(2000)、张军(2002)、张军和章元(2003)、李治国和唐国兴(2003)、何枫等(2003)等。其基本原理是将当期实际资本存量分为两部分,其一是上期实际资本存量,其二是当期实际净投资(李治国和唐国兴,2003)。这种方法虽然不是永续盘存法,但被评价为直接套用了永续盘存法的资本存量公式而未讨论相对效率递减模式(肖红叶和郝枫,2005):

$$K_t = I_t + (1-\delta)K_{t-1} = K_{t-1} + [I_t - \delta K_{t-1}] = K_{t-1} + RNI_t \quad (4.9)$$

文献中获取式(4.9)中实际净投资 RNI_t(实际净投资)的方法各异:张军扩(1991)、贺菊煌(1992)、张军(2002)、张军和章元(2003)采用 MPS 核算体系下的积累数据;Chow(1993)、李治国和唐国兴(2003)采用净投资数据,在 GDP 支出法核算体系下净投资为总投资减去折旧[①];王小鲁和樊纲(2000)采用固定资本形成减去折旧后的数据;何枫等(2003)直接采用固定资本形成数据。

随着中国统计体系向 SNA 转变,自吴方卫(1999)、黄勇峰等(2002)、王益煊和吴优(2003)、张军等(2004)起,永续盘存法和几何折旧方式逐渐成为我国资本存量核算的主流方法。这一方法对数据的要求比较高,包括:(1)以历史成本价计算的固定资产投资额或者固定资本形成额的时间序列数据;(2)固定资产投资价格指数的时间序列数据;(3)以历史成本价计算的基准年固定资本存量净值数据;(4)分行业分资产种类固定资产使用年限数据及加权折旧率。我国资本存量估算文献从方法上可以分为直接总量估算和分类加总估算两种范式:长时间序列的宏观区域资本存量估算,比较依赖于数据的获得和使用,因此资本存量的估算往往直接运用总量投资数据;全国行业层面的资本存量估算,时间序列较短,会严谨遵循永续盘存法的估算原则,对资本服务寿命、退役模式和折旧模式逐一进行技术处理,分别估算资本品构成类型的存量,然后再加总。基于研究者的不同研究目的及不同时期数据来源和质量约束,这两种范式无谓孰优孰劣。

2. 多种投资数据来源

中国统计部门发布的数据是资本测算的基础,为不同层面的资本存量测算提供了数据来源。熟悉这些投资统计指标的估算内容、序列时长、细分类目等信息,是测算中国资本存量的第一步。

积累额是指"用于社会扩大再生产和非生产性建设以及增加社会储备

---

① 根据 GDP 支出法(GDP=消费+总投资+产品和服务的净出口),先推算出实际消费和实际净出口,然后从实际 GDP 中扣除这两项,从而得到实际总投资,再将实际总投资乘以当年价格的净投资与总投资的比率,就得到实际净投资。

和物质产品价值",在统计上表现为国民收入使用额减去消费后的余额(《中国统计年鉴》,1992年,第73页)。扣除了资本折旧的积累额指标隶属于中国MPS核算体系,也是早期资本存量研究使用的数据,如张军扩(1991)、Chow(1993)、贺菊煌(1992)、张军(2002)、张军和章元(2003)、Holz(2006)等。积累按用途可分为生产性积累与非生产性积累[1],其中生产性积累为贺菊煌(1992)、张军(2002)、张军和章元(2003)的测算提供了基础。积累为"物质生产部门和非物质生产部门新增加的固定资产(扣除固定资产磨损价值)与流动资产"之和(《中国统计年鉴》,1992年,第73页),按性能分为固定资产积累和流动资产积累。固定资产积累是积累中生产部分,可以用来衡量资本存量,相当于新增固定资产减去折旧(Chow,1993)。尽管统计年鉴中可查的积累序列从1952年持续到1992年,但没有直接的固定资产积累数据。Chow(1993)也是与国家统计部门联系后获得的积累细分数据。随着我国核算体系向SNA转变,积累数据及其价格指数自1993年后都不再公布。

固定资产原值(the Original Value of Fixed Assets,OFA)是公司财务会计的概念,表示以历史购置价格估算的固定资产存量,由不同年份按当年价格水平的投资品价值简单加总得到。直接采用OFA数据来估计资本存量显然是不合适的,替代的方法是使用相邻两年的OFA来构造投资数据(新增固定资产),如谢千里等(1995)、张军等(2003)、陈勇和李小平(2006)、王玲和Szirmai(2008)、徐杰等(2010)、陈诗一(2011)等。统计年鉴中有1952、1957以及1963年迄今的产业OFA数据,其中,1998年前的OFA数据覆盖了乡镇及以上的企业,1998年后的数据覆盖所有国有企业部分和年销售额500万元以上的非国有企业。固定资产净值(the Net Value of Fixed Assets,NFA)是由OFA扣减历年累计折旧后的数值,可获得数据的年份是1952、1957、1962、1965、1970和1975—1989(《中国统计年鉴》,1991年,第23页)。其中,固定资产折旧指按照"规定的固定资产折旧率"

---

[1] 生产性积累是由社会产品中的生产资料组成,包括物质生产部门新增加的生产用固定资产(扣除固定资产磨损)以及各生产企业的原材料、燃料、半成品和属于生产资料的产成品库存、商品库存、物资储备库存等流动资产的增加额。非生产性积累由社会产品中的消费资料组成,包括新增加的各种非生产用固定资产(扣除磨损)以及生产消费品工业企业的产成品库存和商业部门消费品库存的增加额(《中国统计年鉴》,1992年,第73页)。

或"国民经济核算统一规定的折旧率"①计算出来的(《中国统计年鉴》,2006年,第90页)。早期研究使用了国民核算中的固定资产折旧数据(收入法GDP中提供或投入产出表中的折旧数据)。孙琳琳和任若恩(2014)指出这存在两个问题:一是我国固定资产折旧是账面折旧概念,和SNA不一致;二是只有在几何折旧模式下,才能直接利用折旧数据估算生产性资本存量,而我国折旧数据大多在直线折旧模式下获得。官方统计年鉴中虽然提供了一些折旧数据,但是没有阐释相关的折旧率内容。

全社会固定资产投资额(Total Investment in Fixed Assets,TIFA)是指"全社会建造和购置固定资产活动的工作量以及与此有关的费用的总称"(《中国统计年鉴》,2006年,第252页)。TIFA是我国特有的统计指标,采用全面统计报表获得,在MPS与SNA两个核算体系之下都予以公布。因此,TIFA不但时间序列长(从1950年开始),而且还有关于资产类型、资金来源、行业分布、建设性质、投资构成等方面的细分数据,为行业资本存量估算首选的数据,如吴方卫(1999)、黄勇峰等(2002)、王益煊和吴优(2003)、薛俊波和王铮(2007),等等。其中,TIFA按建设项目的性质分为新建、扩建、改建和技术改造、迁建、恢复五类②(《中国统计年鉴》,2006年,第252页),这种分类为薛俊波和王铮(2007)、王金田等(2007)、陈诗一(2011)、Wang and Szirmai(2012)、金戈(2012)的行业资本存量研究奠定了基础。按工作内容和实现方式,TIFA可以分为建筑安装工程、设备工具器具购置、其他费用三个部分(《中国统计年鉴》,2006年,第253页),为构造价格指数和计算折旧率提供了参考。但是,这一指标也存在几个问题:首先,该指标不考虑退役和折旧等问题,与SNA体系不相容;其次,该指标容纳了未被转化成固定资产的经济活动,例如,1981—2000年国有单位中未转化成生产性固定资产的比例高于整体经济(《中国固定资产投资统计年鉴》,2002年,第77页);再次,该指标包含了非生产性投资,如购买土地、购买旧机器、住宅投资等支出,不能准确地测算生产性资本存量的变动;最后,该指标的统计范畴发生过几次变化。1950—1979年间,固定资产投资数据只包括国有单

---

① 可按是否计提折旧对组织机构分情况讨论:各类企业和企业化管理的事业单位的固定资产折旧是指实际计提的折旧费;不计提折旧的政府机关、非企业化管理的事业单位和居民住房的固定资产折旧是按照统一规定的折旧率和固定资产原值计算的虚拟折旧。

② 房地产开发单位、农村投资、城镇工矿区私人建房投资不划分建设性质。

位,这符合当时中国经济的结构特征。1979—1996 年间,固定资产报表制度中,基本建设、更新改造和其他固定资产投资项目的统计起点为 5 万元①。自 1997 年开始,除房地产投资、农村集体投资、个人投资外,统计起点上调到 50 万元。单豪杰(2008)认为这一变化会导致总投资量的低估,但 1996 年的 TIFA 数据包含了统计起点 5 万元的原口径数和调整至 50 万元后的新口径数,新旧口径的浮动范围在 0.26% 内(《中国统计年鉴》,2005 年,表 6.2),这说明新旧口径变化的影响是可以忽略的。自 2011 年起,TIFA 的统计起点由 50 万元提高至 500 万元(除房地产投资、农村个人投资外),2010 年依新口径调整的数据较旧口径下降了 9.5%。整体来看,通过 TIFA 构建的资本存量序列会有偏高的倾向。

新增固定资产(Newly Increased Fixed Assets, NIFA)指"已经完成建造和购置过程,并已交付生产或使用的单位固定资产价值"(《中国统计年鉴》,2006 年,第 254 页)。连接 TIFA 与 NIFA 的是固定资产交付使用率(the rate of projects of fixed assets completed and put into operation),指"一定时期内新增固定资产与同期完成投资额的比率"(《中国统计年鉴》,2006 年,第 254 页)。Chow(1993)、Holz(2006)、陈诗一(2011)、Wang 和 Szirmai(2012)等使用 NIFA 数据作为投资数据。交付使用率②和 TIFA 提供了估计 NIFA 的新视角,NIFA 可近似看成过去的投资在当年实现的比例。把 TIFA 分为 NIFA 和未能在当年形成生产能力的两部分,即某年的投资额为当年 NIFA 与上一年未交付使用的投资支出之和,如王小鲁和樊纲(2000)、李宾(2011)。相较于 TIFA,NIFA 将未转化为固定资产的投资活动排除在外,因此被认为是与 SNA 核算体系最匹配的指标(Wang 和 Szirmai, 2012)。中国 NIFA 的总量数据自 1981 年开始公布。1952—1980 年的 NIFA 数据只是针对国有单位的基本建设投资。NIFA 的行业数据从 1985 年开始,偏短;此外,该指标的价格指数也是个难题。

国内生产总值根据支出法分为三部分——最终消费、净出口和资本形成。资本形成总额指"获得减去处置的固定资产和存货的净额",其由固定资本形成总额和存货增加两部分构成(《中国统计年鉴》,2006 年,第 90

---

① TIFA 按照管理渠道分为基本建设、更新改造、房地产开发投资和其他固定资产投资四个部分。

② 由于投资并不能完全形成资本,一些研究使用投资数据(如全社会固定资产投资)乘以固定资产交付使用率来对投资予以必要的扣除。

第四章 技术准备：省际分部门物质资本存量估算

页）。固定资本形成总额则是由固定资本形成净额与固定资产折旧构成（许宪春，2002）。1978年以来，资本形成总额中存货①投资占比逐渐减少（见图4.1），从1978年的22.06%下降到2012年的4.36%。可以预判的是，市场化进展与存货持续下降密切相关。

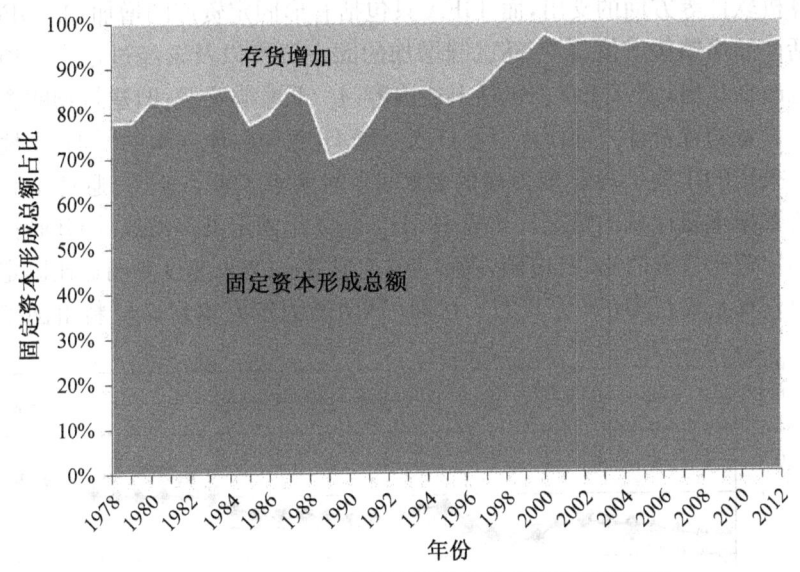

数据来源：中经网经济统计数据库的全国宏观年度库

图4.1 资本形成的构成：1978—2012

固定资本形成（Gross Fixed Capital Formation，GFCF）"指生产者在一定时期内获得的固定资产减处置的固定资产的价值总额"（《中国统计年鉴》，2006年，第90—91页）。采用永续盘存法估算资本存量时，OECD建议使用GFCF作为投资量（OECD，2001，p.45）。GFCF以TIFA为基础，通过一定的调整计算得到（许宪春，2002，表4）：

GFCF＝固定资产投资完成额－土地购置费－旧建筑物和旧设备购置费＋50万元以下零星固定资产投资完成额＋商品房销售增值＋商品房所有权转移费用＋生产性无形固定资产增加＋土地改良支出

---

① 存货增加指"常住单位在一定时期内存货实物量变动的市场价值，即期末价值减期初价值的差额，再扣除当期由于价格变动而产生的持有收益"。存货增加可以是正值，也可以是负值，正值表示存货上升，负值表示存货下降。存货包括生产单位购进的原材料、燃料和储备物资等存货，以及生产单位生产的产成品、在制品和半成品等存货（《中国统计年鉴》，2006年，第91页）。

TIFA 与 GFCF 数据有着密切的联系，但在统计口径上有些许不同：1. TIFA 不包括 500 万元以下（1997 年以前是 5 万元以下、1997—2010 年是 50 万元以下）的固定资产投资，GFCF 包括相应部分以及固定资产的零星购置；2. GFCF 包括部分无形固定资产①的净增加额，即用于矿藏勘探、计算机软件等方面的支出，而 TIFA 只包括有形固定资产的增加；3. GFCF 包括商品房销售增值、新产品试制增加的固定资产以及未经过正式立项的土地改良支出，而 TIFA 不包括上述内容；4. 土地购置费、旧建筑物购置费和旧设备购置费计入 TIFA 但不计入 GFCF，随着用地成本的增加，土地费用占投资的比重呈现逐步提高的趋势。② 后两点说明，GFCF 避免了其他投资数据重复计算的情况。比较 1981—2012 年固定资本形成的 GDP 份额与固定资产投资的 GDP 份额，固定资本形成率的增长速度要明显比固定资产投资率平缓得多（见图 4.2）。然而，早期的固定资本形成资料由国家统

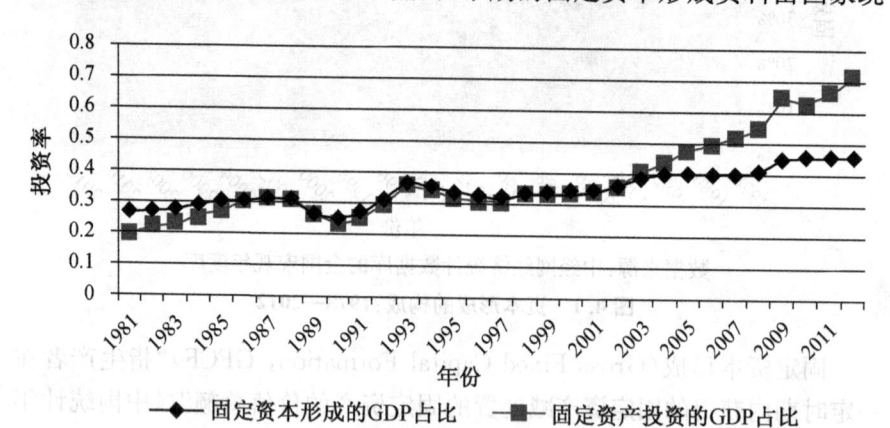

数据来源：历年《中国统计年鉴》。1997 年起，其他固定资产投资的统计起点由 5 万元提高到 50 万元（除房地产投资、农村集体投资、个人投资外）。1981—1995 为旧口径统计数据，1996—2012 为新口径数据。

图 4.2　两种口径的投资率比较：1981—2012

---

①　GFCF 可分为有形固定资产形成总额和无形固定资产形成总额。有形固定资产形成总额包括一定时期内完成的建筑工程、安装工程和设备工器具购置（减处置）价值，以及土地改良、新增役、种、奶、毛、娱乐用牲畜和新增经济林木价值。无形固定资产形成总额包括矿藏的勘探、计算机软件等获得减处置（《中国统计年鉴》，2006 年，第 90-91 页）。

②　根据国家统计局官网公开信息整理 http://www.stats.gov.cn/tjzs/cjwtjd/201308/t20130829_74320.html。

计局根据历史信息(MPS体系下的数据)调整得到,而且GFCF不像TIFA和NIFA有细分数据。

是否需要将住宅等非生产性投资从投资数据中扣除是永续盘存法选用投资数据需要解决的问题。如贺菊煌(1992)中的生产性积累,除固定资产投资外,还包括土地和存货投资;Chow(1993)根据GDP支出法推算的投资数据包括了土地投资和存货投资;谢千里等(1995)使用企业的NIFA数据,扣除住房投资和非生产性资产作为投资数据,即生产性固定资产投资;GFCF数据中含土地投资数据,不包括存货投资数据。生产性投资和非生产性投资的区分,取决于研究的层次。在行业层面,产业中的非生产性固定资产包括了未能转成固定资产的投资、住宅投资和设备投资,因此,居民住宅、学校、医院和其他福利设施在行业层面都隶属于非生产性资产。但是,就整体经济而言,有一部分非生产性产品在当期并未被消费而是被计算在总资本形成中。这部分非生产性产品不仅存在于存货中,也在GFCF中。是否需要将非生产性投资扣除？张军等(2004)、单豪杰(2008)均认为,进入总量生产函数的资本投入应为构成生产能力的资本存量,既包括直接生产和提供物质产品和劳务的各种有形、无形资产,也包括为生活过程服务的各种服务及福利设施资产,此时可以不考虑扣除住房投资或非生产性投资。孙琳琳和任若恩(2014)认为,一如固定资产提供资本服务,住宅也为居住者提供居住服务;而且考虑到住宅租赁收入的可能性以及住宅投资隶属支出法投资,住宅应包括在生产过程的资本项中。本书认同上述研究者的看法。

3. 取决于投资指标的价格指数

投资价格指数的作用是使投资序列从当期价格调整为不变价格,其选取取决于当年投资指标。比如,当投资指标选取TIFA时,价格指数使用固定资产投资价格指数。但是该序列从1991年才开始,研究者或选用替代指标,或采用回归法估算出缺失年份指数。如,李治国和唐国兴(2003)、张军和章元(2003)、薛俊波和王铮(2007)均采用上海固定资产投资价格指数来代替缺失年份指数。然而,随着统计数据的补充和完善,1952—2008年间的全国固定资产投资价格指数与上海固定资产投资价格指数在改革开放前后存在明显差别(孙辉和支大林,2010,表4)。如,吴方卫(1999)、何枫等(2003)将替代指标与固定资产投资价格指数回归拟合出缺失年份的价格指数序列。分行业投资序列的价格指数,往往由各组成部分的投资比重、运用加权平均法求出。值得注意的是,在计算价格指数时,固定资产投资构成的"其他费用"往往被忽略或按比例划归至"建筑安装工程"和"设备工器具购置"中①。这是因为,"其他费用"中的土地购置费等不被计入 GFCF 数据,而且"其他费用"所发生的投资过程是依附于建筑和机器设备投资的。与资本形成价格有关的指标,可以由资本形成现价序列、资本形成总额指数序列得到隐含的固定资本形成价格指数。

4. 获取基期资本存量的两种思路

基期资本存量首先要区分基准(Benchmark)与基年(Base Year)的概念。基准年份的资本存量,是构造资本存量序列的基准,其可以是研究范围内的任意一年,一般研究者将其定位在初始年份,即基年。通常研究中的基期资本存量是指基年的资本存量。理论上,基期资本存量应通过调查途径获得。如王益煊和吴优(2003)根据财政部提供的国有单位分行业、分资产种类的固定资本存量调查数据,估计出 1997 年中国国有经济固定资本存量为 152 864.5 亿元(现价)。当调查方法不可用时,获取基期资本存量有两种思路。

一种思路认为,基期资本存量值被假定为过去投资的加总。在具体估计方法上可分四种。(1) 后向法,在分类资本存量估计中利用基准年份之前足够长的投资序列来分别估计建筑、设备等资本品的基期资本存量。黄勇峰等(2002)、孙琳琳和任若恩(2014)都使用了该方法。以黄勇峰等(2002)为例,使用永续盘存法估计 1978 年基期存量时,在建筑 40 年、设备 16 年寿命的假设下,估计出从 1938 年开始、以不变价表示的建筑投资序列和从 1962 年开始的设备投资序列。具体数据是通过相关文献提供的历史数据进行分类估算。② (2) 积分法(也有称计量法,陈昌兵,2014)。用公式表示为:$K_0 = \int_{-\infty}^{0} I_t \mathrm{d}t = (I_0 e^{\theta})/\theta$,其中,$I_t = I_0 e^{\theta t}$,$\theta$ 表示投资增长率。对数线性化后获得关于 θ 和 I_0 的线性回归模型:$\ln I_t = \ln I_0 + \theta t + \mu_t$,其中误差项 μ_t 服从 AR(1) 或 AR(2)。使用积分法需要注意三点:一是需要具备

---

① 其他费用由土地取得费、前期工程费、施工工作费和建设单位其他费用构成,相对于建筑安装工程和设备工器具购置发生的费用,其他费用增速较快,这可能与我国处于经济转型的过程中有关,土地、项目前期工程费用市场化程度逐渐提高,相关费用增加有合理的成分。由此,我们可以看出"其他费用"是依附在建筑和机器设备上的(单豪杰,2008)。

② Maddison(1995)有中国早期的 GDP 估算,Kung-Chia Yeh(1979)估算其中的建筑投资比例。有了总量的基期资本存量,根据 1985 年的工业普查数据中的固定资产净值比例,得到行业层面的基期资本存量。

基期以前的投资数据;二是未考虑资本折旧,会造成基期存量的高估[1];三是要求基期之前的资本增长率较为平稳,这样才能估算出较好的投资模型。(3) 增长率法。无论是后向法还是积分法,都对基期以前的数据提出要求,因此实际应用中衍生出更为常用的增长率法。该方法假定投资可以替代旧资本的折旧、创造新的资本以保持增长(Harberger,1978),用公式表示为:$I_1 = (\delta_i + g_i) K_0$ 或 $K_0 = \dfrac{I_1}{\delta_i + g_i}$。1期的资本存量增量或实际投资是0期开始的资本存量折旧与创造的新资本之和。实际研究中,1期和0期并不严格区分,一些研究将增长率法得出的基期资本存量作为1期而非0期,这种差异并不会对结果造成太大的影响。增长率法公式中不变速度 g_i 通常用初始期后一段时间资本存量增量平均增长率或 GDP 平均增长率。国内使用增长率法估计基期资本存量的研究者颇多,如樊胜根等(2002)、Young(2003)、张军等(2004)、王金田等(2007)、徐现祥等(2007)、单豪杰(2008)、黄宗远和宫汝凯(2008,2010)、Wu(2009)、孙辉和支大林(2010)、谢群和潘玉君(2011)、古明明和张勇(2012)、叶明确和方莹(2012)、宗振利和廖直东(2014)、黄少卿等(2014),其中 Young(2003)、张军(2004)等人直接将分母假定为10%。与积分法一样,增长率法也要求经济稳态增长:假定基期之前较长时间内,资本存量增速、折旧率都相对稳定,存量资本的增长率与投资增长率是相等的($\Delta K/K = \Delta I/I$)。Reindorf 等(2005)提出了修正增长率法:$K_0 = \dfrac{I_0(1+g_i)}{\delta_i + g_i}$,这是对原有增长率法的向上修正。陈昌兵(2014)使用增长率法和积分法对中国1978年资本存量进行比较,两个方法是一致的[2]。(4) 除上述方法外,基于永续盘存法思路估计基期资本存量的还有逼近法。王小鲁和樊纲(2000)将1952年资本存量定为1 600亿

---

[1] Wu(2007)使用积分法测算出我国1981—1995年固定资本年均增长率为21.5%,远高于其他研究结果;麦迪森(1999)认为我国1978—1995年的固定资本年均增长率为8.86%;世界银行测算出我国1979—1995年的固定资本年均增长率为7.9%。转引自陈昌兵(2014)。

[2] 使用增长率法估计基期资本存量时,陈昌兵(2014)采用了原始增长率法及修正增长率法,假定1973—1983年GDP增长率均值为7.02%,折旧率取3%~11%,原始增长率法估计出的1978年中国基期资本存量为11 270.94亿~20 271.32亿元,修正增长率法估计的为12 061.95亿~21 694亿元。在积分法中,用1953—1978年的固定资本形成总额估计出资本存量为14 331.97亿元。以上均为1990年价格。无论是原始增长率法还是修正增长率法,积分法估计结果都在其区间内。

元(1952年价)①,在同书的另一章作了交代:"K_t 表示第 t 年本国资本存量,其中第 t 年投资额 $I_t = K_t - K_{t-1}$……资本存量初始值 K_0 则通过不断优化该方程拟合度,利用拉格朗日迭代逼近法得出"②。

二是资本产出比的思路,即假定资本产出比的固定比例关系,由产出数据推算出基期资本存量。最早的研究直接假定资本产出比为常数值,一般假设 1953 年中国资本—国民收入比为 3,如张军扩(1991)、何枫等(2003)、张军和章元(2003)。资本产出比是 K/Y,与资本产出比法相关的是递增的资本产出比法(Incremental Capital-output Ratios, ICORs),即 $\Delta K/\Delta Y$。该方法认为,在资本充分利用时,资本存量增量与产出增量之比约等于平均的资本存量产出之比,即 $\Delta K/\Delta Y = K/Y$。也有研究者用增加值表示产出 Y。Wang 和 Szirmai(2012)用初始年份增量资本平均值与增加值的比例(Incremental Capital Value-added Ratios, ICVARs)乘以初始年份总增加值,得到基期资本存量。随着计量方法的改进,基于资本产出比估计基期资本存量的方法也得以升级。如,郝枫(2006)基于 Albala 的最优一致方法(Optimal Consistency Method, OCM)来估算基期资本存量,该方法根据最优产出与基期资本存量之间的关系求线性规划得到 1952 年基期资本存量。但 Albala 的最优一致方法并不适用于中国,因为该估算理论假定产出与投资的增长率一致,但中国 1952 年前后的投资增长率与产出增长率差距很大(单豪杰,2008)。

使用不同估算方法以及不同数据来源,基期资本存量相差较大。但这并不值得担心,因为在永续盘存法的几何效率模式中,效率系数呈指数化下降,基期资本存量对近期资本存量的影响会随时间减弱。

5. 获取折旧率的三种方法

折旧率的选择对资本存量的测算相当敏感。一部分文献根据已有文献的惯例,对研究对象的折旧率提出数值假定,通常为一个固定不变的常数。这类文献集中于早期。文献中对折旧率的估计方法归结为三类:第一类是统计法,直接根据经济核算体系中的不同统计指标估算得出;第二类是永续盘存法;第三类则是根据现有指标,通过计量方法估算出折旧率。

---

① 王小鲁.中国经济增长的可持续与制度变革[M]//王小鲁,樊纲.中国经济增长的可持续性——跨世纪的回顾与展望.北京:经济科学出版社,2000:63-64.

② 武剑.储蓄、投资与经济增长[M]//王小鲁,樊纲.中国经济增长的可持续性——跨世纪的回顾与展望.北京:经济科学出版社,2000:72-73.

统计法。根据研究目的和对象的差异,统计法估算折旧率时会因指标体系不同采用不同的统计方法,大致分为五种情况。一是通过积累数据体系回避折旧率的选择问题,如贺菊煌(1992)、张军和章元(2003)等。二是根据国民收入核算体系。1994年之前的折旧率通过国民收入关系式推算折旧(折旧＝GDP－国民收入＋补贴－间接税),如 Chow(1993)、李治国和唐国兴(2003)。三是从各省按收入法核算的地区生产总值获取折旧数据。1994年后我国统计体系发生变化,统计年鉴提供了各省按收入法核算的折旧值(GDP＝劳动者报酬＋固定资产折旧＋生产税净额＋营业盈余),既可供分省资本存量研究(徐现祥等,2007;谢群和潘玉君,2011),也可以通过分省折旧值加总获得全国折旧值(Chow and Li,2002;李治国和唐国兴,2003;邱晓华等,2006;李宾,2011;古明明和张勇,2012)。四是投入产出表。投入产出表报告了固定资产折旧数据(薛俊波和王铮,2007;徐杰等,2010;叶明确和方莹,2012)。五是通过固定资产数据。利用当年折旧与上年固定资产原值的比例构造出该区间的固定资产折旧率,如谢千里等(1995)、陈诗一(2011)。

永续盘存法。永续盘存法是假定折旧模式后再计算出折旧率,常用的折旧模式有三种。一是几何效率递减模式,利用残值率和寿命期来估计相对效率,$S=(1-\delta)^T$,S 表示残值率,我国法定残值率为 3%～5%;T 为寿命期。二是余额递减模式,其基本公式是:$\delta=R/T$,δ 为折旧率;R 为余额递减率,且 $0<R<2$;T 为使用年限。① 三是年龄效率模式,其基本公式是:$d_s=(T-s)/(T-\beta s)$,T 为资产的服务寿命,s 是当前固定资产的役龄,β 是常数参数。上述三个公式均涉及资本品的服务寿命问题。根据资产三类型(建筑安装工程、设备工器具购置、其他费用)或两类型(建筑和设备)分类,需要对不同类别资产的服务寿命进行估计。然后再根据折旧模式的假定,估计出分类资产的折旧率。如果是分行业资本存量的估计,仅需要计算出分类资产的折旧率即可;如果是总量资本存量,则还需要考虑资产构成中建筑、设备和其他的构成比例。

资本品的服务寿命估计值有税收规定、公司账户、统计调查、行政记录、专家意见以及其他国家规定等多种来源。如 1985 年国务院颁布的《国营企业固定资产折旧试行条例》(2001 年废止)提供了通用设备、专用设备及建

---

① 黄勇峰等(2002)发现,在同样的资本品寿命假设下,几何效率递减模式计算的资本存量值要小于线性效率递减模式,主要原因在于两者之间较大的折旧率差异。

筑的细分资产类型的寿命,设备的平均寿命为 16 年、建筑的平均寿命为 30 年。财政部 1993 年公布的《工业企业固定资产分类折旧年限表》使用更为广泛,规定了中国国有经济主要行业的各类固定资产使用年限。王益煊和吴优(2003)参照美国经济局关于测算资本存量使用年限及"余额递减率"表,适当缩减后得到分行业的资产折旧率,综合出城镇住宅、非住宅建筑、机器设备、市政建设、役畜产畜、农村住宅和其他这 7 种资产分行业的折旧率。根据财政部的分行业分类资产固定使用年限表,工业固定资产中,设备的平均寿命为 14 年、建筑的平均寿命为 27 年。研究者对资本品使用年限的假定各有不同。如,黄勇峰和任若恩(2002)根据 Maddison 的年限设定,将中国制造业的建筑和设备的寿命期设定为 40 年和 16 年。[①] 在同样的几何效率模式下,资产不同寿命期的设定,对折旧率结果的影响不大;同样的资产寿命假定,由于折旧模式不同,折旧率差别较大。部分研究根据中国经济的阶段性发展特征,分阶段估计资产的服务寿命,如叶宗裕(2010)、Wang 和 Szirmai(2012)。

  计量法。运用计量法估算折旧率是近年开始出现的新尝试,各种方法自成一派。Wu(2009)与张健华和王鹏(2012)一脉相承,根据实际的固定资产折旧数据模拟出分省的折旧率。Wu(2009)运用模拟过程反复推算,直到推算的资本折旧额数据集与实际折旧额数据集的差值低于 0.001% 时推算过程结束,得出最优折旧率;张健华和王鹏(2012)做出改进,假定各省折旧率取值范围是 2%~15%,取到小数点后 1 位,将这 131 个可能的折旧率代入永续盘存法公式估算出资本折旧额,将之与实际资本折旧额比较,根据最小二乘法原则确定三个时期(1952—1978、1979—1992、1993—2010)各省的最优折旧率。此外还有基于计量模型的估计。贾润崧和张四灿(2014)使用 Dadkhah 和 Zahedi 基于里昂惕夫生产函数的经济计量方法估算出不同省份样本区间的资本折旧率(1952—2000 年全国折旧率为 7.5%)。陈昌兵(2014)利用生产函数以及极大似然法,估计我国不变折旧率(5.65%)和可变折旧率(均值为 5.63%)。方文全(2012)使用役龄资本模型(Vintage Captial Model)[②]从资本品使用年限角度考察折旧率,资本折旧率被假定为

  [①] 文中还利用工业协会和 1985 年政府税收规定的折旧年限,估算出建筑和设备的寿命年限分别为 38 年和 20 年。

  [②] 方文全(2012)中将 vintage 翻译为年份,本文认为将其翻译为资本品"役龄"会更贴切。

关于本期维护投资与上期资本存量比值的函数,这样的假定打破传统取值方法对资本折旧率的外生假定,将其扩展至内生和可变,取不同拟合值的平均值 4.3%作为中国折旧率。

第二节 分省分部门的资本存量估算

对资本进行测量或估算是诸多研究的起点,研究中国资本存量的文献汗牛充栋,既有研究省际总量资本存量和某行业资本存量的,如叶裕民(2002)、Young(2003)、宋海岩(2003)、龚六堂和谢丹阳(2004)、张军等(2004)、郝枫(2006)、王金田等(2007)、单豪杰(2008)、孔庆洋和余妙志(2008)、黄宗远和宫汝凯(2010)、孙辉和支大林(2010)、谢群和潘玉君(2011)、叶明确和方莹(2012)、金戈(2012)、Wang 和 Szirmai(2012)、黄少卿等(2014)等;也有按照产业部门对中国资本存量进行估算的,如贺菊煌(1992)、Chow(1993)、Maddison(1998)、王益煊和吴优(2003)等。细则的假定是当前中国资本存量估算的分歧之一:或直接估算总的资本存量,或分类估计再加总(白重恩和张琼,2014)。长时间序列的宏观区域资本存量估算,较大依赖于数据的获得和使用,往往直接运用总量投资数据(如张军和章元,2003;张军等,2004;Wu,2009);行业层面的资本存量估算,时间序列较短,会严谨遵循永续盘存法的估算原则,对资本服务寿命、退役模式和折旧模式逐一进行技术处理,分别估算资本品构成类型的存量再加总(如黄勇峰等,2002;Bai 等,2006;孙琳琳和任若恩,2014)。这两种范式作何取舍?本书认为两种范式无谓孰优孰劣,需要研究者在研究方法、研究对象、研究目的、数据来源和质量上进行权衡。

省际三次产业的投资数据难以按固定资产的构成分类(建筑安装工程、设备工器具购置、其他费用)获得,因此,分类估算再加总的方法难以实现,仅能直接用总量投资数据估算中国省际三次产业的物质资本存量。而对直接使用总量投资数据估算资本存量方法的批评集中在其对折旧率的单一数值假定,本书通过估算可变折旧率,来规避这一问题。估算方法为永续盘存法:

$$K_{ij,t}=(1-\delta_{ij})K_{ij,t-1}+I_{ij,t} \qquad (4.10)$$

其中,$K_{ij,t}$ 是地区 j 第 i 部门在 t 年的资本存量实际值,$I_{ij,t}$ 为增量资本存量或资本形成的实际值,δ_{ij} 为折旧率。假定地区 j 第 i 部门的资本存量初始

值为 $K_{ij,0}$，式(4.10)变为：

$$K_{ij,t} = \sum_0^t (1-\delta_{ij})^k I_{ij,t-k} + K_{ij,0}(1-\delta_{ij})^t \qquad (4.11)$$

一、投资数据的确定

《中国国内生产总值核算历史资料》[①]提供了 1978—2002 各省三次产业的资本形成和固定资本形成数据。Wu(2009)使用了资本形成数据，徐现祥等(2007)以及宗振利和廖直东(2014)用了固定资本形成数据。由于资本形成数据包括了固定资本形成与存货，所以 Wu(2009)估计的资本存量结果较高。是否将存货数据纳入投资数据是资本存量估算的争议之一。Young(2003)认为不该将存货列为投资内容：(1) 发展中国家在国民经济核算时，总是将"存货变动"作为人为计算出的残余项以平衡产出和支出两边账户的巨大差异；(2) 通过调整存货的价格指数来估计存货变动，要大大难于固定资本投资流价值的估计；(3) 在中国将国有企业未出售的存货作为生产性资本存量的一部分是严重的错误。单豪杰(2008)认为，由于存货投资具有流动性、构成结构不断变化，未形成可再生资本，不具有固定资产投资特点。笔者也认为不该将存货纳入资本存量估算中，故而采用固定资本形成数据。

现有统计体系仅公布了各省 2003 年及以后的全行业固定资本形成数据，没有分行业的数据。本书借鉴 Bai 等(2006)根据全社会固定资产投资构成比例估算固定资本形成中的建筑安装和设备购置物质资本存量的替代方法，假定各省固定资本形成的三次产业构成比例与全社会固定资产投资中的相同，计算出各省分产业的固定资本形成数据。2003 年各省三次产业的全社会固定资产投资数据来自《中国固定资产投资统计年鉴》(2005 年)，2004 年及以后的数据来自历年《中国统计年鉴》，2003 年及以后的各省固定资本形成数据来自各省统计年鉴。

勘误及缺失数据处理情况。

(1) 浙江 1995—2000 年三次产业资本形成总额、固定资本形成总额及

---

① 中国国内生产总值核算历史资料有 1952—1995、1996—2002、1952—2004 三个版本，在不同版本的统计年鉴中，会出现同一指标、同一地区、同一年份有出入的情况。陈培钦(2013)经过 t 检验发现，1952—2004 的地区单列篇的数据更为准确。本文数据首选《中国国内生产总值核算历史资料：1952—2004》年地区单列篇，再参考《中国国内生产总值核算历史资料：1952—1995》。

存货增加都明显高于 1995 年以前和 2000 年以后的数值。徐现祥等(2007)认为 1996—2000 年的原始数据排版有误,把固定资本形成数据放在了存量栏目下。本书认为 1995—2000 年的原始数据排版错置,将资本形成数据放到固定资本形成栏目下,固定资本形成数据放到存量栏目下,逐一予以校对。

(2) 江西缺乏 1978—1992 年三次产业的固定资本形成数据,但有同时期的全行业固定资本形成数据及三次产业的资本形成数据,假定这个时期江西全行业的 GFCF 占资本形成总额的比例与三次产业的 GFCF 比例相同,从而推算得到三次产业的 GFCF 数据。

(3) 广东缺乏 1978—1992 年分行业的固定资本形成数据,也没有可替代的分行业投资数据。徐现祥等(2007)、宗振利和廖直东(2014)遵循地理位置和经济发展水平相近的原则,选取相邻省对广东进行回归拟合。① 本书借鉴这一方法,使用福建、江西两省 1993—2012 年间的一产固定资本形成和三产固定资本形成数据,分别对广东 1993—2012 年间的一产固定资本形成与三产固定资本形成进行回归,选用解释力较高的回归方程:

$$\ln(I_a^{\text{yue}}) = 0.7144\ln(I_a^{\text{gan}}) + 0.2728\ln(I_a^{\min}), R^2 = 0.9944$$

$$\ln(I_s^{\text{yue}}) = -0.4074\ln(I_s^{\text{gan}}) + 1.5107\ln(I_s^{\min}), R^2 = 0.9987$$

式中,yue(粤)、gan(赣)和 min(闽)分别表示广东、江西和福建,I_a、I_s 分别表示第一产业固定资本形成与第三产业固定资本形成。广东 1978—1992 第一产业、第三产业固定资本形成数据由回归方程拟合得出,第二产业固定资本形成数据由全省固定资本形成数据减去一、三产得到。

(4) 海南分行业固定资本形成数据仅从 1990 年开始。《海南统计年鉴》(2011 年)提供了 1984—1989 年全行业固定资本形成数据,根据《海南统计年鉴》(1988 年、1989 年、1990 年)提供的 1984—1989 海南全社会固定资产投资三次产业构成比例来计算分产业的固定资本形成。《海南统计年鉴》(1988 年)的统计条目"国民经济各行业基本建设完成投资额"提供了 1976—1987 分行业序列,因此根据该序列在相应年份的全社会固定资产投

---

① 徐现祥等(2007)采用福建、江西和广东 1978—2002 年的一、三产业固定资本形成总额做 OLS 回归,宗振利和廖直东(2014)选取福建 1993—2010 年一、三产业资本形成总额与广东省做 OLS 回归(不包含截距项),两个文献都得到 1978—1992 年一、三产业固定资本形成总额的拟合值,再用广东固定资本形成减去一、三产业数据得到第二产业的固定资本形成。

资比例来确定。海南 1984—1989 基本建设投资完成额占固定资产投资额的几何平均为 0.757、算术平均为 0.760。假定海南 1978—1983 投资的产业构成与基本建设的产业构成相同,用相应年份的三次产业基本建设投资完成额除以 0.7 作为三次产业投资数据。

(5) 缺失重庆 1978—1994 年全行业及分行业固定资本形成数据,用全社会固定资产投资数据来近似代替。《重庆统计年鉴》(2011 年)提供了 1978、1980、1985—1994 年分产业的全社会固定资产投资数据。历年《重庆统计年鉴》可查询到 1981—1984 年全市全社会固定资产投资数据,乘以已有年份(1978、1980、1985—1994)全社会固定资产投资的三次产业比例平均值,得到分行业的全社会固定资产投资数据。1979 年为 1978 年与 1980 年的平均值。需要指出的是,重庆 1997 年成为直辖市,因此需要将四川 1978—1994 年三次产业固定资本形成数据减去同时期重庆数据,保持与 1995 年后一致的统计口径,以避免"大四川"问题。

(6) 核算历史资料提供了 1994 年以后西藏全行业及分行业的固定资本形成数据。1993 年的分行业全社会固定资产投资数据可在《西藏统计年鉴》上获得;另外可得 1978—1992 西藏全区的全社会固定资产投资数据,分行业的投资序列仅有 1985 年以后的基本建设投资完成额。西藏 1985—1992 年基本建设投资总额占全社会固定资产投资总额的平均比重为 80%。因此,本书用西藏三次产业的基本建设投资分别除以相应年份的基本建设投资占全社会固定资产投资的比重,得到分行业的 TIFA 数据。西藏 1978—1984 年全社会固定资产投资的三次产业构成比例取 1985—1994 年基本建设投资产业构成比例的几何平均值①,根据已有的西藏全区全社会固定资产投资,得到分产业的全社会固定资产投资数据。

二、构造投资价格指数

投资价格指数(或称投资隐含平减指数)可以使投资序列从当期价格调整为不变价格,其选取标准取决于当年投资指标。

首先在理论上推导出投资价格指数。假设 p_{1t},p_{2t},p_{3t} 分别代表三类资本品在 t 年的价格,那么根据定义,固定资本形成总额(当年价) X_t 可用公式表示:$X_t = \sum_{i=1}^{3} q_{i,t} p_{i,t}$。固定资本形成总额指数 Y_t(假设 1978 年=1)为:

---

① 第一产业为 4.87%,第二产业为 25.3%,第三产业为 69.81%。

$Y_t = \sum_{i=1}^{3} q_{i,t} p_{i,1978} / \sum_{i=1}^{3} q_{i,1978} p_{i,1978}$。投资隐含平减指数 Z_t(假设 1978 年=1) 为:$Z_t = \sum_{i=1}^{3} q_{i,t} p_{i,t} / \sum_{i=1}^{3} q_{i,t} p_{i,1978}$。假定三类资本品的价格在各年的变动幅度接近,即 $p_{1,t} \approx p_{2,t} \approx p_{3,t} = P_t$。

那么,$Y_t \approx \sum_{i=1}^{3} q_{i,t} / \sum_{i=1}^{3} q_{i,1978}$,$Z_t \approx p_t \sum_{i=1}^{3} q_{i,t} / p_{1978} \sum_{i=1}^{3} q_{i,t} = p_t / p_{1978}$。

$X_t / X_{1978} = \sum_{i=1}^{3} q_{i,t} p_{i,t} / \sum_{i=1}^{3} q_{i,1978} p_{i,1978} \approx (p_t / p_{1978}) \left(\sum_{i=1}^{3} q_{i,t} / \sum_{i=1}^{3} q_{i,1978} \right) = Z_t \times Y_t$。

从而,根据 1978 年 GFCF 数据、t 年 GFCF 数据和 GFCF 指数(以 1978 年=1),可以得到 t 年投资隐含平减指数:$Z_t = (X_t / Y_t) / X_{1978}$。

将上述投资价格指数的推导结果与具体数据相结合。《中国国内生产总值核算历史资料》只提供了各省固定资本形成以及不变价计算的固定资本形成指数,从而得到各省全行业的投资缩减指数(张军等,2004);但是并未提供分产业的、以不变价计算的固定资本形成指数,需要研究者自行构建分产业的价格缩减指数。在以往文献中,获取分省分部门投资缩减指数的方法有三:一是直接以各省三次产业部门现价产出与不变价产出之比作为分部门的价格平减指数(Wu,2009);二是将各省分产业的 GDP 缩减指数(名义 GDP 与实际 GDP 的比值)比例与固定资本形成缩减指数相乘,得到各省分产业的固定资本形成缩减指数(徐现祥等,2007);三是替代法,以农业生产资料价格指数作为一产的投资缩减指数,工业品出厂价格指数替代二产的投资缩减指数,三产缩减指数用固定资本形成总额与总体投资缩减指数的比例减去一、二产固定资本形成总额与相应产业的投资缩减指数之比(宗振利和廖直东,2014)。

综合考虑数据可得性与合理性,本书首先计算出 1978—2012 年各省总产出及三次产业部门产出的缩减指数,这跟前文推导出的投资隐含平减指数公式一致:$P_{it}^{j} = (GDP_{it}^{j} / GDPINDEX_{it}^{j}) / GDP_{i,1978}^{j}$,$P_{it}^{j}$ 为 i 省 t 年 j 部门的 GDP 缩减指数,GDP_{it}^{j} 为 i 省 t 年第 j 部门的名义地区生产总值,$GDPINDEX_{it}^{j}$ 为 i 省 t 年 j 部门的生产总值指数(令 1978 年=1)。其次,计算各省的投资缩减指数。由于《中国国内生产总值核算历史资料》(1952—1995)、(1996—2002)仅提供了 1978—2002 年各省固定资本形成总额及指数,因此计算方法为:$IP_{it}^{GFCF} = (GFCF_{it} / GFCF_{i,1978}) / GFCFINDEX_{it}$,$IP_{it}^{GFCF}$ 为 i 省 t 年的固定资本形成缩减指数,$GFCF_{it}$ 为 i 省 t 年的固定资本形成数据,$GFCFINDEX_{it}$

为 i 省 t 年的固定资本形成指数。各省 2003 年及以后的固定资本形成指数并不完整，缩减指数缺失的年份用全社会固定资产投资价格指数代替。① 天津缺失 1978—1990 年的固定资本形成指数，采用张军等(2004)和单豪杰(2008)的方法，用零售商品价格指数代替。最后估计 1978—2012 年各省分产业的投资缩减指数：$IP_{it}^{j}=P_{it}^{j}\times IP_{it}^{\mathrm{GFCF}}/P_{it}$。② 重庆、海南和西藏没有固定资本形成指数，用三次产业缩减指数代替。

三、可变折旧率的估算

1. 获取省际折旧率的不同方法

运用不同的资料和方法获得的中国折旧率数值会有较大差异，在 3.6%～17%间浮动。③ 早期分省资本存量的折旧率直接利用全国折旧率，如张军等(2004)采用 9.6%，龚六堂和谢丹阳(2004)采用 10%，郝枫(2006)、孙辉和支大林(2010)采用 6%，单豪杰(2008)采用 10.96%，孔庆洋和余妙志(2008)采用 7.17%，黄宗远和宫汝凯(2010)采用 5%(1978 年以前)和 9.6%(1978 年以后)。折旧率估算的新拓展都力求捕获折旧率随时间与空间变化的特性，而且分省分部门的资本存量由于异质性的存在更加需要谨慎处理折旧率问题。

有三种途径获取分省折旧数据：一是通过全国折旧率与分省经济增长

---

① 相应的省份和年份是：北京(2009—2012)、河北(2003—2008)、山西(2003—2009)、内蒙古(2003—2008)、辽宁(2003—2005)、浙江(2003—2010)、安徽(2003—2007)、福建(2009—2010)、山东(2003—2009)、广东(2003—2010)、贵州(2003—2009)、云南(2003—2007)、陕西(2003—2007)、甘肃(2003—2008)、青海(2003—2010)、宁夏(2003—2009)、新疆(2003—2011)。

② 用固定资产投资价格指数代替固定资本形成指数计算出来的投资缩减指数，在某些省份某些年份异常突兀，某些甚至达到了 100 以上，而同期三次产业缩减指数仅在 10 左右。因此，将异常的投资缩减指数(超过 20 的)用三次产业产出缩减指数直接代替：河北(2009—2012)、山西(2010—2012)、内蒙古(2009—2012)、辽宁(2006—2012)、浙江(2011—2012)、安徽(2008—2012)、福建(2011—2012)、山东(2010—2012)、广东(2011—2012)、贵州(2010—2012)、云南(2008—2012)、陕西(2008—2012)、甘肃(2009—2012)、青海(2011—2012)、宁夏(2010—2012)、新疆(2012)。

③ 3.6%的折旧率数据来自 Hu and Khan(1997)。见 HU Z, KHAN M S. Why Is China Growing So Fast? [J]. IMF Staff Papers, 1997, 44(1): 103-131. 17%来自 Maddison(1998)。见 MADDISON A. Chinese Economic Performance in the Long Run [M]. Paris: OECD Development Centre, 1998.

率的加权,如宋海岩等(2003)在全国折旧率3%的基础上加上各省经济增长率作为分省折旧率。二是利用各省固定资产折旧数据,如徐现祥等(2007)在资本存量估计方程中直接引用固定资产折旧率数据①。另有 Wu(2008、2009)、张健华和王鹏(2012)根据实际的固定资产折旧数据模拟出分省的折旧率。Wu(2008、2009)运用模拟过程反复推算,直到推算的资本折旧额数据集与实际折旧额数据集的差值低于 0.001% 时推算过程结束,得出最优折旧率。张健华和王鹏(2012)分三个时期(1952—1978、1979—1992、1993—2010)估算各省折旧率,假定各省折旧率取值范围是 2%~15%,取到小数点后 1 位,将这 131 个可能的折旧率代入永续盘存法公式估算出资本折旧额,根据最小二乘法原则,将之与实际资本折旧额比较得出最优折旧率。三是运用永续盘存法,根据各省固定资产投资中构成比率来计算各省不同的折旧率。如,宗振利(2014)采用几何递减方式,以法定残值率4%作为资本品相对效率取值,借鉴单豪杰(2008)分别对建筑和设备 38 年和 16 年的年限设定,估算出建筑折旧率为 8.12%、设备折旧率为 17.98%;并根据 1995—2011 年各省固定资产投资结构中二者的构成比例,推算出省际不同折旧率。

2. 基于固定资产折旧数据估算折旧率

上述折旧率的获取方法中,如果直接将固定资产折旧数据作为永续盘存法公式中的折旧数据,会出现徐现祥等(2007)中某些省份某年某产业部门资本存量为负的情况。因此,根据固定资产折旧数据估计折旧率更为恰当(Wu,2008;Wu,2009;张健华和王鹏,2012)。《中国国内生产总值核算历史资料》(1952—1995)、(1952—2004)以及各省统计年鉴提供了 1978—2012 年全行业及分产业的固定资产折旧序列。一些省份的缺失数据通过替代指标获得:虽然没有贵州(2005、2006)、青海(2005—2012)的分行业固定资产折旧数据,但参照这两省相应年份非公有制经济三次产业固定资产折旧的比例及全行业固定资产折旧总量数据,可推算出三次产业固定资产折旧数据。一些缺失固定资产折旧序列且无替代指标的情况如下:一些省份缺失某些年份的全行业固定资产折旧数据。河北、内蒙古、辽宁、吉林、黑龙江、安徽、山东、湖北、广西、四川、贵州、云南、宁夏、新疆缺失 2008 年数

---

① 资本存量公式为:$K_{ij,t}=K_{ij,t-1}+I_{ij,t}-D_{ij,t}$,$K_{ij,t}$ 是地区 j 第 i 部门在 t 年的资本存量实际值,$I_{ij,t}$ 为增量资本存量或资本形成的实际值,$D_{ij,t}$ 为固定资产折旧额。

据,海南、重庆缺失 1978—1989 数据,西藏缺失 1978—1984 及 2008 年数据。另有一些省份在全行业固定资产折旧数据可获得的情况下,缺失三次产业固定资产折旧数据。包括:北京(2005)、天津(2005—2012)、河北(2005—2012)、内蒙古(2005—2012)、辽宁(2008—2012)、黑龙江(2008—2012)、浙江(2005—2007、2009—2012)、江西(2005—2012)、山东(2005—2012)、湖北(2005、2008—2012)、湖南(2008)、广东(2008)、四川(2005—2012)、贵州(2007—2012)、云南(2005—2012)、西藏(2005—2012)、陕西(2005—2012)、宁夏(2005—2012)。这些缺失数据的处理方法是取均值及比例法。首先,对于连续缺失的某一个年份的数据,采用相邻年份的平均值。针对全行业与分行业的不同情况,需要分别处理:全行业的固定资产折旧数据直接取相邻年份的平均值;而分行业的固定资产折旧数据,则是取相邻年份三次产业固定资产折旧占比的平均值,再由总量折旧乘以相应比例得到。其次,考虑到海南、重庆建省(直辖市)的特殊情况,根据海南 1990 年固定资产折旧占广东固定资产折旧的比例(5.17%),推算出海南建省前(1978—1987 年)的固定资产折旧数据,并将广东的固定资产折旧数据剔除海南部分;重庆(1978—1989 年)同理(重庆 1990 年固定资产折旧占四川的比例为 17.11%)。再次,对西藏 1978—1984 年及海南 1988—1989 年固定资产折旧数据连续缺失的年份,假定固定资产折旧与 GDP 的比例保持相对不变,由已知年份固定资产折旧占比及 GDP 数据推算出缺失年份的固定资产折旧(1985 年西藏固定资产折旧的 GDP 占比为 5.86%,1990 年海南固定资产折旧的 GDP 占比为 8.73%)。最后,对于分行业固定资产折旧连续缺失的时间序列,则采用已有数据中最接近年份的平均值。

上述得到的 1978—2012 年省际三次产业部门固定资产折旧数据都是现价数据,因此使用各省三次产业部门 GDP 平减指数进行不变价处理。然后,本书借鉴张健华和王鹏(2012)的最小二乘法原则,假定各省三次产业折旧率的取值范围是 0.1%～15%,取至小数点后 1 位,共 150 个取值分别代入永续盘存法的资本存量公式,估算出资本折旧额;根据最小二乘法原则——两者差值的平方和最小,将估计值与不变价的固定资产折旧数据相比较,得出历年的可变最优折旧率(见附录表 B.1)。

3. 可变折旧率的稳健性

本书基于 GDP 收入法估算的省际三次产业折旧率差异较大,体现出各省不同经济发展水平与不同经济结构的异质性。各省三次产业折旧率的简单平均值分别是 4.5%、5.3%、5.3%。表 4.3 报告了各省 1978—2012 年三次产业固定不变的最优折旧率——历年差值平方和累计最小,并与其他研究估算的结果进行比较。与 Wu(2009)、张健华和王鹏(2012)一样都是基于固定资产折旧数据估算折旧率,且本书的估算结果略低于张健华和王鹏(2012)、略高于 Wu(2009),因此是相对稳健的。

一直以来,折旧率作为核算过程中会涉及的指标,往往被赋予一个符合国际惯例或传统惯例的数值。根据中国经济的转型特征和阶段性特征,近年来的研究开始假定折旧率是可变的。徐杰等(2010)估算全国 1987—2002 年的资本存量时,假设 1987—1992、1992—1997、1997—2002 年折旧率不变,计算出对应的折旧率分别为 8.87%、8.09%、9.15%。叶宗裕(2010)分 1952 年、1952—1979、1980—1993、1994—2008 四个阶段估计全国建筑安装类和机器设备类资本的寿命年限和折旧率。李宾(2011)中全国 1952—1992 年的折旧率来自已有文献,1993—2009 折旧取自各省折旧额的累加。叶明确和方莹(2012)研究 1978—2009 年的分省资本存量时,1978—1986 采用国有企业固定资产的基本折旧率;1987—2001 利用投入产出表中固定资产折旧数据,假设 1987—1991、1992—1996、1997—2001 折旧率不变,计算出对应的折旧率为 8.87%、8.09%、9.15%;2002—2009 采用张军等(2004)的 9.6%。张健华和王鹏(2012)还将 1952—2010 年分省的折旧率分为 1952—1978、1979—1992、1993—2010 三个时期估计,同时假定每个时期内折旧率保持不变。上述研究中很多将 1993 年作为折旧率变化的节点,陈昌兵(2014)的研究对此予以确认。但本书估算出的各省三次产业可变折旧率,从长期趋势来看,各省一产折旧率间的变化相对较大;二产折旧率整体呈现 U 型变化趋势,拐点在 20 世纪 90 年代以后;各省三产折旧率的差距逐渐收敛。因此,仅第二产业折旧率支持折旧率在 1993 年前后变化较大的阶段性。这个差异说明,分三次产业估算折旧率很有必要。从方差值域范围看出,二、三产业折旧率的波动程度小于一产折旧率。

另外,表 4.3 最后一列是基于固定资产构成比例估算的折旧率,这种方法估算的折旧率常见于分类估算再加总的范式中。本书借鉴张军等(2004)对建筑 45 年、设备 20 年、其他 25 年的寿命假设,在几何效率递减模式下,假定残值率为 4%,估算出建筑的折旧率为 6.9%、设备的折旧率为 14.9%、其他的折旧率为 12.1%;然后根据 1978—2013 年三者结构比重关系,计算出三者结构比重平均值;最后加权计算出各省全行业的折旧率。

表 4.3 折旧率比较   %

	Wu(2009), 1977—2006			张健华和王鹏(2012)		本书的估算, 1978—2012			固定资产构成, 1978—2013
	第一产业	第二产业	第三产业	1979—1992	1993—2010	第一产业	第二产业	第三产业	
北京	1.4	5.7	3.2	5.6	6.4	2.8	4	1.4	9.7
天津	1	5.7	3.1	5.7	6.1	3.8	7.7	2.8	9.5
河北	1.6	6.1	3.5	6.6	5.1	2.3	3.8	3.6	9.8
山西	1.2	6.1	3.6	6.6	6.3	1.2	3.8	2.8	9.5
内蒙古	1.6	5	6.1	8.4	5.5	3.9	3.6	2.8	9.2
辽宁	1.6	7	6.3	9.8	6.5	3	5.8	3.1	9.5
吉林	1.6	7	6.3	9	6.4	7.5	4.1	3.4	9.4
黑龙江	1.6	7	6.3	9	6.8	1.5	4.7	2.7	9.3
上海	0.6	4.8	2.7	7.4	7.6	0.9	9.5	3.1	10.0
江苏	2.3	4.2	5.5	9.2	6.7	3.4	3.8	2.8	9.6
浙江	2.3	5.3	5.5	7.9	6.4	4	6.3	3.4	9.6
安徽	1.6	6.1	3.5	7.3	6.4	2.4	4.8	3.7	9.3
福建	1.6	6.4	3.5	7.8	5.7	1.4	5.8	3.9	9.3
江西	1.6	6.1	3.5	3.9	6	2	2.7	3.5	9.5
山东	2.7	7	4.1	6.8	6.8	4.4	5.5	3.7	9.7
河南	1.6	6.1	3.5	6.6	5.1	1.8	3.4	2.7	9.4
湖北	1.6	4.7	5.2	7.9	6.8	3.4	6.9	4.7	9.6
湖南	1.6	5.8	5.2	6.8	5.9	3.4	6.1	4.8	9.2
广东	2.3	7	5.5	9.2	10.8	3.1	9.3	5.3	9.4
广西	2.5	3.7	3.5	4.8	6	1.9	4	2.4	9.0
海南	1.6	2.3	3.5	—	—	14.4	3.9	2.8	9.3
重庆	1.5	7	3.5	—	—	2	5.2	1.9	9.2
四川	1.5	7	3.5	8.7	5.8	1.8	3.9	2.5	9.1
贵州	1.3	4.6	3.5	3.6	5.7	1.2	5.1	4.1	9.1
云南	0.8	3.5	3.5	3.3	6	1.8	5.2	4.3	9.1
西藏	0.6	2.6	3.5	—	—	5.6	2.7	2.9	7.9
陕西	1.8	3.7	3.5	5.1	4.8	2.7	5.2	3	9.5
甘肃	1.8	3.8	3.2	2.9	6.7	4.9	4.6	4.9	9.3

(续表)

	Wu(2009), 1977—2006			张健华和王鹏 (2012)		本书的估算, 1978—2012			固定资产构成, 1978—2013
	第一产业	第二产业	第三产业	1979—1992	1993—2010	第一产业	第二产业	第三产业	
青海	0.5	2.6	3.5	2.8	4.2	0.4	3.2	2.4	8.9
宁夏	1.8	3.2	3.2	3.6	4.5	2.5	4	2.9	9.3
新疆	1.9	3	2.7	3.4	3.6	1.4	3.2	3.2	9.2
简单平均	1.6	5.2	4.0	6.4	6.1	3.1	4.9	3.3	9.3

数据来源：前两列来自相应文献。最后一列为笔者自行计算。

表 4.3 表明，各省基于固定资产构成比例估算的 1978—2012 年折旧率要高于基于固定资产折旧数据估算的可变折旧率。当其他条件不变时，折旧率的高估会使得资本存量的估算有偏低的倾向。折旧率不仅仅是一个核算指标，更关系到经济发展方式的转变。如今中国经济增长正处于"消失的埃菲尔铁塔"困境[1]，是按照经济学理论和会计准则将埃菲尔铁塔从账面上抹掉以获得高现值资产与 GDP 增加值，还是继续让其在现实中发挥生产性资本的作用？回答这个问题需要考虑到三次产业的不同属性。如，随着我国淘汰过剩产能、调整产业结构的战略步伐迈开，完善固定资产加速折旧政策是第二产业加快设备更新、提升科技研发创新、扩大投资、促进创业的重要准备，第二产业折旧率今后的继续走高是符合预期的。

四、各省基期资本存量

在确定基期资本存量诸多方法中，本书使用比较常用的增长率法：

$$K_{ij,1978} = \frac{I_{ij,1978}}{(\delta_{ij} + g_{ij})} \quad (4.12)$$

式中，δ_{ij} 为 i 省 j 部门的折旧率，g_{ij} 为 i 省 j 部门 1978—1987 的 10 年产出平均增长率，见表 4.4。平均经济增长率的计算方法是，根据各省三次产业部门的地区生产总值指数（上年＝100）求得各省各部门每年的经济增

---

[1] "埃菲尔铁塔是否存在"命题是一个存在主义哲学悖论，方文全(2012)借这个概念说明投资与积累的关系以反思国民经济核算理论，本文用以说明折旧与发展方式的问题。

长率,再取平均值。也有一些研究选择5年的产出平均增长率作为 g_{ij}。本书比较了各省5年期与10年期的产出平均增长率,二、三产业10年期的平均增长率要高于5年期,第一产业10年期平均增长率低于5年期;综合来看,三次产业10年期的平均经济增长率波动更小。对已有分省三次产业资本存量估算结果的基期存量进行比较(Wu,2009;徐现祥等,2007;宗振利和廖直东,2014),本书的估算结果整体居中。由于本书估算出的折旧率在同类研究中也居中(见图4.3),可以判断本书的各省三次产业资本存量是比较稳健的。

表 4.4 各省三部门 1978—1987 的平均经济增长率　　　　　　　　　%

省	一产	二产	三产	省	一产	二产	三产	省	一产	二产	三产
北京	8.21	8.46	14.45	安徽	6.25	14.01	16.13	重庆	6.04	9.96	13.13
天津	8.40	8.69	8.80	福建	6.94	14.52	16.03	四川	5.61	10.74	12.94
河北	5.55	9.61	12.80	江西	6.84	11.52	12.78	贵州	6.57	11.95	14.09
山西	4.19	9.10	13.00	山东	7.84	12.14	15.11	云南	6.28	10.52	15.35
内蒙古	9.28	8.74	17.73	河南	6.60	12.54	18.47	西藏	7.93	1.03	19.65
辽宁	5.73	8.34	16.85	湖北	5.84	13.27	13.61	陕西	6.33	10.71	18.34
吉林	7.94	10.62	15.88	湖南	4.55	10.42	12.71	甘肃	7.43	5.91	15.47
黑龙江	4.05	6.37	14.14	广东	8.00	15.55	17.45	青海	5.26	7.71	9.97
上海	2.99	7.73	11.43	广西	4.64	10.19	9.43	宁夏	8.31	8.74	14.16
江苏	7.06	14.51	15.80	海南	9.20	10.97	13.81	新疆	10.31	9.33	17.39
浙江	4.80	18.79	15.80								

(a) 第一产业

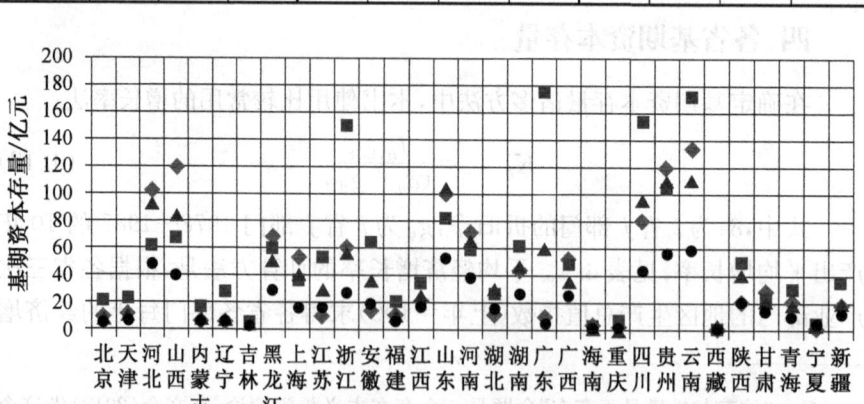

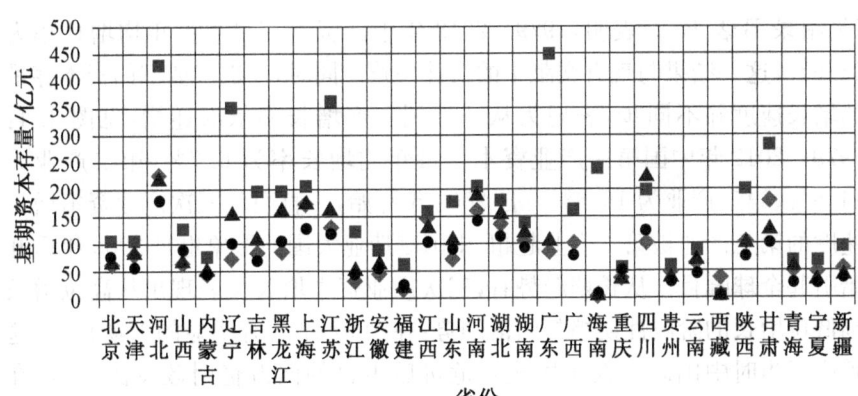

(b) 第二产业

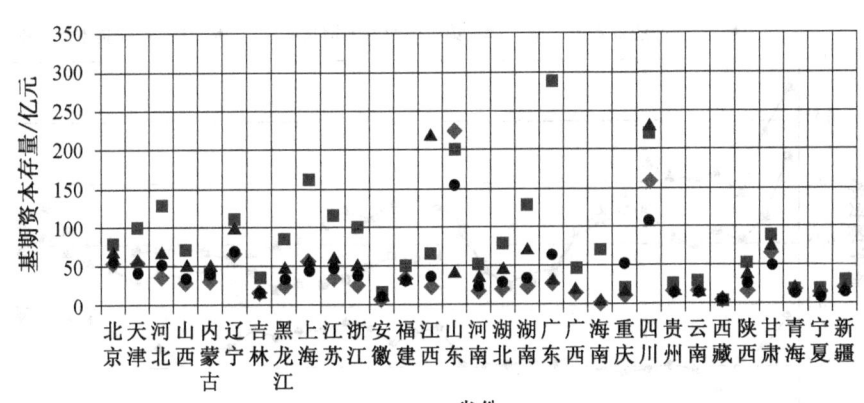

(c) 第三产业

数据来源：Wu 来自 Wu(2009)；徐来自徐现祥等(2007)；宗来自宗振利和廖直东(2014)。四种基期均以1978年为基期价格，其中 Wu(2009)的初始期为1977年，其余均为1978年。

图4.3 各省基期资本存量的比较

第三节 资本形成路径

一、资本增长率的放缓

众所周知，改革开放以来，中国的资本积累稳步增长。本书的估算结果

(见附录 B 表 B.2)表明,1979—2012 年中国资本存量总量年均增长率为 14.6%,这一结果与现有文献中的估计一致。同时,三次产业部门资本存量的增长速度并不同步,表现为从一产到三产增长率依次递增,见图 4.4:1979—2012 年中国第一产业资本存量年均增长率为 6.7%、第二产业为 14.8%、第三产业为 16.6%。自 2003 年开始,一直引领三次产业资本增长速度的第三产业被第二产业赶超,中国制造业大国的形象也是 2000 年后开始引起全球瞩目。从长期趋势看,三次产业资本增长率表现出从高位增长到低位增长的阶段性换挡与回落趋势:在 2007 年后有明显的上扬趋势,这呼应了当时中国政府在美国次贷危机后出台的四万亿财政刺激政策;在 2011 年后出现下调,这与当前中国经济增长进入增长速度换挡期、结构调整阵痛期、前期刺激政策消化期的三期叠加事实密切吻合。

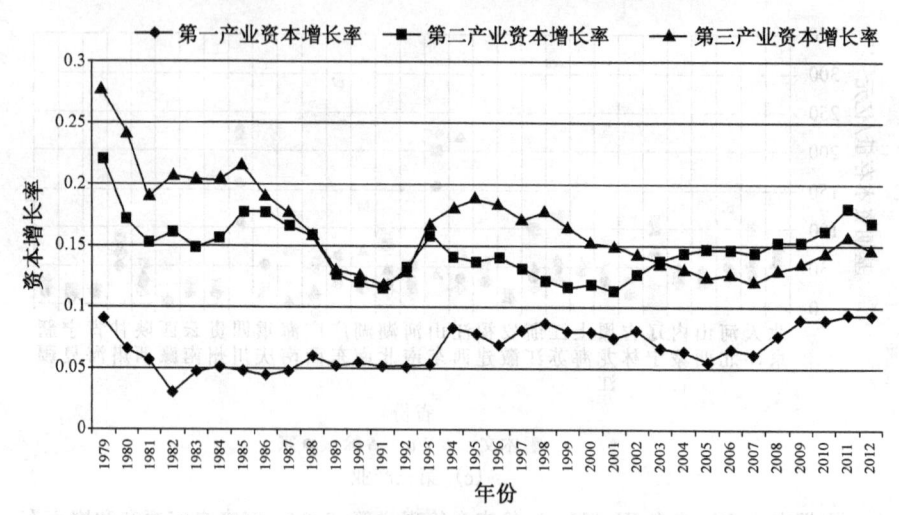

数据来源:本书估算,为分省资本存量的加总。

图 4.4 中国三次产业资本增长率:1979—2012

1979—2012 年,各省三次产业的资本增长率变化平稳;相较而言,第三产业资本增长率在改革开放初期波动频繁,近年来波动幅度变小,但省际差异大于一、二产业资本增长率。各省三次产业的波动区间又有大小差异,第一产业资本增长率集中在(0,10%)区间,第二产业资本增长率集中在(10%,20%)区间,第三产业资本增长率区间集中在 20% 附近。

二、资本结构的"库兹涅茨事实"

各省 1978—2012 年三次产业资本存量占比的变化趋势基本符合"库兹

涅茨事实"：各省第一产业资本存量份额不断下降，在 2012 年已经下降到 10% 以下的水平；各省第二产业资本存量份额有先上升、后下降的趋势，但各省倒 U 型的变化并不同步。2000 年后各省二产资本份额的差异逐渐收敛，且更趋平稳，大多省份落在 40%～60% 的区间；各省第三产业资本存量份额逐渐增加，2000 年前后出现了三产资本份额从加速到减速的拐点，当前大部分省份的三产份额在 40% 上下浮动，仅北京、海南和西藏 2012 年的三产资本份额在 60% 以上。尽管经济结构服务化是产业结构转变的高级阶段，但这种转变应以高度工业化为前提，没有工业化支撑的服务业经济会存在产业空心化问题。

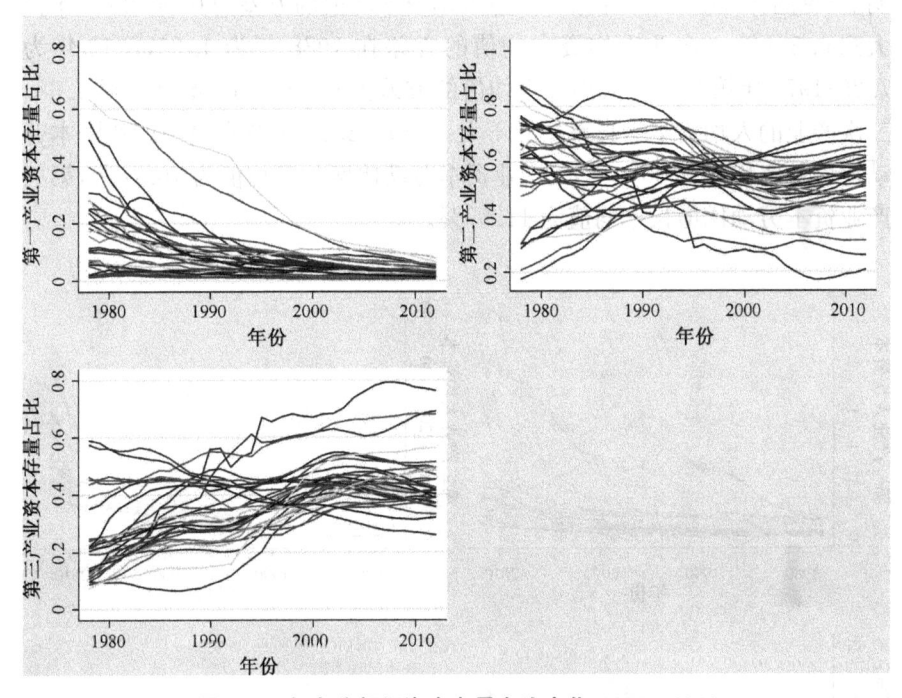

图 4.5　各省分部门资本存量占比变化：1978—2012

三、资本变量的"卡尔多事实"

卡尔多事实中，有两个特征与资本存量相关，一是人均资本的持续提高，二是稳定的资本产出比（见第二章文献综述部分）。

在经济增长模型中，人均资本（或称资本劳动比）是生产函数简约形式 $y=f(k)$ 中的关键变量 k。同时，它也反映生产过程中资本与劳动投入的最基本资源配置关系。一般来说,随着技术进步和经济发展水平提高,人均资本具有趋向上升的变化。图4.6描绘了三次产业人均资本在1978—2012年间的变化趋势,基本符合卡尔多事实中人均资本持续提高这一规律。其中,各省第一产业人均资本均值从1978年的525元/人(1978年价格)上升到2012年的5 802元/人;第二产业人均资本均值从1978年的7 922元/人(1978年价格)上升到2012年的14.71万元/人(1978年价格);第三产业人均资本均值从1978年的3 283元/人(1978年价格)上升到2012年的8.25万元/人(1978年价格)。各省三次产业间的人均资本有着不同的分布,依次是二产>三产>一产。此外,省际人均资本存量差异也在扩大,发散之势明显(见图4.6)。1978年第一产业人均资本均值的方差为0.06,2012年扩大到0.52;第二产业人均资本均值的方差在1978年为1.25,2012年为7.25;1978年第三产业人均资本均值的方差为0.32,2012年上升到3.68。三次产业的人均资本增长率差异不大:1979—2012年各省第一产业资本劳动比增长率均值9.00%,第二产业资本劳动比增长率均值为10.78%,第三产业资本劳动比增长率均值为11.57%。

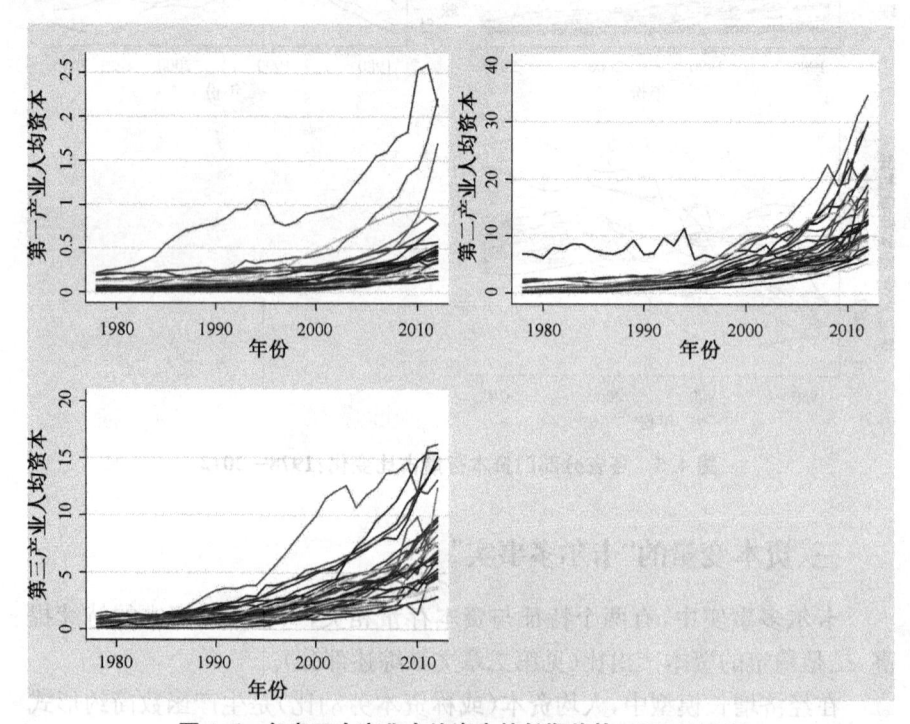

图4.6　各省三次产业人均资本的长期趋势:1978—2012

资本产出比是宏观研究中描述资本形成过程的重要指标,通过考察总量投资与产出的比例关系——为获得单位产出所需投入的资本量,从而从"投资总量"角度分析是否存在"过度投资"或"投资不足"的问题。在具体测算上,广义的资本产出比指标有 ICOR(the Incremental Capital Output Ratio,增量资本产出率)($\Delta K/\Delta Y$)(沈能和赵建强,2005)、资本产出比(K/Y)(李治国和唐国兴,2003)和投资产出比(I/Y)(武剑,2002)等方法。图 4.7 描述了 1978—2012 年各省三次产业资本产出比(K/Y)的长期变化趋势。1978—2012 年间各省第一产业资本产出比均值在 1.32 左右,其中某些省份初始年份的资本产出比偏高,但最后都降到(0,4)的区间内(唯一异常的是新疆,其 2001—2006 年间第一产业资本产出比超出 4)。[①] 因此,中国第一产业资本产出比基本符合卡尔多事实。但是二、三产业的资本产出比不符合卡尔多事实。其中,各省第二产业资本产出比均值从 1978 年的

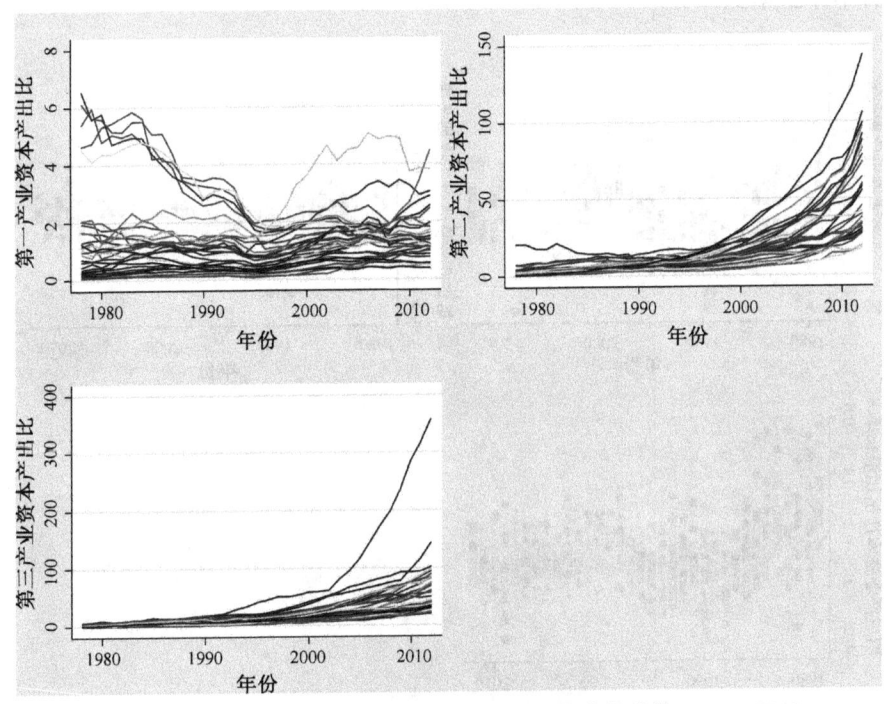

图 4.7　各省三次产业资本产出比(K/Y)的长期变化趋势:1978—2012

---

① 第一产业初始年份资本产出比偏高的省份有山西(6.52)、贵州(6.12)、青海(5.39)、上海(4.63)、云南(4.52)。

2.74上升到2012年的55.67;第三产业资本产出比均值从1978年的1.98上升到2012年的66.79。① 卡尔多事实中,资本产出比的稳定趋势是指没有明确的上升或下降的长期趋势,且允许不同的产能利用效率(Kaldor,1961)。此外,省际的资本产出比差异也逐渐扩大,且在2004—2012年间扩散趋势明显。1978年各省第二产业资本产出比方差为3.72,其后缓慢攀升,到2004年达到10.85;2004年后第二产业资本产出比方差一路上扬,2012年飙升至31.34;各省第三产业资本产出比方差在1978年为1.68,其后徐徐上升,到2004年达到18.07,2012年该值为31.34。

1979—2012年间,三次产业资本产出比的平均增长率是相对稳定的,依次分别为2.29%、10.58%和11.75%,见图4.8。从增长率的角度看,三次产业资本产出比是相对稳定的,三次产业资本产出比增长率的方差分别为0.11、0.09和0.11。因此,三次产业资本产出比相对稳定的增长态势符合卡尔多事实。

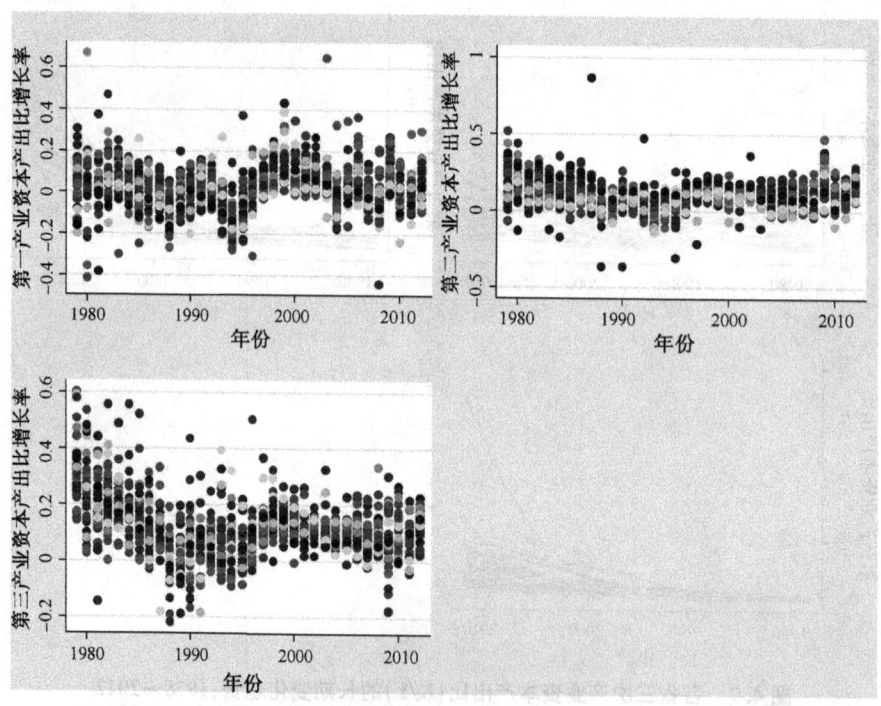

图4.8 各省三次产业资本产出比(K/Y)增长率变化:1979—2012

---

① 第二产业资本产出比偏高的省份是江苏,在2010年后达到100以上,并在2012年后飙升至143.3。第三产业资本产出比偏高的省份是西藏,2012年高达357.5。

卡尔多事实是基于发达国家经济增长的描述，而改革开放以来的中国尚处于新兴经济体赶超发达国家的阶段，因此，有关资本的两个变量特征——人均资本及资本产出比——不都符合卡尔多事实，而与中国所处的经济发展阶段密切相关。此外，三次产业在资本投入与产出维度上有着较大的差异，尤其是二、三产业中很多部门是资本密集型行业，所以形成与第一产业不同的资源要素投入结构。资本变量在产业构成上的差异，又可以部分解释中国资本变量与卡尔多事实不相符合的原因。二、三产业较高的资本产出比意味着收入和资本并非以相同的速度增长，资本投入的增长速度远远大于产出收入的增长速度。

四、两种范式的比较

本书开篇介绍了资本存量估算的两种范式：或直接估算总的资本存量，或分类估计再加总。两种范式有何差异？孙琳琳和任若恩(2014)使用分类估算再加总的方法，估算出中国 33 个行业的建筑存量和设备存量，恰好可与本书的结果逐一比较，见表 4.5。

表 4.5 两种范式的比较

	年份	孙和任(2014)		本书		两者比值
		(1) 部门资本存量(亿元)	(2) 部门占比(%)	(3) 部门资本存量(亿元)	(4) 部门占比(%)	(5) = (3)/(1)
第一产业	1980	141.00	2.18	1 374.45	19.65	9.75
	1985	174.93	1.84	1 728.03	12.07	9.88
	1990	210.93	1.14	2 227.44	8.00	10.56
	1995	215.70	0.82	3 036.53	5.68	14.08
	2000	487.56	0.95	4 450.69	4.30	9.13
	2005	766.33	1.00	6 191.34	3.20	8.08
第二产业	1980	4 540.42	70.22	3 780.42	54.04	0.83
	1985	5 438.41	57.24	7 902.85	55.19	1.45
	1990	10 671.46	57.85	15 917.94	57.14	1.49
	1995	15 008.98	56.85	30 258.04	56.63	2.02
	2000	29 002.38	56.71	54 682.61	52.78	1.89
	2005	41 273.79	53.97	102 588.55	53.01	2.49

(续表)

年份	孙和任(2014)		本书		两者比值
	(1) 部门资本存量(亿元)	(2) 部门占比(%)	(3) 部门资本存量(亿元)	(4) 部门占比(%)	(5) = (3)/(1)
第三产业 1980	1 784.67	27.60	1 841.05	26.32	1.03
1985	3 888.15	40.92	4 687.98	32.74	1.21
1990	7 563.63	41.00	9 711.98	34.86	1.28
1995	11 174.28	42.33	20 140.34	37.69	1.80
2000	21 654.09	42.34	44 466.11	42.92	2.05
2005	34 439.10	45.03	84 754.01	43.79	2.46

数据来源：孙琳琳和任若恩(2014)表1，将33个行业合并成三次产业，并将其当期价格转变成以1978年不变价表示的资本存量。

从总体数值上看，直接使用投资数据的总量估算结果整体高于分类估算再加总方法；从部门构成上看，两种范式测算出的二、三产业资本份额基本接近，仅在第一产业资本份额的估算上有差异，这种差异逐渐收敛。数值的高低差异原因有三：其一是投资数据差异。与本书直接使用全社会固定资本形成数据不同，孙琳琳和任若恩(2014)根据分行业的"国有经济投资"或"城镇固定资产投资"数据，推导全社会分行业的固定资产投资数据，再根据统计口径将行业层面的固定资产投资数据调整为固定资本形成数据。以这种途径获取的投资数据必然漏估了非国有经济和农村地区的固定资产投资，这是两种范式差异最主要原因。其二是折旧率差异。本书使用的折旧率低于基于固定资本构成折算的折旧率(见表4.3)，这意味着即使在相同的投资数据下，本书估算出的资本存量也会偏高。另外，本书的全国范围为分省加总，不可避免重复计算，这也会造成一定高估。其三，分类估算再加总方法按照建筑和设备分类，这种极具现代经济属性的统计工具并不能准确勾画出依赖土地要素投入的第一产业。吴方卫(1999)专门研究中国农业资本存量，估算出1980年中国农业资本存量为1 177亿元(1980年价格)，与本书更为接近。[①] 因此，尽管迫于数据选择的约束，本书选择直接使用总量投资来估算资本存量的方法；但通过两种范式的对比发现，直接使用总量

---

① 其农业投资数据为国家农业固定资产投资、农村集体单位固定资产投资中用于农业的和农村居民个人固定资产投资中用于生产性固定资产的，更为精准。

投资来估算各省三次产业资本存量是更恰当的方法。

第四节 本章小结

在折旧率估算日益灵活的发展趋势下,本书提供了一种估算中国 31 个省份三次产业部门资本存量的技术方法,该方法允许不同省份不同产业部门的折旧率随时间变化,由此衍生的资本存量序列既可成为后续研究的重要资源,亦可为同类研究提供参考。与以往的全行业折旧率相比,第二产业折旧率更符合以往研究中折旧率变化的拐点(1993 年);而且各省三次产业大相径庭的折旧率水平,更加说明分省分部门估算产业折旧率的必要性。需要指出的是,资本存量的测算越来越多层次和多元化。在中国资本存量估算的先有文献中,一个分歧是估算范式的选择——或分类估算再加总、或直接使用总量投资数据。本书选择直接使用总量投资数据来分别估算各省三次产业资本存量。与分类估算再加总的范式相比,本书估算的二、三产业资本存量数值略高;估算的第一产业资本存量数值尽管远高于分类估算再加总的范式,但与文献中专门估算中国农业资本存量的结果更接近。本书认为,尽管直接使用总量投资数据来估计各省三次产业资本存量是迫于数据的约束,但也是更为恰当的方法。

中国的资本结构转变更多符合"库兹涅茨事实"的描述,尤其是农业资本存量占比下降、服务业资本存量占比上升的趋势十分明显。此外,尽管中国三次产业人均资本符合"卡尔多事实"持续提高的描述,但二、三产业资本产出比的持续上升与"卡尔多事实"有所出入,仅在资本产出比增长率维度是稳定的。中国资本积累的快速步伐有目共睹,改革开放以来,三次产业部门的资本形成速度有快有慢,服务业强劲的资本形成速度是中国经济结构转型的重要推动力。在中国当前去除过剩产能、进行结构调整的大背景下,三次产业部门资本形成速度的整体回落依然是增长的主基调,这势必会直接对经济增长速度形成负向冲击,增强今后中国增长减速的预期判断。此外,在中国由高速增长向中高速增长转变的新常态阶段,资本的投入产出效率需要进一步提升,不能仅仅依靠增加投入来实现经济增长的驱动,而是需要优化投资效率来提升产能,促进经济增长。

第五章　中国结构转变与TFP增长率的实证分析

　　现代经济增长有诸多增长源泉,大致可以概括为两部分:一是资源,包括劳动力和资本投入的增长;二是效率,即对单位投入与产出的考量。在现实的经济环境中,这两方面兼而有之。一些关于增长源泉的定量研究发现,人均产值的上升中,仅有很少一部分可以归结于人口、劳动力和资本的绝对增长。但是,这并不意味着,如果缺乏这些投入的增长,人均产值的长期增长也只会相应损失很小的比例。与可量化的增长源泉相比,增长效率是关联到增长质量与可持续发展的复杂议题。这个议题不仅要厘清人口、劳动力和资本与经济增长之间的机理关系,还要关注这些变量与经济增长的其他必备条件——技术变动、制度安排变化以及人类在不同预期下的行为方式——的长期趋势如何交织在一起,概括为现代经济增长中的效率提高机制。理论上,生产要素可以在各部门间自由地、无成本流动,那么,不考虑生产税、折旧等因素,各部门的单位资本产出和劳动力产出被假设为同等水平。现实中,劳动力在部门间流动的障碍显而易见;资本来源不同,在相同部门内部都会被区别对待,更遑论部门间迥异的资本产出效率了。理论的丰满与现实的骨干落差,吸引了研究者聚焦生产要素在部门间流动的研究。这类文献可追溯到配第17世纪出版的《政治算数》,以及其后的"配第定理"(Clark,1940)、"库兹涅茨事实"(Kuznets,1971)、"钱纳里多国模型"(Chenery,1960)等。它们描述了生产要素在不同产业之间流动的动态特征及其与经济增长率之间协同变化的统计规律,将人均产出及生产率的高增长率与生产结构的高变换率放置到统一的分析框架中,激发了后来者关于要素流动对生产率增长及经济增长贡献度的研究。

　　一种基于结构主义理论的观点认为,当生产要素从低生产率水平或低生产率增长的部门向高生产率水平或高生产率增长的部门流动时,经济增长或全要素生产率的增长得以实现,因此,生产要素的流动被视为除劳动力、资本等要素投入以外的经济增长源泉。投入的生产要素通过直接和间接两个渠道影响经济增长,直接渠道是通过投入要素的数量效应对产出造成影响,间接影响则通过要素配置效率使得要素在不同生产率行业间流入、流出来推动生产率和经济增长。各国工业化的实践也表明,结构转变是工业化时期经济增长的主要内容。

对结构转变进行定量研究的关键之一是评估结构转变的驱动力。理论上,部门间的 TFP 增长率差异在结构转变理论中扮演了重要的角色,如 Baumol(1967)提出的"进步部门"与"停滞部门"。理论的检验需要通过对部门 TFP 增长率的相对差异进行实证分析。欧盟的 EU KLEMS 数据库为发达国家 TFP 增长率的国际比较提供了来源,如 Ngai 和 Pissarides(2007)、Timmer 等(2010)、Duarte 和 Restuccia(2010)、Herrendorf 等(2013)。其中,Ngai 和 Pissarides(2007)的样本为 1970—2007 年的澳大利亚、加拿大、欧盟十国[①]以及美国,Herrendorf(2013)增加了日本以及韩国。结果发现,除日本、澳大利亚外,其他国家都表现出农业 TFP 增长最强劲、服务业 TFP 增长最弱、制造业 TFP 增长居中的态势[②]。他们认为,这与发达国家观察到的劳动力从农业、制造业部门流出,进入服务业部门的现象一致。本书感兴趣的是,中国各省分部门 TFP 增长率如何变化,以及 TFP 增长率的部门差异与各省结构转变典型事实是否存在某种可被检验的联系。

第一节 分部门 TFP 增长率估算

中国改革开放三十年经济增长奇迹,引发了增长奇迹驱动力尤其是生产率增长的讨论。一些经济学家认为中国经济增长奇迹源于大量的要素投入(Krugman,1994;Young,2003);相较而言,生产率增长的贡献是十分有限的。另有许多研究认为中国 TFP 增长率低于 1.5%,其对经济增长的贡献低于 20%(王小鲁,2000;梁昭,2000;Young,2003);更多的贡献来自劳动力和资本等要素的大量投入。然而,其他一些研究认为,生产率的改进或 TFP 在中国快速的经济增长中扮演了重要角色,因为中国年均 TFP 增长

[①] 欧盟十国为:奥地利、比利时、丹麦、西班牙、芬兰、法国、德国、意大利、荷兰和英国。

[②] 日本的农业 TFP 增长率最弱、服务业 TFP 增长率最强、制造业 TFP 增长率居中;澳大利亚农业 TFP 增长率最强,但服务业 TFP 增长率居中、制造业 TFP 增长率最弱。见 Herrendorf 等(2013)图 10。

率超过3%且贡献了中国30%以上的经济增长(Hu和Khan,1997;Chow和Li,2002;张军和施少华,2003;Bosworth和Collins,2008)。文献中的这些分歧,是因为没有考虑TFP增长率的异质性,如部门差异。因此,本节主要是估算分部门的TFP增长率。

一、衡量TFP增长率的方法

如何衡量投入要素以外的部分？生产率(productivity)——产出的某种度量与所用投入的某种指数之比[①]——的指标逐渐得到普及。社会经济统计中常见的劳动生产率、资金产值率等指标,是单要素生产率(single factor productivity)。由于生产过程是多种要素投入共同发挥作用,单个要素的生产率测算显然无法满足要求。因此,衡量总产出与综合要素投入比率的"多要素生产率"(multi-factor productivity,简称MFP)概念被提出来,更广为人知的术语叫"全要素生产率"(total factor productivity,简称TFP)。

1. 测算TFP增长率的诸多方法

大量的文献对TFP增长率估算方法进行了全面的总结(Solow,1957;Jorgenson 和 Griliches,1967;Nadiri,1970;Chen,1997;Felipe,1999;Hulten,2000;Lipsey 和 Garlaw,2004;郭庆旺和贾俊雪,2005;Raa 和 Shestalova,2011),大致可以归纳为三种。第一种是增长核算法,即估计要素投入以外的部分,此时的余值被假定为技术进步。通用的增长核算方法有代数指数法(Arithmetic Index Number Approach,AINA)和索洛余值法(Solow Residual Method,SRM)。AINA方法无须假定具体的生产函数,TFP被当作产出指数与投入指数的比例。SRM方法是通过生产函数实现的。在Solow(1957)的经典文献中,经济增长源泉包括两部分,一是增加的要素投入(土地、劳动力和资本),二是将增长余值作为全要素生产率(TFP),这部分不能被直接观察到的因素,以"技术进步"(Technical Change)一以概之。假定生产成本最小化、完美技术效率、规模报酬不变及希克斯中性技术进步,TFP增长率相当于技术进步。若定义要素投入 $X=K^{\alpha}L^{\beta}$,产出为 Y,定义 TFP 为:$TFP=Y/X$,那么,全微分后得到 TFP 增长率的简单表达:$\dot{TFP}=\dot{Y}-\alpha\dot{K}-\beta\dot{L}$。除此之外,还有两种方法广泛应用于

[①] [美]约翰·伊特维尔,默里·米尔盖特,彼得·纽曼. 新帕尔格雷夫经济学大辞典:第三卷 K-P[M].北京:经济科学出版社,1996:1079.

TFP 增长率的测算,即隐含变量法(Latent Variable Approach,LVA)和潜在产出法(Potential Output Approach,POA)。LVA 方法中,TFP 增长率被当作隐含变量;POA 方法也叫作前沿生产函数法(Frontier Production Function Approach,FPFA)。

尽管 TFP 研究有其局限性,但作为理解经济增长方式和结构的重要指标之一,它一直处于主流经济学关注的视野中。在一定时期内,TFP 就是基于 C-D 函数的"索洛余值"(Solow Residual)。后续研究在函数形式上更为灵活,如使用时间参数法,或允许要素间替代弹性可变和非中性技术进步的超越对数(translog)生产函数,拓展了回归方程;在方法选择上也更加多元化,或用计量回归方法,或以劳动(资本)报酬占净产出的比重来估计劳动、资本等要素的产出弹性。这类研究的异曲同工之处在于扣除要素贡献后的"索洛余值":通常从拟合函数开始,由于总量层面的总产出无法全部被要素投入解释,因此生产函数的"剩余"部分将 TFP 增长和技术进步等同起来,既可以理解为扣除要素贡献后的"剩余"生产率水平,也可以解读为由技术进步等非生产性投入对产出增长的贡献。此时的"索洛余值"成了可以包容一切的黑匣子。对于解释经济增长典型事实的深刻变化——即生产要素在部门间的配置来提高经济整体的生产率水平,传统的索罗余值显然难以胜任。将前沿生产(frontier production)方法应用于生产函数,可拆分生产率、打破索洛余值的黑匣子。

2. 前沿分析方法

以索洛模型为代表的传统生产函数假定企业在给定的技术条件和投入约束下进行成本最小化或利润最大化的生产。但是,现实中大多数企业的生产情况并不能满足这个条件。Farrell(1957)指出企业的效率(或无效率)归结为两种,一是技术效率,即在一定的投入水平下生产出最大产出;二是配置效率,即生产一定量产出时尽可能地降低成本。前沿生产函数从企业是否在其生产可能性前沿(或边界)上进行生产的维度出发,判断一个企业是否有效率:给定解释变量可以估计出因变量的最大(如生产函数)或最小值(如成本函数),实际值与估计出的最大(最小)值之比便是衡量出来的技术效率。

估计生产率变化的初始方法见图 5.1,为单一投入 x 与单一产出 y 的生产系统,生产从 (x_t, y_t) 扩张到 (x_{t+1}, y_{t+1})。生产技术具有规模递减特征,因为 $f(x,t+1,\beta) > f(x,t,\beta)$,因此生产从 t 期到 $t+1$ 期时发生了技术进步。假定 t 期、$t+1$ 期均没有干扰,生产在两个时段均出现了技术无效率

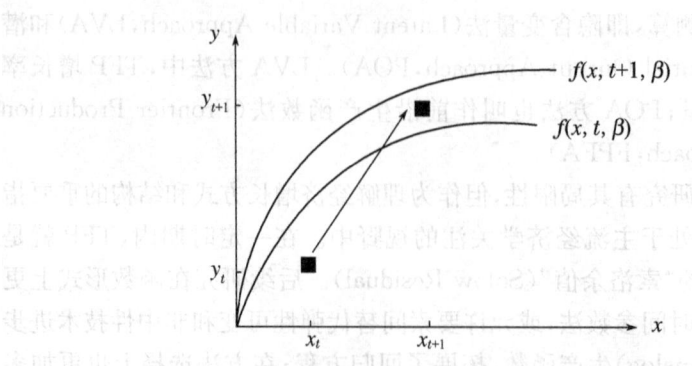

图 5.1 生产率变化的估计与分解图示：生产函数的例子

情况,表现为 $y_t < f(x_t, t, \beta)$, $y_{t+1} < f(x_{t+1}, t, \beta)$；同时,技术效率从 t 期到 $t+1$ 期有了提升,因为 $[y_t/f(x_t, t, \beta)] < [y_{t+1}/f(x_{t+1}, t, \beta)]$。由于 $(y_{t+1}/x_{t+1}) > (y_t/x_t)$,生产率也实现了增长。最初的经济计量问题变为将产出增长分解为投入增长和生产率增长。生产率增长率可以分解为三部分,一是规模报酬,二是技术变化,三是技术效率变化。

估计前沿函数的方法有两种。一是使用非参数技术(non parametric techniques),即包络分析法(Data Envelopment Analysis,DEA),该方法假定所有从技术前沿的偏差都是现实中的非效率,根据样本中所有个体的投入、产出构造出要素和产出的有效组合。在确定性的非参数模型中,该组合为一个能包容所有个体生产方式的最小生产可能性集。二是使用参数技术(parametric techniques),即随机前沿方法(Stochastic Frontier Analysis, SFA),该方法假定从技术前沿的偏差有可能是现实中的非效率,也可能是随机冲击,基于随机性参数性模型,通常先估计一个生产函数,并对生产函数中的复合误差项构成及分布形式提出不同假定。这些假定决定了使用何种技术方法来估计生产函数中的参数。SFA 与 DEA 的区别在于：(1) SFA 具有随机前沿,即作为最大似然估计或力矩估计基础的概率分布；而 DEA 则是没有概率分布的非随机前沿,虽然其生产者效率相对于前沿生产者可能是概率性的。非随机前沿避免了最大似然估计或力矩估计,所以估计时不计算标准误。(2) DEA 可以包含产出者的多种产出,SFA 通常只有一种产出。关于 SFA 更详细的发展脉络见 Kumbhakar 和 Lovel (2000)。鉴于 SFA 方法可以分解 TFP 增长率,本书选取该方法。

使用随机前沿生产函数分析中国 TFP 的研究有较多类型和层次,有的以整体经济为对象,有的研究工业或制造业等单个部门,有的从所有制结构视角分国有经济、集体经济和乡镇企业等来研究。结合本书的研究对象，本书仅关注以中国省际面板数据为样本的分析，有 Kalirajan 等(1996)、Wu(2000,2003,2008)、何枫等(2004)、王志刚等(2006)、于君博(2006)等。其中，王志刚等(2006)运用随机前沿模型和超越对数生产函数，以中国1978—2003年的分省数据为对象，实证结果表明：(1)区域上，东部地区生产效率最高；(2) TFP 增长率主要来自技术进步；(3) TFP 增长率在1990年代中期后有所下降。于君博(2006)也进行了类似的研究，发现中国各地技术效率有明显的阶段性变化：在改革开放后的15年中各地技术效率变化不明显；20世纪90年代后的近10年则普遍快速下降，地区间技术效率差异也随之扩大。与直观经验和其他类似研究有较大出入的是，于君博(2006)估计结果表明出现了全国平均技术退步的情况。Wu(2008)使用随机前沿分析及超越对数生产函数，以1992—2004年的省际面板为对象，发现中国经济增长的27%由 TFP 的平均增长贡献。这低于发达国家的数值，日本 TFP 对经济增长的贡献为50%、德国为58%(Dougherty 和 Jorgenson,1996)。

3. 随机前沿模型及假定

假定生产中有多种投入要素向量 x，用于生产单一的产品 y。因此，一个标准的随机前沿生产函数可以表达为：

$$\ln y = \ln f(x;\alpha) + v - u \tag{5.1}$$

$$v \sim N(0, \sigma_v^2) \tag{5.2}$$

$$u = h \cdot u^* \tag{5.3}$$

$$h = f(z \cdot \delta) \tag{5.4}$$

$$u \sim N^+(\mu, \sigma_u^2) \tag{5.5}$$

$$\sigma_v^2 = \exp(C_v) \tag{5.6}$$

$$\sigma_u^2 = \exp(C_u) \tag{5.7}$$

其中，式(5.1)中，α 是待估的向量参数；式(5.1)与(5.2)的 v 是标准白噪声，表示观测误差和其他随机冲击因素，通常假定它独立于投入和技术水平，服从零均值、不变方差的正态分布。式(5.1)与(5.3)的 u 则是捕捉生产过程中的非效率影响，在生产函数中，u 通常被假定为非负、独立于 v。[①] 技

[①] u 的分布一般有半正态(Half-Normal)分布、指数(Exponential)分布、截尾正态(Truncated Normal)分布和伽马(Gamma)分布(较少)四种。在面板数据中，u 的分布一般假定为半正态分布和截尾正态分布两种。当 u 为半正态分布时，式(5.5)中的 $\mu=0$。

术效率定义为：

$$TE = \exp(-u) \quad (u \geq 0) \tag{5.8}$$

式(5.8)可以使用条件期望值估计：$E[\exp(-u)|v-u]$。当 $u=0$ 时，厂商就恰好位于生产前沿曲线上；若 $u>0$，厂商就处于生产前沿曲线的下方，也就是处于技术无效率状态。① 式(5.4)表示技术无效率的环境影响因素。本书假定这些外部的环境变量虽然不直接进入生产，但是会通过直接影响生产效率而间接作用于现实经济活动。

式 5.1~5.8 是将产出增长率分解为技术进步(technological progress)、要素投入(factor input)贡献和技术效率变化(technical efficiency changes)三部分的系统：

$$\dot{y} = f_t + f_x \dot{x} + \dot{TE} \tag{5.9}$$

变量上的 · 表示变化率。f_t 和 f_x 是函数 f 分别对 t 和 x 的偏微分。根据前文 TFP 增长率的表达公式，结合式 5.1~5.8，可以得到以下等式：

$$\dot{TFP} = \left(1 - \frac{1}{\sum f_x}\right) \sum f_x \dot{x} + f_t + \dot{TE} \tag{5.10}$$

在规模报酬不变的假定下，TFP 增长率被分解为三个部分：规模效率变化——式(5.10)等式右边第一项，技术进步(f_t)和技术效率变化($\dot{TE}$)。如果假定规模报酬不变，那么式(5.10)表明 TFP 增长是技术进步和技术效率变化的总和。当假定规模报酬不变，不存在技术无效率时，式 5.1~5.10 则退化为传统的索洛增长核算框架——TFP 增长率等同于技术进步。

二、分析框架

1. 回归模型假定

以往研究中，中国经济增长通常受到政府行为、市场化程度、开放程度、基础设施建设等因素的影响。本书将考虑上述要素。

$$\ln y = \ln f(x; \alpha, \beta) + v - u(z; \gamma, \delta) \tag{5.11}$$

式中，α, β, γ 和 δ 为待估的参数。

SFA 方法是根据测算点与生产前沿的距离来判断技术效率的高低，运用总量数据时会忽略经济结构的影响；而三次产业单部门的测算会使得各

---

① 本文对随机前沿分析的讨论集中在生产函数中的应用，当随机前沿分析用于成本函数时，最大产出的分析变为最小成本的分析，对技术效率的讨论是相反的。

省单部门的 TFP 更具可比性。本书以中国 31 个省 1978—2012 年三次产业的面板数据为分析对象,由此构造经验模型。假定三次产业部门的投入要素为劳动、资本和土地(仅限第一产业),产出为地区产业部门的产出。同时考察四种环境要素——基础设施建设、市场化程度、政府行为及开放程度对部门产出的影响:

$$\ln y_{it} = \alpha_0 + \alpha_1 t + \alpha_2 t^2 + \sum_j (\beta_j^0 + t\beta_j) \ln x_{ijt} + \sum_{j,k} \beta_{jk} \ln x_{ijt} \ln x_{ikt} + v_{it} - u_{it} \quad (5.12)$$

$$u_{it} = \gamma_0 + \sum_k (\delta_k^1 + t\delta_k) Z_{ikt} + e_{it} \quad (5.13)$$

式(5.12)和(5.13)分别用于估计三次产业部门。j 和 k 表示投入要素的数目,当估计第一产业部门时,投入要素为劳动、资本和土地三种,因此数值取 1、2、3;当估计二、三产业部门时,投入要素为劳动和资本两种,j 和 k 取 1 和 2。e_{it} 为独立分布。投入要素变量在式(5.12)中,环境变量在式(5.13)中,这样的模型设定不违背 u_{it} 与投入要素相独立的假设。

2. 变量及数据

各省三次产业部门产出、劳动力及资本存量数据均在前文有介绍,这里不做赘述。产出与资本存量都进行了不变价处理。

土地投入使用"农作物播种总面积",数据来源为《新中国六十年统计资料汇编》《中国统计年鉴》及各省市历年统计年鉴。

基础设施建设变量为铁路密度(公里/百平方公里)与公路密度(公里/百平方公里)的几何平均值。统计年鉴中有各省相对完整的"铁路营业线路里程""公路线路里程"的时间序列,再根据各省的土地面积,计算出铁路与公路的密度。对于缺失的数据,一般采用该省相邻年份的数值(西藏除外)。[①]

市场化程度变量用非国有企业从业人员比值表示。国有企业从业人员数来自《新中国六十年统计资料汇编》中的国有企业职工人数,取 1978—2008 年[②]数据;2009—2012 年数据来自历年《中国人口和就业统计年鉴》中

---

① 缺失的省份和时间为:天津 1978—1984,江西 1979、1981—1984;四川 1978—1995。西藏缺失 1978—2005 年的铁路数据,只考虑公路数据。

② 安徽缺失 1979、1981—1984、1986—1989、1991—1994、1996、1997 年的数据,用线性插值补充。

的国有企业从业人员数。

政府行为变量用地方政府支出(本级)占本省当年 GDP 的比重表示，数据来自中经网。

开放程度变量用出口占 GDP 比重表示，出口总额为万美元，通过每年的汇率价格折算为人民币。数据来自中经网。

3. 估计方法

本书采用两步法估计超越对数生产函数：第一步是先估计出式(5.1)一类的方程，根据结果估算出参数的拟合值、推导出式(5.8)的技术效率指标和其他指标；第二步是对技术效率项和环境变量建立截断回归(Tobit Regression)(由于无效率部分的非负性)方程重新估计。回归结果见附表C.1。无论是生产函数，还是效率影响因素模型，三次产业的卡方值均是显著的。

三、TFP 增长率变化及分解

根据本书双对数生产函数及 SFA 模型的假定(见式 5.12～5.13)，TFP 增长率的构成可以用式 5.14～5.16 三个方程表示：

$$\text{TP}_{it} = f_t = \alpha_1 + 2\alpha_2 t + \sum_j \beta_j \ln x_{ijt} \tag{5.14}$$

$$\dot{\text{TE}}_{it} = \frac{\text{TE}_{it}}{\text{TE}_{it-1}} - 1 \tag{5.15}$$

$$\dot{\text{SE}}_{it} = \left(1 - \frac{1}{\sum_j f_j}\right) \sum_j f_j \dot{x}_{ijt}, \text{其中}: f_j = \beta_j^0 + \beta_j t + 2\sum_k \beta_{jk} \ln x_{jkt} \tag{5.16}$$

根据附表C.1的回归结果，忽略系数不显著的项，分别估算出各省各部门的技术进步(TP 或 f_t，见式 5.14)、技术效率增长率($\dot{\text{TE}}$，见式 5.15)和配置效率增长率($\dot{\text{SE}}$，见式 5.16)，再加总为 TFP 增长率(式 5.10)。

1. 总体情况

改革开放以来，各省不同部门间的 TFP 增长率有着系统性差异：第三产业部门的 TFP 增长率有惊人的增长，均值高达 153.03%，但它对本部门产出的贡献却为负；与此相反，一、二产业部门的 TFP 增长率为负，均值分别为－7.84%、－25.27%，但他们对本部门产出的贡献却为正，分别可以解释本部门27.83%、3.42%的增长(见表5.1)。①

从三次产业部门TFP增长率的构成来看,技术进步(TP)均为正,均值分别为3.82%、5.49%、3.63%;技术效率增长率(TE)均值在第一产业中为正(3.12%),在二、三产业中为负。配置效率增长率(SE)是构成本部门TFP增长率的主要原因。三次产业部门的配置效率增长率与TFP增长率有相同的正负号,一、二产业部门为负,第三产业部门为正。在均值意义上,三次产业部门的配置效率增长率对本部门的TFP增长率贡献占绝对地位。其中,第三产业部门较高的配置效率增长率(SE)形成了本部门TFP增长率的"结构红利";一、二产业部门的负值配置效率增长率(SE)成为阻碍本部门TFP增长率的"结构负担"。

表5.1 增长源泉(1979—2012)　　　　　　　　　　　　%

增长构成		第一产业	第二产业	第三产业
(1)	产出增长率	7.05	3.69	5.44
(2)	TFP增长率(2)=(3)+(5)+(7)	−0.74	−23.62	153.03
(3)	技术进步	3.82	5.49	3.63
(4)	技术进步对TFP增长率的贡献(4)=(3)/(2)	−7.84	−25.27	43.95
(5)	技术效率增长率	3.12	−1.13	−1.31
(6)	技术效率增长率对TFP增长率的贡献(6)=(5)/(2)	−38.96	1.39	−1.31
(7)	配置效率增长率	−7.68	−27.97	118.06
(8)	配置效率增长率对TFP增长率的贡献(8)=(7)/(2)	146.80	123.88	57.36
(9)	TFP增长率对产出的贡献(9)=(2)/(1)	27.83	3.42	−105.22

注:以上均为各省1979—2012年平均值后再进行简单平均获得的数值,由于每年

---

① 不同方法估算出的TFP增长率差异较大。在Tian和Yu(2012)使用元分析(meta-analysis)估算部门TFP增长率的文献中,1950—2009年间中国制造业部门的年均TFP增长率为0.0759,显著高于其他两个部门;服务业部门和农业部门分别是0.055和0.020。

各省三次产业部门产出的全国占比不同,简单平均后的数值不能用来直接衡量全国水平。TFP贡献率为TFP增长率与产出增长率的比值;技术进步、技术效率增长率和配置效率增长率的贡献率分别为它们与TFP增长率的比值。

2. 省际TFP增长率

根据各省三次产业部门的技术进步(TP)、技术效率增长率(TE)和配置效率增长率(SE)加总后得到三部门TFP增长率时间序列,见图5.2。1979—2012年间,中国各省三次产业TFP增长率并没有表现出明显的时间变化趋势。其中,各省第一产业TFP增长率相对平稳,在0值线附近运动(全国均值为-0.74%,见表5.1)。唯一的异常值是天津(平均TFP增长率为-36.94%)。各省第二产业TFP增长率的波动较大,全国均值为-23.62%(见表5.1)。各省第二产业TFP增长率均值都为负,这说明我国第二产业产出增长率小于要素投入的增长率,以制造业为主的第二产业是粗放式的生产方式。其中,又是以天津第二产业TFP增长率为最低(-77.22%)。此外,第二产业TFP增长率高于-10%的省份有5个,分别是山西(-2.61%)、福建(-4.46%)、广东(-6.18%)、广西(-6.55%)、云

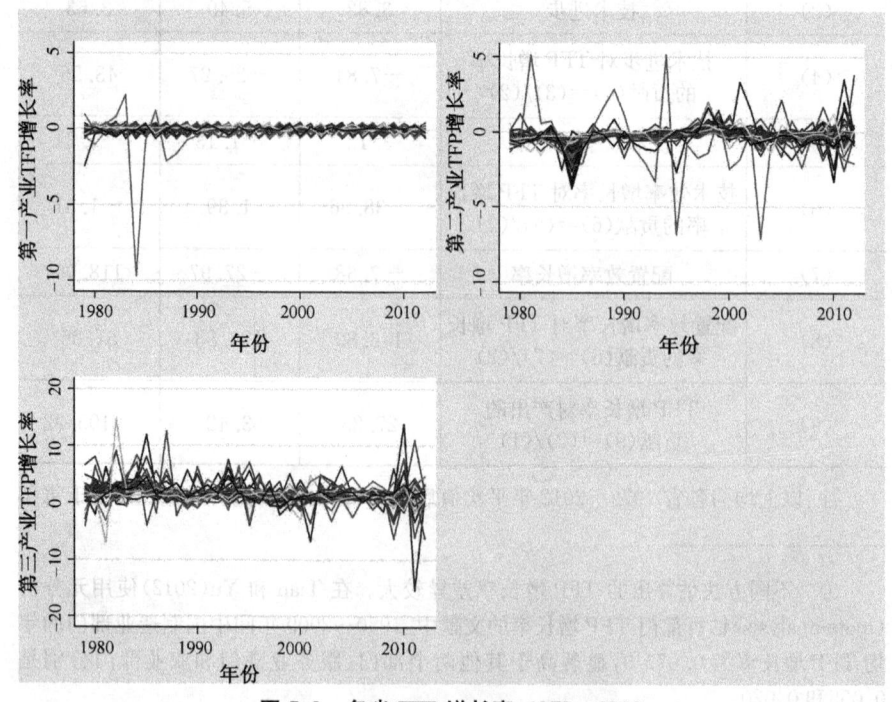

图5.2 各省TFP增长率:1979—2012

南(—3.94%)。这其中既有经济发展水平相对较高、工业发展基础较好的沿海省份(如广东、福建),亦有增长绩效不是那么突出的省份。各省第三产业 TFP 增长率的分布区间要明显高于一、二产业。与第二产业 TFP 增长率均为负的情况恰恰相反,各省第三产业 TFP 增长率均值都为正。其中,又是以天津第二产业 TFP 增长率为最高(227.03%)。从 1979—2012 年各省三次产业部门 TPF 增长率的均值来看,第三产业较高的 TFP 增长率是与劳动力从一、二产业部门转移至第三产业部门的情况相一致。

3. 省际 TFP 增长率的分解

各省三部门 TFP 增长率由各部门的技术进步(TP)、技术效率增长率(TE)和配置效率增长率(SE)加总后所得,因此,描述这三个变量的时间序列可以更好地理解 TFP 增长率的构成,见图 5.3~5.5。1979—2012 年间,各省三次产业部门的技术进步(TP)在是上升的,技术效率增长率(TE)是下降的,配置效率增长率(SE)无明显时间趋势且波动性较强。

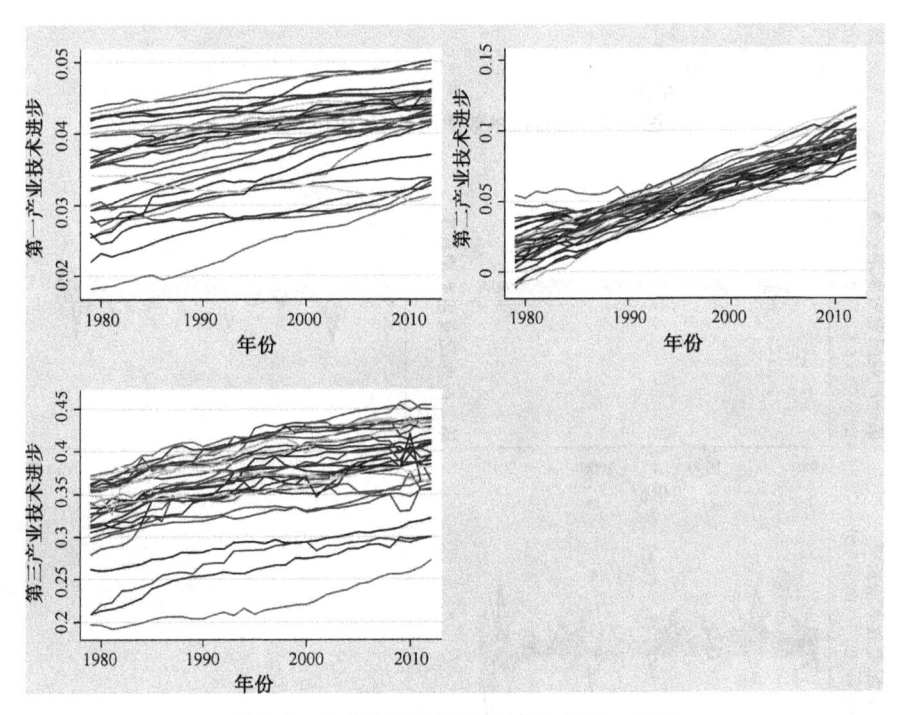

图 5.3 各省技术进步(TP)情况:1979—2012

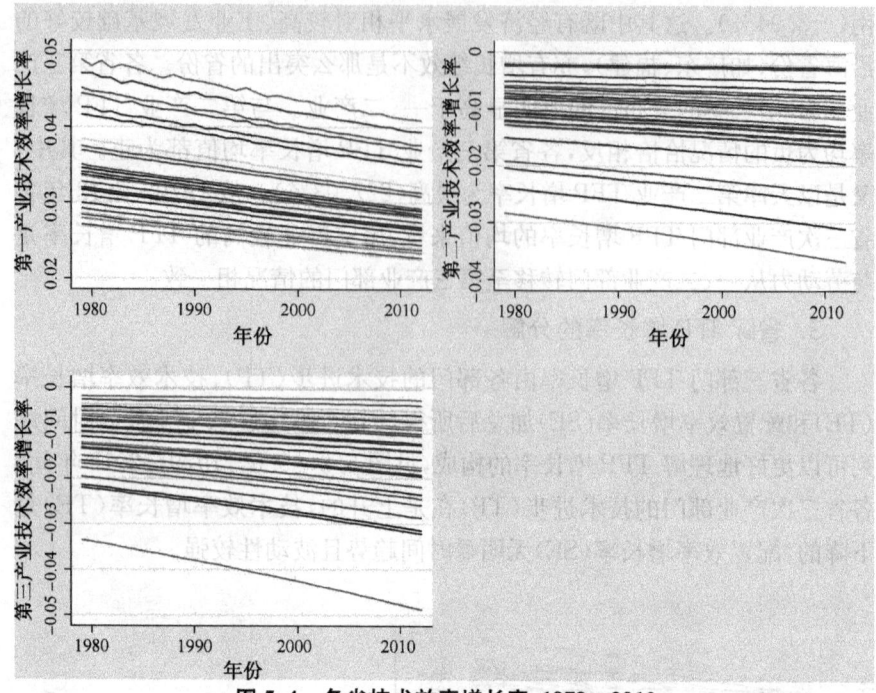

图 5.4　各省技术效率增长率:1979—2012

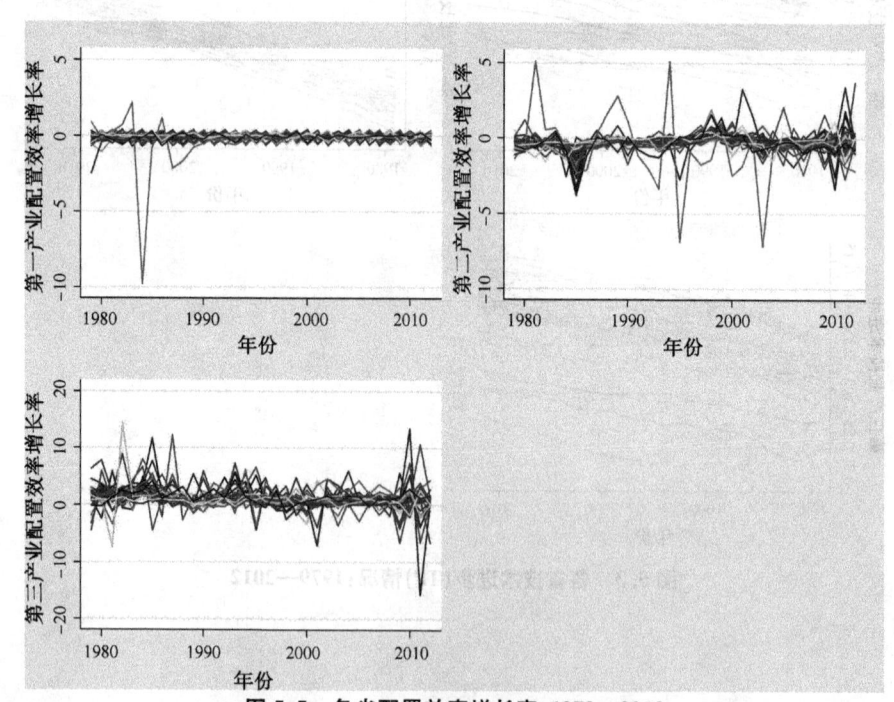

图 5.5　各省配置效率增长率:1979—2012

值得注意的是,各省三次产业部门的配置效率增长率(SE)变化轨迹(见图 5.5)与 TFP 增长率(见图 5.2)有着高度的一致性。从图 5.3~5.5 纵轴的阈值也可看出,在三次产业部门 TFP 增长率的三部分构成中,配置效率增长率占有压倒性地位。这从省际个体差异验证了总体均值分析中得出的一个主要结论:三产部门配置效率增长率是本部门 TFP 增长率的"结构红利",一、二产业部门配置效率增长率则形成了"结构负担"。这一结论也与中国经济发展的历史阶段相吻合。新中国成立后,中国选择了优先发展重工业的赶超战略、以农村部门供应城市部门,形成二元经济结构,由此造成了严重的要素配置扭曲。尽管改革开放以来从计划经济转轨到市场经济,中国的结构改革也取得卓著成就,但是要素市场的不完善以及要素配置的低效率一直是困扰传统一、二产业部门经济增长的主要因素,成为阻碍经济增长的"结构负利",抵消了技术进步和技术效率对 TFP 增长的贡献。同时,第三产业部门虽然伴随产业分工天然存在,但随着分工的深化和技术的进步,新兴的技术和产业部门最易在该部门崛起,如金融行业、物流行业、通信行业、互联网行业、医疗行业等。因此,该部门在效率配置上具有更高效率。

第二节 部门 TFP 增长率与结构转变

一、部门 TFP 增长率的典型事实

为了更清晰地描绘同一省份三次产业 TFP 增长率的高低情况,图 5.6 和图 5.7 分别列举了四个直辖市、沿海地区省份 TFP 增长率变化的长期时间序列。无论是城市化进程比较迅速的直辖市,还是以制造业参与全球分工的沿海地区,第三产业 TFP 增长率都显著高于一、二产业。这与 Ngai 和 Pissarides(2007)以及 Herrendorf(2013)的发现不一样,他们发现美国、欧盟十国、韩国和加拿大 1970—2007 年间农业 TFP 增长最强劲、服务业 TFP 增长最弱、制造业 TFP 增长居中。但有趣的是,中国各省三次产业部门 TFP 增长率的位次排序与日本 1970—2007 年的情况相近:都是服务业部门 TFP 增长率最高。由于中国各省情况的差异,尚不能得出类似制造业 TFP 增长率居中或居末的一致结论。

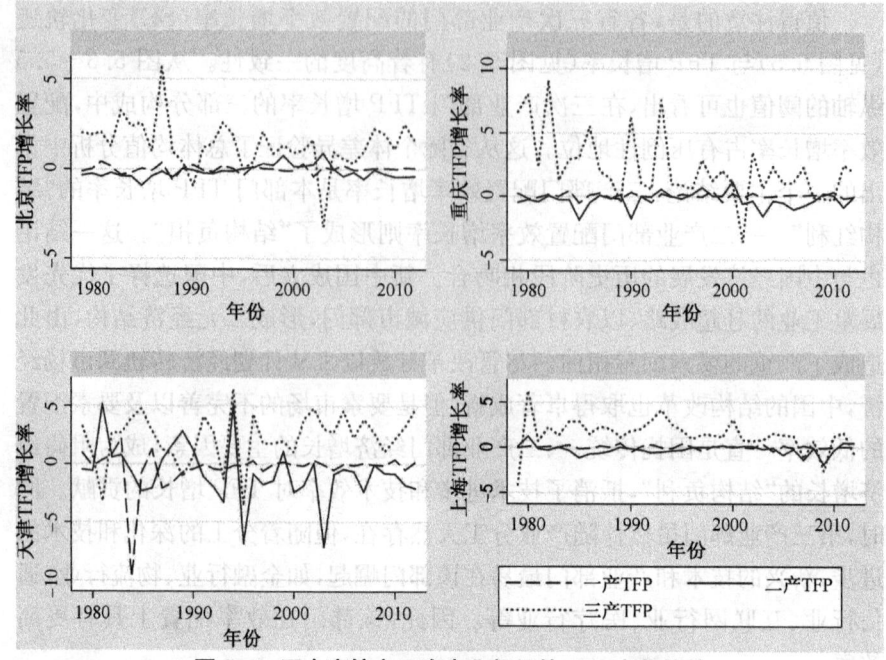

图 5.6 四个直辖市三次产业部门的 TFP 变化趋势

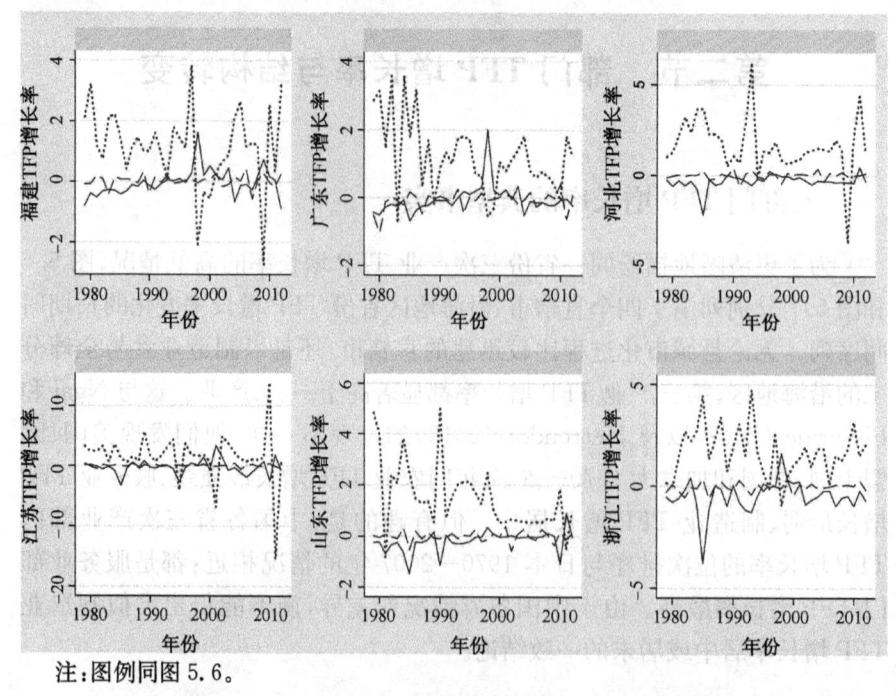

注：图例同图 5.6。

图 5.7 沿海地区六省三次产业部门的 TFP 变化趋势

Ngai 和 Pissarides(2007)以及 Herrendorf(2013)将农业 TFP 增长率最强解释为 TFP 增长率的部门差异与劳动力从农业和工业部门流向服务业部门的配置情况相一致。然而,日本和中国的情况完全相反,这何以解释? 部门 TFP 增长率的系统性差异与结构转变之间,是否存在某种可检验的关系?

二、面板 VAR 分析

为了进一步确认各省单部门 TFP 增长率与其结构转变变量之间的关系,本部分将使用向量自回归方法(Vector Autoregression Methodology,VAR)进行分析。

对面板数据的平稳性检验是协整分析的首要前提。如果不进行平稳性检验,会造成虚假回归或伪回归(spurious regression)的问题。平稳性检验最常用的方法是单位根检验(有 LLC, IPS, Breitung, ADF-Fisher 和 PP-Fisher 5 种方法)。本书使用假设不存在截面相关即面板有相同单位根的 LLC 检验和假设存在不同单位根分别对个体进行检验的 Fisher-ADF 检验,检验结果见表 5.2。

表 5.2 通过单位根检验的结果

变量	LLC 检验值	检验方式 (c,t,p)	Fisher-ADF 检验值 P	Z	L*	Pm	检验方式 (t,d,p)
TFPA	−35.31***	(0,0,1)	1 252.22***	−32.73***	−62.20***	106.88***	(0,0,1)
TFPM	−13.70***	(0,0,1)	269.67***	−11.62***	−13.23***	18.65***	(0,0,1)
TFPS	−9.55	(0,0,1)	400.59***	−14.91***	−19.73***	30.41***	(0,0,1)
TFPSA	−10.02***	(0,0,1)	416.72***	−15.38***	−20.57***	31.86***	(0,0,1)
TFPSM	−9.40***	(0,0,1)	314.31***	−12.49***	−15.38***	22.658 3	(0,0,1)
VA	−12.76***	(0,0,1)	173.63***	−5.667 2***	−6.64***	10.02***	(1,0,1)
VM	−4.61***	(1,1,1)	102.08***	−1.73**	−2.17**	3.60***	(1,0,1)
VS	−5.41***	(1,0,1)	191.32***	−8.96***	−9.17***	11.61***	(0,1,1)
EA	−12.53***	(0,0,1)	118.26***	−4.29***	−4.21***	5.05***	(0,1,1)
EM	−1.64*	(1,1,1)	134.40***	−5.46***	−5.51***	6.50***	(0,1,1)
ES	−2.01**	(1,1,1)	190.54***	−8.37***	−8.95***	11.54***	(0,1,1)[a]

注:LLC 检验方式中,c、t、p 分别表示含截距项、含时间趋势、滞后 p 期。在面板 LLC 中,"$c=1$"表示带常数项,此为默认选项,表示加入个体固定效应;"$c=0$"表示不带

常数项,即不加个体固定0效应;"$t=1$"表示带时间项,表示加入个体固定效应与线性时间趋势;"$t=0$"表示不带时间项;p表示滞后期数。LLC检验值报告的是偏差校正t^*(Adjusted t^*)统计量。Fisher-ADF 检验中,P 表示"逆卡方变换"(inverse chi-squraed transformation)统计量,Z 表示"逆正态变换"(inverse normal transformation)统计量,L* 表示"逆逻辑变换"(inverse logit transformation)统计量,Pm 表示"修正逆卡方变换"(modified inverse chi-squraed transformation)统计量。Fisher-ADF 检验方式中,t 与 p 的含义与数值如前所述。d 的含义是 drift,d=1 表示存在漂移项,d=0 表示没有。显著性水平分别是:* 为 $p<0.10$,** 为 $p<0.05$,*** 为 $p<0.001$。a:另增加了选择项"demean"来缓解可能存在的面板相关从而使得该变量通过 Fisher-ADF 的单位根检验。

变量 TFPA、TFPM、TFPS 分别表示各省 1979—2012 年间三次产业的 TPF 增长率,A(agriculture),M(manufacturing),S(service) 依次对应第一产业、第二产业、第三产业。由于第三产业 TFP 增长率整体高于一、二产业(见图 5.6~5.7),变量 TFPSA、TFPSM 分别表示第三产业 TFP 增长率与一、二产业 TFP 增长率的差值。① 变量 VA、VM、VS 分别表示各省 1979—2012 年间三次产业的产出增加值份额,变量 EA、EM、ES 分别表示各省 1979—2012 年间三次产业的就业增加值份额。结果表明,在 LLC 和 Fisher-ADF 两种检验中及对常数项、时间趋势、漂移项、滞后期等不同假定的检验方式中,统计量显著,拒绝存在单位根的原假设,说明各变量的序列是平稳的。无论是 LLC 检验,还是 Fisher-ADF 检验,所有变量无须进行差分即可获得平稳性,为零阶单整序列 I(0)。

一般而言,若序列为平稳的(即通过了单位根检验),则应构建 VAR 模型做进一步分析;若序列不平稳(即未通过单位根检验),则使用协整分析方法。根据单位根检验情况,本书使用基于面板数据的 VAR 方法——该方法既结合了传统的 VAR 方法,将所有变量视为 VAR 系统中内生的,同时又使用面板数据,允许存在未被观察到的个体异质性。VAR 模型能够对全部内生变量的滞后期进行回归分析,揭示变量之间的动态关系。为考察部门 TFP 与结构转变之间的关系,本书以各省三次产业部门 TFP 增长率以及两两部门的 TFP 增长率差值作为变量,结构转变分别用三次产业部门的产出份额和就业份额表示,模型关系的形式如下:

---

① 理论上,三次产业部门 TFP 增长率差异应考虑两两部门 TFP 增长率之差,但估算结果中一、二产业部门的 TFP 增长率差异不大,所以本书未考虑第一产业部门与第二产业部门的 TFP 增长率之差。

$$z_{it}=\Gamma_0+\Gamma_1 z_{it-p}+f_i+d_{c,t}+e_t \qquad p=1,2,3\cdots \qquad (5.17)$$

其中，z_{it}是各个向量组合{tfpa, ea}、{tfpa, va}、{tfpm, em}、{tfpm, vm}、{tfps, es}、{tfps, vs}、{tfpsa, ea}、{tfpsa, va}、{tfpsa, es}、{tfpsa, vs}、{tfpsm, em}、{tfpsm, vm}、{tfpsm, es}、{tfpsm, vs}；p表示滞后阶数[①]。

  根据信息准则为面板VAR确定滞后阶数，见表5.3。信息准则有AIC、BIC和HQIC三种，在某些VAR系统中不同信息准则标准会确定出不同滞后期数，此时根据滞后期数出现的频次高低来决定。将VAR程序应用到面板数据时，我们需要对每个截面单元施加一个相同结构的约束；同时，为了克服对参数约束的反事实性，我们通过引入固定效应来体现变量的"个体异质性"，即式(5.17)的f_i项。由于固定效应与变量滞后期决定的回归子有关，因此采用均值差分来消除固定效应造成的偏系数问题。这个过程叫"赫尔默特过程"(Helmert procedure)：仅消除每个省每个产业过去的均值、保留变量的未来均值。这样的改造保持了赫尔默特化变量与滞后变量的正交性，将滞后变量作为工具变量，并通过系统GMM方法估计出系数。式(5.17)也允许特定省份的时间虚拟变量，即$d_{c,t}$项，以捕捉总量的、具体省份的宏观冲击对所有省份的相同影响：通过减去每个省份每年的均值来消除这些虚拟变量的影响。Love和Zichhino(2006)公开了使用GMM方法估计模型系数的PVAR程序包(用于stata程序)。脉冲响应函数描述了系统中其他冲击为零时一个变量的变化给另一个变量造成的反应。然而，由于误差的方差－协方差矩阵不可能是对角的，因此需要通过分解残差使扰动项变得正交从而隔离出系统中对一个变量的冲击。通常的惯例是采用乔里斯基分解(Cholesky decomposition)。为了分析脉冲响应函数，需要估计其置信区间。因为脉冲响应函数的矩阵通过VAR系数构建，可以通过蒙特卡洛模拟计算脉冲响应函数的标准差和置信区间。本书使用的蒙特卡洛实验重复次数是500——monte 500。方差分解表明一个变量由其他变量冲击导致的变动百分比以及随时间累加后的变动情况。方差分解显示了总效应的幅度。方差分解的期数设置为30——decomp 30。主要估算结果见表5.4~5.6，脉冲响应函数图见附录图C.1，乔里斯基的方差分解见附录表C.2。在面板VAR系统中，各部门TFP增长率(或部门TFP增长

---

  ① 笔者也尝试构建基于单部门TFP增长率、产出份额、就业份额三个变量的VRA系统，但由于三次产业部门的产出份额与就业份额相关程度较高，弱化了与TFP增长率项的相互作用。

率之差)与本部门结构转变之间或多或少都存在一定的关系。

表 5.3 信息准则确定的面板 VAR 模型滞后期数

变量组合	确定的滞后期数	AIC	BIC	HQIC
{tfpa, ea}	2	−4.029(2)	−3.685(1)	−3.894(2)
{tfpa, va}	5	−4.503(5)	−4.053(5)	−4.331(5)
{tfpm, em}	5	−2.905(5)	−2.455(5)	−2.733(5)
{tfpm, vm}	5	−2.818(5)	−2.369(4)	−2.646(5)
{tfps, es}	1	−1.416(1)	−1.090(1)	−1.292(1)
{tfps, vs}	1	−1.166(4)	0.826(1)	−1.028(1)
{tfpsa, ea}	1	−0.904(4)	−0.564(1)	0.766(1)
{tfpsa, va}	5	−1.370(5)	−0.920(5)	−1.198(5)
{tfpsa, es}	1	−1.370(1)	−1.044(1)	−1.246(1)
{tfpsa, vs}	1	−1.123(4)	−0.778(1)	−0.980(1)
{tfpsm, em}	5	−0.788(5)	−0.338(5)	−0.616(5)
{tfpsm, vm}	5	−0.435(5)	0.012(4)	−0.263(5)
{tfpsm, es}	1	−1.106(1)	−0.780(1)	−0.982(1)
{tfpsm, vs}	1	−0.867(4)	−0.527(1)	−0.729(1)

注：本书仅报告了不同信息准则下确定的滞后期数，即回归结果中打星号(*)的项；括号中为对应的期数。最多滞后期数设定为5。

第一产业部门中，一产 TFP 增长率显著受一产部门增加值份额的滞后影响，且这种滞后影响累积为负，即说明随着一产产出份额的下降，一产 TFP 增长率会上升。同时，一产部门增加值份额也显著受到 TFP 增长率的影响，但这种影响是微弱的。一产 TFP 增长率与一产就业份额之间无显著影响，即一产就业份额的下降与本部门 TFP 增长率上升无关。一产就业份额的滞后变量会显著影响一、三产业 TFP 增长率之差，即一产部门就业份额的下降伴随着第三产业与第一产业 TFP 增长率差距的缩小，这种影响只滞后1期。一产产出份额的滞后变量会显著作用于一、三产业 TFP 增长率之差，但一、三产业 TFP 增长率之差的滞后变量对一产产出份额无显著影响。

表 5.4　面板 VAR 模型的主要估算结果：一产部门

解释变量	{tfpa, ea} 系统			{tfpa, va} 系统			{tfpsa, ea} 系统		{tfpsa, va} 系统	
	被解释变量								
	h_tfpa$_t$	h_ea$_t$	h_tfpa$_t$	h_va$_t$	h_tfpsa$_t$	h_ea$_t$	h_tfpsa$_t$	h_va$_t$
h_tfpa$_{t-1}$	−0.244 (0.195)	−0.001 (0.002)	−0.257 (0.248)	−0.002 (0.001)*	−0.120 (0.063)*	0.000 (0.000)	−0.115 (0.070)	0.000 (0.000)
h_tfpa$_{t-2}$	−0.194 (0.076)*	0.001 (0.001)	−0.176 (0.113)	−0.001 (0.001)			−0.019 (0.043)	0.000 (0.000)
h_tfpsa$_{t-3}$			0.126 (0.099)	−0.001 (0.001)**			−0.011 (0.046)	0.001 (0.001)
h_tfpsa$_{t-4}$			0.173 (0.046)***	−0.001 (0.001)			−0.007 (0.038)	0.000 (0.000)
h_tfpsa$_{t-5}$			0.084 (0.059)	0.000 (0.001)			−0.045 (0.036)	0.000 (0.000)
h_ea$_{t-1}$	1.438 (1.082)	1.018 (0.076)***	−0.358 (0.505)	0.859 (0.041)***	4.374 (0.667)***	0.947 (0.007)***	4.399 (3.959)	0.856 (0.042)***
h_ea$_{t-2}$	−1.553 (1.107)	−0.072 (0.074)	−1.367 (0.648)**	−0.008 (0.053)			2.847 (5.024)	−0.006 (0.052)
h_va$_{t-3}$			2.677 (0.835)**	−0.021 (0.049)			1.658 (4.214)	−0.021 (0.048)
h_va$_{t-4}$			−1.741 (0.553)**	0.076 (0.045)*			7.035 (4.099)*	0.070 (0.045)
h_va$_{t-5}$			0.614 (0.424)	0.010 (0.033)			−10.158 (3.583)**	0.012 (0.033)
	N=961		N=868		N=992		N=868	

注：括号中为标准误。显著性水平分别是 * 为 $p<0.10$，** 为 $p<0.05$，*** 为 $p<0.001$。h_ * 表示对变量进行赫尔默特转化，是该变量向前的均值差分变量。

表 5.5 面板 VAR 模型的主要估算结果：二产部门

解释变量	{tfpm, em} 系统		{tfpm, vm} 系统		{tfpsm, em} 系统		{tfpsm, vm} 系统	
	h_tfpm$_t$	h_em$_t$	h_tfpm$_t$	h_vm$_t$	h_tfpsm$_t$	h_em$_t$	h_tfpsm$_t$	h_vm$_t$
h_tfpm$_{t-1}$	0.005 (0.098)	0.000 (0.001)	0.019 (0.092)	0.000 (0.001)	0.106 (0.090)	0.001 (0.000)**	−0.024 (0.068)	0.000 (0.000)
h_tfpm$_{t-2}$	0.085 (0.063)	0.000 (0.001)	0.101 (0.072)	0.001 (0.002)	0.124 (0.061)**	0.001 (0.000)**	0.011 (0.054)	−0.001 (0.001)*
h_tfpm$_{t-3}$	0.042 (0.048)	0.000 (0.001)	0.040 (0.056)	−0.001 (0.001)	0.102 (0.055)*	0.000 (0.000)	−0.038 (0.060)	0.000 (0.001)
h_tfpm$_{t-4}$	−0.052 (0.077)	0.001 (0.001)	−0.071 (0.075)	0.001 (0.001)	0.110 (0.060)*	0.000 (0.000)	−0.043 (0.054)	0.000 (0.001)
h_tfpm$_{t-5}$	0.068 (0.079)	0.001 (0.001)	0.037 (0.085)	0.003 (0.001)**	0.075 (0.062)	0.000 (0.000)	−0.129 (0.054)**	−0.001 (0.000)**
h_em$_{t-1}$	−8.905 (14.266)	1.364 (0.303)	0.791 (2.508)	1.022 (0.083)***	52.864 (24.781)**	1.201 (0.158)***	−29.187 (12.722)**	0.981 (0.083)***
h_em$_{t-2}$	4.749 (2.844)*	−0.105 (0.088)	1.260 (1.380)	−0.017 (0.074)	−21.850 (10.915)**	−0.088 (0.074)	2.800 (6.338)	−0.020 (0.068)
h_em$_{t-3}$	0.287 (2.750)	−0.060 (0.091)	2.459 (1.651)	−0.082 (0.051)	−8.408 (10.284)	−0.036 (0.079)	−6.105 (5.092)	−0.081 (0.051)
h_em$_{t-4}$	3.900 (2.952)	0.022 (0.077)	−0.215 (1.432)	0.070 (0.049)	3.484 (9.152)	0.029 (0.067)	−4.083 (6.025)	0.071 (0.047)
h_em$_{t-5}$	−2.000 (3.255)	−0.077 (0.057)	−2.380 (1.472)	−0.008 (0.034)	0.616 (7.505)	−0.055 (0.041)	14.667 (5.187)**	0.001 (0.034)

注：括号中为标准误。显著性水平分别是 * 为 $p<0.10$，** 为 $p<0.05$，*** 为 $p<0.001$。h_ * 表示对变量进行赫尔默特化，是该变量向前的均值差分变量。$N=868$。

第二产业部门中,二产 TFP 增长率与结构转变(包括就业份额与产出份额)构成的 VAR 系统显著性弱于二、三产业 TFP 增长率之差与结构转变构成的 VAR 系统。第二产业 TFP 增长率与本部门的结构转变变量之间无显著的相互作用关系,但二、三产业 TFP 增长率之差与本部门的结构转变变量相关。二产就业份额的滞后变量会显著影响二、三产业 TFP 增长率之差,累积的影响效应为正,即二产部门就业份额的下降伴随着第三产业与第二产业 TFP 增长率差距的缩小,这种影响只在滞后 1～2 期时表现显著。二产产出份额的滞后变量会显著作用于二、三产业 TFP 增长率之差,累积的影响效应为负,说明二产产出份额的上升会伴随着第三产业与第二产业 TFP 增长率差距的缩小。但二、三产业 TFP 增长率之差的滞后变量对二产结构变量有微弱的影响。

表 5.6　面板 VAR 模型的主要估算结果:三产部门

	被解释变量	h_tfps_{t-1}	h_es_{t-1}/h_vs_{t-1}	h_tfpsa_{t-1}	h_tfpsm_{t-1}	
{tfps,es}系统	h_tfps_t	−0.111 (0.061)*	−4.274 (1.117)***			N=992
	h_es_t	−0.001 (0.000)	0.935 (0.011)***			
{tfps,vs}系统	h_tfps_t	−0.155 (0.062)**	−6.774 (1.512)***			N=992
	h_vs_t	−0.001 (0.000)**	0.899 (0.015)***			
{tfpsa,es}系统	h_tfpsa_t		−4.572 (1.140)***	−0.106 (0.061)*		N=992
	h_es_t		0.935 (0.011)***	−0.001 (0.000)		
{tfpsa,vs}系统	h_tfpsa_t		−7.124 (1.539)***	−0.150 (0.062)**		N=992
	h_vs_t		0.898 (0.015)***	−0.001 (0.000)**		
{tfpsm,es}系统	h_tfpsm_t		−4.112 (1.315)**		0.010 (0.062)	N=992
	h_es_t		0.935 (0.011)***		0.000 (0.000)	

(续表)

被解释变量		h_tfps_{t-1}	$h\_es_{t-1}/$ h_vs_{t-1}	h_tfpsa_{t-1}	h_tfpsm_{t-1}	
{tfpsm,vs} 系统	h_tfpsm_t		−6.719 (1.770)***		−0.035 (0.064)	N=992
	h_vs_t		0.897 (0.015)***		−0.001 (0.000)**	

注:括号中为标准误。显著性水平分别是*为 $p<0.10$,**为 $p<0.05$,***为 $p<0.001$。h_*表示对变量进行赫尔默特化,是该变量向前的均值差分变量。

第三产业部门中,无论是本部门 TFP 增长率,还是 TFP 增长率差值,都对本部门的结构变量有显著的影响,且仅滞后 1 期。三产就业份额与本部门 TFP 增长率的影响系数显著为负,说明随着三产就业份额的提升,本部门 TFP 增长率会下降。三产产出份额与本部门 TFP 增长率的影响系数显著为正,说明随着三产就业份额的提升,本部门 TFP 增长率会上升。对于一三或二三产业部门 TFP 增长率之差而言,第三产业结构变量对其有显著为负的影响,说明随着第三产业就业份额或产出份额的增加,一三或二三产业部门 TFP 增长率之差逐渐缩小。无论是第三产业本部门 TFP 增长率,还是一三、二三产业 TFP 增长率之差,都对三产结构变量有微弱的影响。

三、格兰杰因果关系分析

本书继续考察各变量之间是否存在格兰杰因果关系,对表 5.4~5.6 中 14 个 VAR 系统共 28 个 VAR 方程执行格兰杰因果关系检验,见表 5.7。

表 5.7 面板 VAR 模型的格兰杰因果关系

变量组合	原假设 H_0	χ^2	变量组合	原假设 H_0	χ^2
{tfpa,ea}	h_ea 不是 h_tfpa 的格兰杰原因	2.694 8	{tfpsa,va}	h_va 不是 h_tfpa 的格兰杰原因	16.624**
	h_tfpa 不是 h_ea 的格兰杰原因	1.134 1		h_tfpa 不是 h_va 的格兰杰原因	6.232 6
{tfpm,em}	h_em 不是 h_tfpm 的格兰杰原因	12.355**	{tfpm,vm}	h_vm 不是 h_tfpm 的格兰杰原因	9.649 4*
	h_tfpm 不是 h_em 的格兰杰原因	3.582 1		h_tfpm 不是 h_vm 的格兰杰原因	9.567 8*

(续表)

变量组合	原假设 H_0	χ^2	变量组合	原假设 H_0	χ^2
{tfps,es}	h_es 不是 h_tfps 的格兰杰原因	14.648***	{tfps,vs}	h_vs 不是 h_tfps 的格兰杰原因	20.075***
	h_tfps 不是 h_es 的格兰杰原因	1.8979		h_tfps 不是 h_vs 的格兰杰原因	4.5263**
{tfpsa,ea}	h_ea 不是 h_tfpsa 的格兰杰原因	43.05***	{tfpsa,va}	h_va 不是 h_tfpsa 的格兰杰原因	37.753***
	h_tfpsa 不是 h_ea 的格兰杰原因	1.226		h_tfpsa 不是 h_va 的格兰杰原因	4.0371
{tfpsa,es}	h_es 不是 h_tfpsa 的格兰杰原因	16.085***	{tfpsa,vs}	h_vs 不是 h_tfpsa 的格兰杰原因	21.434***
	h_tfpsa 不是 h_es 的格兰杰原因	2.2314		h_tfpsa 不是 h_vs 的格兰杰原因	5.3345**
{tfpsm,em}	h_em 不是 h_tfpsm 的格兰杰原因	7.8913	{tfpsm,vm}	h_vm 不是 h_tfpsm 的格兰杰原因	14.268**
	h_tfpsm 不是 h_em 的格兰杰原因	11.512**		h_tfpsm 不是 h_vm 的格兰杰原因	9.9765*
{tfpsm,es}	h_es 不是 h_tfpsm 的格兰杰原因	9.7775**	{tfpsm,vs}	h_vs 不是 h_tfpsm 的格兰杰原因	14.404***
	h_tfpsm 不是 h_es 的格兰杰原因	1.3857		h_tfpsm 不是 h_vs 的格兰杰原因	6.3961**

注：显著性水平分别是 * 为 $p<0.10$，** 为 $p<0.05$，*** 为 $p<0.001$。命令为连玉君对 pvar 的改进——pvar2。h_* 表示对变量进行赫尔默特化，是该变量向前的均值差分变量。

符合产业部门结构转变是 TFP 增长率变化的格兰杰原因的有：第一产业产出份额是一产 TFP 增长率的格兰杰原因，第二产业就业份额是二产 TFP 增长率的格兰杰原因，第三产业就业份额是三产 TFP 增长率的格兰杰原因，第一产业的结构转变（就业份额与产出份额）是一、三产业 TFP 增长率差值的格兰杰原因，第三产业就业份额是一、三产业 TFP 增长率差值的格兰杰原因，第三产业就业份额是二、三产业 TFP 增长率差值的格兰杰原因。符合产业部门结构转变与 TFP 增长率变化是互为格兰杰因果关系的有：二产产出份额与二产 TFP 增长率互为格兰杰因果关系，三产产出份额与三产 TFP 增长率互为格兰杰因果关系,第三产业产出份额与一、三产业 TFP 增长率差值互为格兰杰因果关系,第二产业产出份额与二、三产业 TFP 增长率差值互为格兰杰因果关系,第三产业产出份额与二、三产业 TFP 增长率差值互为格兰杰因果关系。TFP 增长率变化单向驱动部门结构转变的情况比较少,仅二、三产业 TFP 增长率差值是第二产业就业份额的格兰杰原因。表 5.8 更清晰地展示了分部门结构转变变量与 TFP 增长率或差值存在格兰杰因果关系的组合。

表 5.8 存在格兰杰因果关系的变量

第一产业产出份额→TFPG$_1$	第二产业就业份额→TFPG$_2$	第三产业就业份额→TFPG$_3$
第一产业产出份额→TFPG$_{(1,3)}$	第一产业就业份额→TFPG$_{(1,3)}$	第三产业就业份额→TFPG$_{(1,3)}$
第三产业就业份额→TFPG$_{(2,3)}$	第二产业产出份额↔TFPG$_2$	第三产业产出份额↔TFPG$_3$
第三产业产出份额↔TFPG$_{(1,3)}$	第二产业产出份额↔TFPG$_{(2,3)}$	第三产业产出份额↔TFPG$_{(2,3)}$
TFPG$_{(2,3)}$→第二产业就业份额		

注:TFPG 表示 TFP 增长率,下标的 1、2、3 依次为三次产业部门。"→"表示前一个变量是后一个变量的格兰杰原因;"↔"表示两个变量互为格兰杰因果关系。

虽然格兰杰原因不代表真正意义上的因果关系,但它可以预测部门结构转变与 TFP 增长率变化的相互关系。通过中国各省三次产业部门 TFP 增长率与结构转变的格兰杰因果关系的检验,可以发现,中国二、三产业部门的结构转变与 TFP 增长率之间的格兰杰因果关系更为显著。劳动力及资本在产业部门间的重新配置,促进了二、三产业部门 TFP 增长率的提升;二、三产业部门 TFP 增长率的改进,又会影响到二、三产业部门的产出份额变化。

第三节 产业部门效率及其影响因素

本书第一节使用 SFA 模型及超越对数生产函数测算分部门 TFP 增长率时,还测算了三次产业的效率,并对影响三次产业部门效率的环境因素进行了分析。

三次产业函数中,反映效率下降参数的 η 并不一样。一产 η 值为正,说明一产效率低下的程度会随着时间有所下降,改革开放以来中国第一产业的演进伴随着效率的提高;二、三产业的 η 值为负,说明二、三产业效率低下的程度会随时间增加,即在当前经济结构中二、三产业的演进过程是越来越无效率。理论上,第一产业往往与资源密集型产业相联系,很大程度上依赖于土地投入的要素禀赋结构。但附表C.1说明,第一产业的生产函数中,土地要素对第一产业的产出影响并不显著。这可能是现代农业生产技术的发展,已经抹平了各省土地要素的差异。

在生产无效率的影响因素中,基础设施建设、市场化程度、政府行为和开放程度这四个变量都作用于生产无效率。表5.9统计了这四个环境变量对三次产业生产效率的影响演化进程。

在第一产业的无效率中,基础设施建设、市场化程度、政府行为和开放程度都与生产无效率显著相关。1978年时,基础设施建设与生产无效率负相关,市场化程度、政府行为和开放程度都与生产效率正相关。当基础设施建设每增加1%,会提高第一产业生产效率0.473%,而市场化程度、政府行为和开放程度则分别使生产效率降低0.073%、1.532%、0.274%。随着时间的变化,基础设施建设、市场化程度、政府行为和开放程度对生产效率的边际效应为正,每年会以0.001%、0.023%、0.036%、0.002%的速度改进生产效率。从1982年开始,市场化程度开始正面作用于第一产业的生产效率。到2012年为止,政府行为和开放程度对第一产业生产效率的影响还是负面。

第二产业的无效率影响因素中,除基础设施建设,其他3个环境变量都对生产效率有显著影响。1978年时,市场化程度和开放程度对第二产业生产效率的影响为负,市场化或开放程度每增加1个百分点,二产生产效率分别会下降0.168%、0.357%;同期政府行为对第二产业生产效率的影响为正,政府支出占GDP比重每增加1%,二产生产效率会增加1.002%。彼时中国正处于从计划经济向市场经济转变的初期,政府重点发展国有工业企业的战略有助于提升第二产业的整体效率。但是,市场化程度和政府行为对生产效率的边际效应为负,分别以每年0.009%和0.031%降低第二产业生产效率,而开放程度对生产效率的边际效应为正,以每年0.004%的速度提高第二产业生产效率。改革开放以来,市场化与对外开放并举,使得第二产业的规模迅速扩张,但对效率的边际影响截然不同。这可以从我国第二

表 5.9 环境变量对三次产业生产效率的影响

生产有效率	基础设施建设 1978	基础设施建设 2012	基础设施建设 年变化	市场化 1978	市场化 2012	市场化 年变化	政府行为 1978	政府行为 2012	政府行为 年变化	开放程度 1978	开放程度 2012	开放程度 年变化 (%)
第一产业	0.473	0.507	0.001	−0.073	0.709	0.023	−1.532	−0.308	0.036	−0.274	−0.206	0.002
第二产业	—	—	—	−0.168	−0.474	−0.009	1.002	−0.052	−0.031	−0.357	−0.221	0.004
第三产业	−0.565	−0.565	—	0.709	0.437	−0.008	0.397	−1.031	−0.042	−3.946	−4.014	−0.002

注：根据附表 C.1 的回归结果计算。由于原回归方程中的被解释变量是生产无效率项，上表统计时需对回归结果中的正负号进行转换，即对生产无效率产生负的边际影响，相当于对生产效率有正的边际作用。"—"表示边际作用不显著，因此未报告。

产业的发展脉络予以解释。在各地大力发展第二产业的过程中,受市场调节盲目性和地方政府 GDP 偏好的双重影响,产业结构同质化现象凸显,出现第二产业部分行业产能过剩、部分行业供给不足的结构性问题。同时,第二产业一些关系国民经济命脉的行业为国有企业垄断,设置了较高的市场准入门槛,这种垄断竞争机制的效率低于完全市场竞争机制。在对外开放上,各省积极招商引资、吸引 FDI,制造业通过引进国外相对完善的生产线设备、模仿学习国外相对领先的生产技术,积极参与到全球产业链的分工格局中,大大提高了本部门生产效率。尽管政府行为对第二产业生产效率的直接边际影响为负,但政府行为通过招商引资、扩大对外开放水平,间接有利于第二产业生产效率的提升。直接边际影响为负、间接边际影响为正的对比,说明政府在经济发展过程中需要转变政府职能,从过去市场调节、政府调控并行的机制向以市场发挥基础性作用过渡。

在第三产业的无效率中,基础设施建设、市场化程度、政府行为和开放程度都与生产无效率显著相关。基础设施建设会降低第三产业生产效率,而且不随时间变化。在交通与通信技术蓬勃发展的伊始,有学者宣告空间距离的死亡以及全球化的扁平化结构。现实是,全球中心城市却在加倍集聚。虽然基础设施建设加强了地区之间的联系,形成了中心城市与外围城市的网状分布,但卫星城市的资源也被中心城市吸引过去。与城市化密切相关的第三产业,更加依赖于中心城市。在第三产业以城市为中心的结构分布中,基础设施建设对第三产业的整体效率有负面影响。1978 年时,市场化进程和政府行为都有利于促进第三产业生产效率的提升,市场化程度或政府行为每增加 1%,第三产业生产效率会提高 0.709%、0.397%。其后,市场化与政府行为对第三产业的边际效应为负,分别以每年 0.008%、0.042%的速度降低第三产业生产效率。截至 2012 年,市场化的结构红利依然发挥作用,彼时市场化对第三产业效率的影响尚为正,而政府行为对第三产业的影响却越来越恶劣。开放程度则不利于第三产业生产效率的提升,1978 年时,开放程度每增加 1%,第三产业效率会下降 3.946%。与农产品进入国际贸易市场、制造业参与全球价值链分工不同,第三产业产品立足于本土市场、不具备可贸易性。尽管随着中国加入 WTO,第三产业一些行业逐渐对外放开准入门槛,但整体而言第三产业融入全球化市场的程度还偏低,开放程度以 0.002%的速度降低第三产业生产效率。

综上所述:1. 考虑到资源的空间布局和中心城市的聚集效应,基础设施建设对经济活动同时产生正、负外部性作用。基础设施建设对第一产业效率的初始影响为正、边际影响也为正,整体有利于第一产业效率提升;对第二产业生产效率无显著的初始和边际影响;对第三产业生产效率为固定的负面作用,不随时间变化。2. 市场化程度对部门效率的影响机制相对复杂,它对一、二产业效率的初始影响为负,对第三产业初始影响为正,但对第一产业效率的边际效应为正,对二、三产业的边际效应为负。当前市场化进程有利于一、三产业效率的提升,第一产业能分享到越来越多的市场化红利,第三产业分享到的市场化红利会逐渐减少;第二产业却是市场化负利。3. 政府行为对第一产业初始影响为负,对二、三产业初始影响为正,但它对三次产业的边际效应恰好逆转,即对第一产业产生正的边际效应,对二、三产业是负的边际效应。可见政府行为阻碍了三次产业的生产效率,需要进一步转变政府职能。当然,政府财政支出中有一大部分投向公共品供给。石奇和孔群喜(2012)认为政府生产性公共支出(财政基本建设支出、财政教育支出和财政科研支出)形成的公共品供给机制在放松假设的世代交叠模型下会对产业结构产生结构调整效应与租金效应,从而诱导特定产业发展,促进资源和生产要素在三次产业间和内部的优化配置。4. 开放程度对三次产业效率的初始影响均为负,但对一、二产业的边际影响为正,对第三产业的边际影响为负。我国在国际分工格局中,处于供给国和消费国中间的夹心层——生产国,因此当前对外开放不利于三次产业效率的提升;但长远来看,进一步扩大开放,会促进我国一、二产业效率的提升。在这个缓慢的过程中,中国也要努力向全球价值链的高端攀升。

第四节 本章小结

本书选取超越对数生产函数、使用随机前沿模型对1978—2012年中国分省三次产业的生产效率进行了面板回归。结果表明:

第一,将三次产业部门的TFP增长率分解为技术进步、技术效率增长率、配置效率增长率三部分,配置效率增长率是构成本部门TFP增长率的主要原因,在TFP增长率的三部分贡献中占绝对地位。一、二产业部门中要素配置的低效率成为阻碍部门经济增长的"结构负利";第三产业部门中要素配置的高效率则是本部门经济增长的"结构红利"。因此,如何在传统产业部门优化要素配置结构、提高要素投入效率是今后中国经济结构调整的题中之义。

第二，各省TFP增长率的构成及变化趋势说明，TFP增长率的部门差异与劳动力从农业和工业部门流向服务业部门的配置情况一致。格兰杰因果分析证实了单部门TFP增长率（或两部门TFP增长率差值）与其结构转变变量（用三次产业产出份额或就业份额来衡量）之间的关系，二、三产业部门的结构转变与其TFP增长率或两部门TFP增长率差值的格兰杰因果关系更为明显。

第三，三次产业的效率下降程度（由模型的效率参数表示）不同，改革开放以来第一产业的演进过程伴随着效率的提高，二、三产业的演进却是越来越无效率。生产无效率的4个影响因素——基础设施建设、市场化程度、政府行为和开放程度的影响不同。

第六章 投资驱动下的结构演化

投资在中国经济增长中扮演了十分尴尬的角色：改革开放以来，投资作为经济增长的三驾马车之一，与出口一起成为驱动中国经济车轮的双引擎。2007年全球金融危机后，中国政府出台了四万亿刺激政策，大规模投资缓解了当时金融危机对中国的冲击，中国经济得以从危机中迅速恢复。然而，时过境迁，前期刺激政策的消化经济增速的换挡与经济结构的调整一起构成了2014年以来中国经济的"三期叠加"特征，以投资驱动的经济增长方式成为诟病的对象，对投资的高度依赖引起诸多担忧。20世纪80年代以来，固定资本形成总额占GDP的比重一直在30%以上（见图4.2），20世纪90年代末期有一个明显的上升趋势，2004年后超过了40%。国际比较表明，主要发达和发展中国家及地区的投资率均显著低于中国（以下括号内分别为每个国家或地区2003—2012年投资率均值以及历史最高值）：美国（17.6%，21.5%）、OECD（19.5%，24.7%）、日本（21.9%，36.4%）、韩国（28.7%，38.9%）、台湾（21.2%，30.9%）、俄罗斯（19.9%，31.8%）、印度（29.6%，32.9%）、巴西（17.4%，26.9%）、南非（18.5%，29.7%）。[1]

衡量投资是否过度的最重要标准是投资效率，包括资本回报率、资本配置效率等指标。倘若投资效率高，即投资的潜在回报率高、资本得到较好配置，则投资具有经济合理性。

在发达国家，代表性企业追求自身利润最大化，并通过完善的市场机制传导到全社会总投资的数量、结构和方式上。因此，投资效率问题仅零散见于西方早期的研究文献中。但是在存在中央计划者的发展中国家和转轨国家，投资效率则成为衡量经济增长绩效的重要指标。本章从资本回报率和资本配置效率两个维度分解中国各省分部门的投资效率，重新审视投资在结构转变中的作用，为结构演化与投资效率提升提供解读视角。

---

[1] 中国台湾以外的国家（地区）的数据来自世界银行世界发展指标（World Development Indicator，WDI）数据库，台湾地区的数据来自国际货币基金组织世界经济展望（World Economic Outlook Databases，WEO）数据库。

第一节　省际分部门资本回报率

在宏观研究中,资本回报率是衡量资本收益的重要经济变量。资本的逐利性本质驱使其在不同地区、不同部门间流进、流出,因此,通过资本回报率的测度,可以预判资本在区域和行业间的流动去向。现有文献中既有研究国家层面的中国资本回报率,如白重恩等(2007)、孙文凯等(2010)等,也有研究行业层面的资本回报率,如"CCER 中国经济观察"研究组和卢峰(2007)、单豪杰和师博(2008)等,更有研究中国企业资本回报率,如白重恩等(2004)、辛清泉等(2007)等,而对地区资本回报率的研究较少涉及,目前仅胡凯和吴清(2012)、白重恩和张琼(2014)。

一、捕获宏观资本回报率的两种方法

资本回报率是一种数量比率关系,它衡量了资本回报与创造回报所用资本的比值,宏观意义上的资本回报率不外如是。宏观资本回报率的捕获,有微观和宏观层面不同的数据来源:微观上是基于企业财务会计资本回报(如利润、净利润等)和资本存量(如净资产、资产等)数据测算,以代表性企业和行业在统计学意义上从样本推总体;宏观上则是基于国民收入账户体系,通过营业盈余、固定资产存量等指标计算。一如微观资本回报率可以直接用 ROA(Return of Asset)和 ROE(Return of Equity)等财务会计指标来衡量,或用投资盈余对资本投资或市场价值进行回归获得,宏观资本回报率在方法上又可分为回归法(也有称函数法)和指标法两类。

1. 回归法测算资本回报率

回归法测算资本回报率,根据数据来源亦有微观层面与宏观层面之分。

基于微观数据的资本回报率研究,以企业的财务报表数据为基础,将估算出的企业利润率作为宏观资本回报率。早期对资本回报率进行大样本估算的是 Baumol 等(1970),该文以不同资金来源的资本投资和会计盈余的

关联为基础①,根据美国公司 1949—1963 年的大量样本,对产出及公司内部投资资金进行回归分析。此后,对公司不同资金来源投资回报的研究纷至沓来,丰富了资本结构的融资有序理论。20 世纪 90 年代,在回归法测算资本回报率的研究中,以市场价值为基础的指标开始代替以盈余为基础的会计指标。最早的是 Muller 和 Reardon(1993),他们根据传统的净现金流折现模型②,用企业的市场价值对投资进行回归,从而得到投资回报与资本成本的比值——托宾 q 值。辛清泉等(2007)以上述两类文献为基础,估算出 1999—2004 年中国上市公司的资本投资回报率为 2.6%,反映出中国投资高、效率低、宏观好微观不好的弊病。

基于宏观数据的回归法假定市场是完全竞争的,此时资本要素的回报率等于资本要素的边际产出。该方法首先假定产出水平关于资本、劳动和技术等投入要素的生产函数,将产出水平值对资本水平值的回归系数(资本的边际产出)作为资本回报率。由于利用水平值回归存在单位根和伪回归的问题,更加谨慎的处理方式是将水平值的回归方程进行对数化处理,因此资本回报率可以用形如 $r=\alpha Y/K$ 的等式表示(r 为资本回报率、α 为资本产出份额、Y 为产出、K 表示资本存量)。如 Song 等(2001)根据我国 1983—1995 年的省际(28 个省、市、自治区)数据测算出全国及三大地区的边际资本回报率;龚六堂和谢丹阳(2004)用柯布道格拉斯生产函数测算中国省际的资本存量边际回报率和劳动边际回报率。这种由产出对资本进行一阶求导的方法相对粗糙,引来很多批评:回归时遗漏变量会同时影响资本存量和产出,从而带来系数的有偏估计;函数形式尽管可以有 C-D、CES、超越对数等多个选择,但因生产函数设定形式的差异会导致结果有偏。根据资本边际生产率的递减规律,富国人均资本高于穷国,富国的资本回报率低于穷国。那么,理论上资本的自由流动与逐利性会驱使其从富国流向穷国;但这与现实中所观察到的现象相反,即 Lucas 悖论(Lucas,1990)。而且,无论是微观数据还是宏观数据,回归法得到的资本回报率仅仅是一段时期内的平

---

① 假定当前的会计盈余来源于历史投资,初始资本为零、投资回报率不变,则企业 t 期与 $t-1$ 期的会计盈余差值和 t 期之前每期投资回报(投资回报为投资与资本回报率的乘积)的加总值为总投资回报。为使模型更加精准,回归方程中还加入了控制风险的变量和截距项。

② 根据永续盘存法思想,企业 t 期的市场价值为 $t-1$ 期市场价值扣除折旧后的值与 t 期投资贴现值之和。公司投资的现值又等于资本回报(投资回报为投资与资本回报率的乘积)与资金成本的比值。

均值,难以看出回报率随时间的波动。

2. 指标法测算资本回报率

除基于大量数据进行回归估算外,一种更为直观的、用指标估算资本回报率的方法逐渐发展起来。Feldstein(1977)研究美国低储蓄率现象时,用非金融公司部门的税前资本收入(包括利息但不包括净折旧)与资本存量价值比估计出美国国家层面的私人投资回报率,即资产的社会收益率,公式为:资本回报率=(税前利润+净利息支出)/资本存量①。后续的修正在资本回报项中增加了财产税,有助于解决因遗漏财产税项导致的资本回报率低估问题(Poterba,1997)。类似 Feldstein(1977)的方法,"CCER 中国经济观察"研究组和卢峰(2007)②、舒元等(2010)、邵挺(2010)等都使用相似方法对中国工业企业的资本回报率进行了实证研究。

基于国民收入核算体系数据测算的资本回报率,将资本回报率理解为资本市场租金,有三个阶段性突破。首先是 Hall-Jorgenson 的资本租金公式,为指标法测算宏观资本回报率搭建了经验框架。Hall 和 Jorgenson(1967)在研究税收对投资行为影响时,拓展出资本租金公式 $c=q(r+\delta)$(c 为资本服务成本,q 为资本品价格,r 表示资本回报率,δ 表示重置率或折旧率)。其次是 Caselli 和 Feyer(2007)提出用劳动者报酬的产出份额代替资本产出份额来估算资本回报率,并区分了可再生资本和自然资本。③ 最后

---

① 资本回报一般用税前利润与净利息支出的加总额表示,其中,利润中的红利部分和未分配利润可当作是股东的最终收入,利息部分是债权人的收益。

② "CCER 中国经济观察"研究组和卢锋(2007)采用中国工业企业微观数据计算中国资本回报率时,衡量资本回报和资本存量时各使用了 3 个指标,从而估算出 9 种资本回报率。资本回报有三种衡量指标,一是"权益回报"与"社会回报"之和,二是"净利润""企业所得税""间接税中企业承担的部分"之和再减去"净补贴收入",三是"税前利润"加上"间接税中企业承担的部分"减去"净补贴收入";资本存量有"权益""资产"和"固定资产净值"三个指标。得出中国 1993—2006 年间七种工业资本回报率(利润总额/权益、利润总额/资产、总回报/权益、总回报/资产、净利润/权益、净利润/资产、净利润/固定资产净值),指标变化趋势类似,都呈先降后升的 U 型,拐点在 1998 年附近。另外,报告的固定资产净值税前利润率和总回报率在 1978—1998 年间呈下降趋势,1999 年后开始逐年上升,在 2006 年分别达到 16.5%和 20.3%。

③ 对资本按可再生资本和自然资本区分,可以很好地解释资本不从富国流向穷国的"卢卡斯悖论":以全部的资本收入衡量时,穷国的资产回报率高于富国;但是,穷国的自然资本(土地和自然资源)相对丰富,如果剔除自然资本仅考虑可再生资本,兼顾资本品相对价格时,穷国和富国的资本回报率近似。

的集大成者是 Bai 等(2006),对 Hall 和 Jorgenson 的资本租金公式进行形式转换,得到能够同时反映资本品和最终消费品价格指数变动的名义资本回报率测算公式:

$$i(t) = \frac{P_Y(t)\text{MPK}_j(t)}{P_{K_j}(t)} - \delta_j + \hat{P}_{K_j}(t) \tag{6.1}$$

式(6.1)中,$i(t)$ 是名义资本回报率,$P_Y(t)$ 是总产出的价格,$P_{K_j}(t)$ 是 j 类资本品价格,$\text{MPK}_j(t)$ 为资本边际产出,δ_j 表示折旧率,$\hat{P}_{K_j}(t)$ 是 j 类资本品的价格变化率。为与统计指标接轨,Bai 等(2006)还对公式(6.1)中的变量进行了等价转换,并将名义资本回报率测算转换实际资本回报率测算(下文作详细介绍),从而可以用 GDP 收入法核算下的劳动报酬、资本存量等指标对资本回报率进行测算。这种方法得到国内研究者的广泛使用,如单豪杰和师博(2008)[①]、孙文凯等(2010)、黄先海等(2011)、黄先海和杨君(2012)[②]、黄先海等(2012)、胡凯(2012)、方文全(2012)等。

二、理论逻辑与分析框架

1. 估算公式

基于微观数据测算出来的宏观资本回报率,往往将公司金融及资本市场领域的资本回报率直接推广到整体经济,这种近似替代在资本市场发达、市场竞争充分的发达国家毋庸讳言是恰当的。但中国微观层面的资本回报率在样本代表性和时序变化上都有很大的局限(白重恩和张琼,2014)。因此,本书使用 Bai 等(2006)的方法进行资本回报率测算。由于式(6.1)中的资本边际产品无法直接观察,因此,将资本边际产品用资本产出份额表示;同时,总资本的名义价值可表示为 j 类资本品名义价值的加总,从而资本价

[①] 尽管单豪杰和师博(2008)引用了 Bai 等(2006)的公式,但是他们的研究对象是中国工业部门,因此对公式进行简化处理后转化为微观数据指标法的测算:假定资本品价格和产品价格相同、增长率也相同,分母为永续盘存法估算出的资本存量。分子采用"CCER 中国经济观察"研究组和卢峰(2007)的做法,在工业部门利税总额中分离出企业所承担的间接税,再与利润总额相加得到资本回报。

[②] 在 Bai 等(2006)资本回报率公式基础上,分子部分扣除了消费者承担的税收部分,为:企业当年缴纳的间接税 * 劳动者报酬/(劳动者报酬＋营业盈余)。这里,GDP 收入法核算包括劳动者报酬、固定资产折旧、生产税净额和营业盈余四部分。生产税净额即间接税,具有可转嫁性,由消费者和企业共同承担。假定生产税净额由消费者和企业分担的比例与劳动者报酬和营业盈余二者的比重相同,各自承担的比例由此算出。

格的平均增长率可用 j 类资本品的名义价值份额与 j 类资本品价格增长率乘积的加总表示,平均折旧率可用 j 类资本品的名义价值份额与 j 类资本品折旧率乘积的加总表示,通过一系列的转换可推导出实际回报率公式:

$$r(t)=i(t)-\hat{P}_Y(t)=\frac{\alpha(t)}{P_K(t)K(t)/[P_Y(t)Y(t)]}+[\hat{P}_K(t)-\hat{P}_Y(t)]-\delta(t)$$
(6.2)

式(6.2)中,$r(t)$ 为资本的实际回报率,$\alpha(t)$ 为资本的产出份额,$P_K(t)$ 为资本品价格,$P_Y(t)$ 为产出品价格,$\hat{P}_K(t)$、$\hat{P}_Y(t)$ 分别表示资本品价格和产出品价格的变化率,$\delta(t)$ 为折旧率。这个公式在宏观数据回归法基础上进行了拓展,包含了三部分:等式右边第一项为资本边际产品收入与资本价格收入之比,可等价于 $P_Y(t)MPK_j(t)/P_{K_j}(t)$,具体推导见 Bai 等(2006),这说明资本回报率的决定因素不仅仅是资本边际产出;第二项是资本品价格相对于产出品价格上涨的部分,可理解为资本收入;第三项为资本折旧率。现实中市场竞争不是完全的,即企业不是产出品价格的接受者,产出品价格超出边际成本。因此,不考虑企业边际成本利润加成的公式(6.2)测算出的实际资本回报率是被高估的;但由于本书的目的在于比较中国各省的资本回报率差异情况,不完全竞争的存在对比较结果不会造成实质性影响。

式(6.2)中,当资本品价格和产品价格相等时,两者增长率也相同,式(6.2)变形为式(6.3),这是文献中常用的资本回报率表达式——资本占收入的份额与实际资本产出比的比值减去折旧率。

$$r(t)=\frac{\alpha(t)}{P_K(t)K(t)/[P_Y(t)Y(t)]}-\delta(t) \qquad (6.3)$$

根据公式(6.2),资本回报率的测算需要 GDP 收入法核算下的劳动者报酬、资本存量、折旧率、价格指数变化。GDP 收入法核算把 GDP 分成劳动者报酬、生产税净额、固定资产折旧和营业盈余四部分。狭义的资本收入包括营业盈余和资本盈余(生产税净额中由资本承担的部分),这是微观意义上的资本盈余,即(税前)会计利润;广义的资本收入则囊括了劳动者报酬以外的全部部分,这是宏观意义上的资本盈余,包括了资本的使用成本(固定资产折旧)和消费者承担的间接折旧。根据公式(6.2),广义资本收入的统计口径更为适合(Bai 等,2006;胡凯,2012)。此外,还有一种介于狭义与广义统计口径之间的资本收入——用固定资产折旧和营业盈余之和作为税后资本收入。由于中国"税后资本回报率"与"税前资本回报率"有高度相似的变化趋势(见白重恩和张琼,2014,图3),且要素收入与税收口径调整和数据处理是另外一个值得深入研究的课题,本书更关心初次分配,因此对税后回报率的口径和含义不做考虑。资本收入份额计算公式为 $\alpha(t)=1-$ [劳动者报酬/$Y(t)$]。式(6.2)右边第一项分母相当于资本产出比。$\hat{P}_K(t)$、$\hat{P}_Y(t)$分别为投资价格指数的增长率与GDP平减指数的增长率。

2. 指标构建及数据来源

各省1978—2012年的三次产业增加值现价数据及生产总值指数均来源于各省2013年的统计年鉴,这些数据在统计局的公开网站上均可查询到。

各省三次产业的劳动者报酬数据的来源:《中国国内生产总值核算历史资料》(1952—1995)、(1952—2004)以及各省统计年鉴提供了1978—2012年全行业及分行业的劳动者报酬序列。各省三次产业劳动者报酬的缺失数据处理:一个情况是,一些省份的缺失数据通过替代指标获得。虽然没有贵州(2005、2006)、青海(2005—2012)的分行业劳动者报酬数据,但参照这两省相应年份非公有制经济三次产业劳动者报酬的比例及全行业劳动者报酬总量数据,可推算出三次产业劳动者报酬数据。另一个情况则是一些省份劳动者报酬序列缺失且无替代指标。各省1978—2012年全行业的劳动者报酬数据中,河北、内蒙古、辽宁、吉林、黑龙江、安徽、山东、湖北、广西、四川、贵州、云南、宁夏、新疆缺失2008年数据,海南缺失1978—1989年数据,重庆缺失1978—1989年数据,西藏缺失1978—1984及2008年数据;此外,尽管公布了全行业劳动者报酬数据,但一些省份缺失某些年份的三次产业劳动者报酬数据,包括北京(2005)、天津(2005—2012)、河北(2005—2012)、内蒙古(2005—2012)、辽宁(2008—2012)、黑龙江(2008—2012)、浙江(2005—2007、2009—2012)、江西(2005—2012)、山东(2005—2012)、湖北(2005、2008—2012)、湖南(2008)、广东(2008)、四川(2005—2012)、贵州(2007—2012)、云南(2005—2012)、西藏(2005—2012)、陕西(2005—2012)、宁夏(2005—2012)。缺失的劳动者报酬数据处理方法为取均值及比例法的思路。首先,对于连续缺失的某一个年份的数据,采用相邻年份的平均值。针对全行业与分行业的不同情况,需要分别处理:全行业的劳动者报酬数据直接取相邻年份的平均值;而分行业的劳动者报酬数据,则是取相邻年份三次产业劳动者报酬占比的平均值,再由全行业劳动者报酬乘以相应比例得到。其次,考虑到海南、重庆建省(直辖市)的特殊情况,根据海南1990年劳动者报酬占广东劳动者报酬的比例(8.45%),推算出海南建省前(1978—1987)的劳动者报酬数据,并从广东劳动者报酬数据中剔除海南部分;重庆(1978—1989)同理(1990年重庆劳动者报酬占四川的比例为18.37%)。再次,对西藏 1978—1984 及海南 1988—1989 劳动者报酬数据连续缺失的年份,假定劳动者报酬与 GDP 的比例保持相对不变,由已知年份劳动者报酬占比及 GDP 数据推算出缺失年份的劳动者报酬(1987 年西藏劳动者报酬的 GDP 占比为 90.85%,1990 年海南劳动者报酬的 GDP 占比为 68.16%)。最后,对于上述情况以外的分行业劳动者报酬连续缺失的时间序列,则采用已有数据中最接近年份的平均值。

资本存量的估算采用永续盘存法。各省三次产业的投资数据采用固定资本形成数据,其中 1978—2002 年的分产业数据在《中国国内生产总值核算历史资料》(1952—1995)、(1996—2002)上可获取;2003 年及以后的各省固定资本形成数据来自各省统计年鉴,GFCF 的三次产业构成比例参考相同年份 TIFA 的三次产业构成比例。投资价格指数用各省三次产业缩减指数与投资缩减指数构造。1978—2002 年为各省固定资本形成总额及指数,2003 年及以后为固定资产投资指数(1991 年固定资产投资价格数据才开始公布,以 1990 年为基期)。

折旧率根据各省三次产业固定资产折旧数据及最小二乘原则模拟出各省三次产业的可变折旧率。基期资本存量采用增长率法。省际三次产业的投资价格指数、产出价格指数和折旧率在资本存量估算过程中均已获取,估算细节详见第四章。

三、测算结果

1. 资本回报率的分布区间

图 6.1 报告了各省 1979—2012 年三次产业年资本回报率的分布情况,含频数(左轴)和 Kernel 拟合(右轴),左列三幅图基于公式(6.2),为三次产业的实际资本回报率,右列基于公式(6.1),为三次产业的名义资本回报率。实际资本回报率曲线分布比名义资本回报率曲线分布更为集中,说明实际资本回报率有更小的均值和方差。1979—2012 年间中国第一产业实际资本回报率均值为 21.91%、方差为 58.03%(名义资本回报率均值为 28.96%、方差为 59.00%),第二产业实际资本回报率均值为 6.33%、方差为 17.83%(名义资本回报率均值为 9.95%、方差为 18.37%),第三产业实际回报率均值为 4.26%、方差为 16.42%(名义回报率均值为 9.74%、方差为 17.23%)。名义资本回报率包含了通货膨胀因素,即式(6.2)中的 $\hat{P}_Y(t)$,所以会比实际资本回报率高。

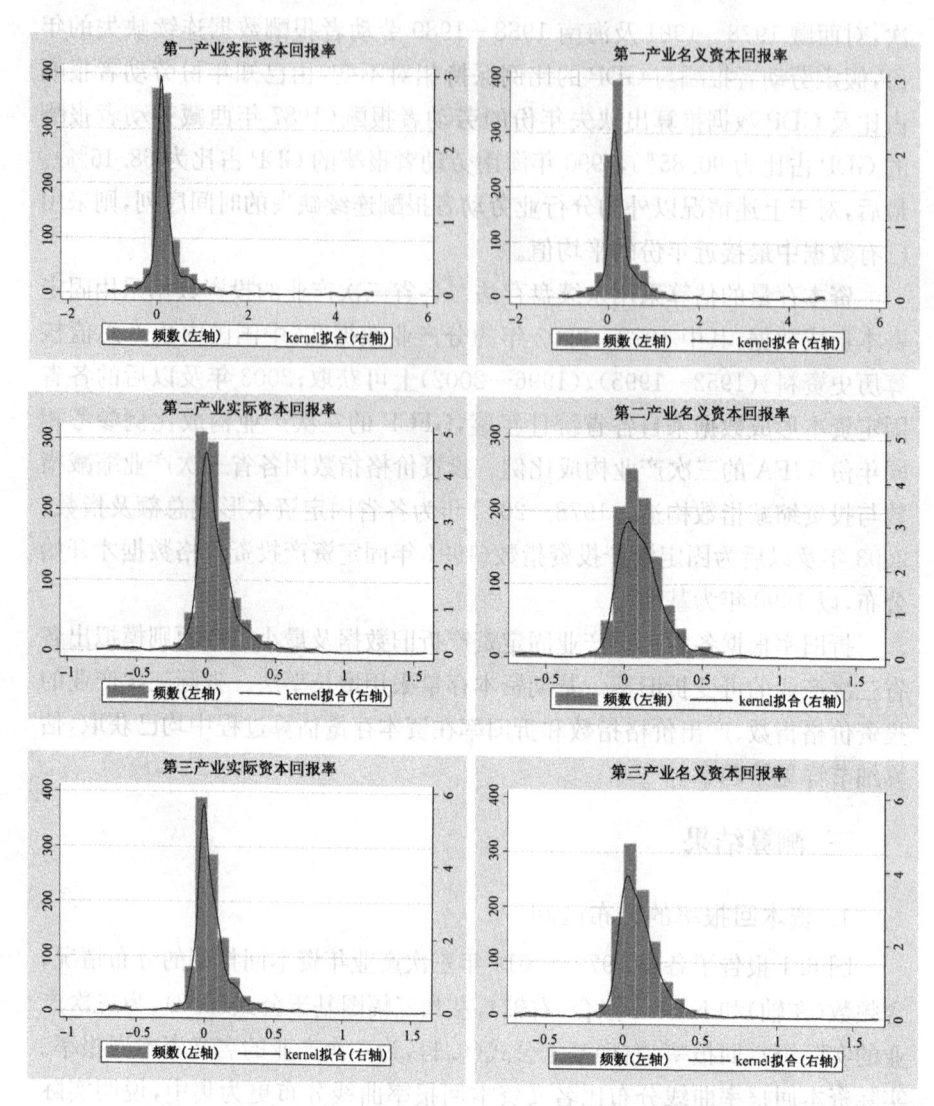

图 6.1　1979—2012 年间省际三次产业资本回报率的分布情况

已有研究对中国资本回报率的测算结果如何呢？世界银行（2006）发布的中国经济季度报告称："中国的工业企业 2005 年平均资产回报率（税前）超过 15%"。世界银行对中国资本回报率的高判断与此前国内的共识相差较大，由此引发了一轮从不同角度测算中国资本回报率的学术争鸣。Bai 等（2006）基于国民收入核算数据估算出的中国总体资本回报率在 1979—1991 年间约 25%、1993—1998 年间降至 20%，自 1998 年后保持 20% 左右,并有上升趋势;1978—2005年间的总资本回报率一直保持在20%左右。方文全(2012)从役龄资本理论视角,采用修正折旧率将中国的资本回报率水平整体向下调整了3%~5%,但总体变动仍呈上升趋势。孙文凯等(2010)计算出1978—2006年中国的资本回报率平均超过20%,1978年为23.17%,到2006年为21.82%。胡凯(2012)的省际研究表明,东中西三个地区的实际资本回报率分别分布在15.03%~39.05%、13.18%~36.12%、10.37%~31.46%。本书估算出的各省三次产业资本回报率分布区间则远低于上述已有研究中对全国总量资本回报率和各省总量资本回报率的估计。

为何各省三次产业部门资本回报率低于总资本回报率? 这是因为,产业间分工的深化推动着现代产业体系的变迁,在此过程中,产业内各部门对产业外各部门的需求日益多样化,并以规模增长之势形成产业链条,这种产业间替代与互补的关系以及互动、合作与融合的关系体现于总体资本回报率中,但并不能反映到各部门的资本回报率中。

此外,为何二、三产业的实际资本回报率低于第一产业? 一方面,农业的高资本回报率与我国农业政策有关。一直以来,国家对农产品实施政府收购的办法,使得国内主要农产品价格超过国际价格。此外,从2002年起,中国逐步建立起良种补贴、粮食直补、农机具购置补贴和农资综合补贴的"四项补贴"体系。以2015年为例,中央财政预拨的种粮直补资金为151亿元,农资综合补贴资金为1 071亿元。据学者测算,2010—2012年中国农业补贴水平约15%,接近OECD国家18.7%的水平。[①] 政府对农民和农业的补贴,大大提高了第一产业的资本回报率,使得宏观数据上第一产业的实际资本回报率优于二、三产业。另一方面,二、三产业相对较低的实际资本回报率与我国现行的投融资体系相关。在Song等(2011)描述中国经济增长的论文中,将资本市场的低回报率和私人部门高融资成本并存的现象归因为我国政府主导的投融资体系,融资渠道限制和资本管制下,国有部门更易吸入大量资本、私人部门面临严峻的信贷约束。资本配置的结构性矛盾在二、三产业尤为凸显,从而使得二、三产业部门的资本回报率相对低下。

2. 资本回报率的长期趋势

理论上,随着资本积累的增加,资本回报率的变化机制有三:(1)在新

---

① 程国强. 中国粮食安全的真问题[Z/OL]. (2015-02-05)[2021-11-05]. http://opinion.caixin.com/2015-02-05/100781776.html.

古典增长理论基本假设下,给定劳动要素投入和生产技术水平,资本边际产出遵循收益率递减规则,即随着资本存量的不断增加,资本边际产出会下降;(2) 劳动力要素从低生产率部门流向高生产率部门,一个典型事实是农业劳动力向非农部门转移,从而提高劳动边际产出,吸引资本边际产出增加,提高资本回报率;(3) 技术进步带来的技术溢出效应,提高新增投资的利用效率,促进资本边际产出和资本回报率的上升。究竟资本回报率是上升还是下降呢? 孙文凯等(2010)对美国、日本和中国的对比研究发现,资本回报率长期遵从递减趋势:日本从 1956 年的 31.95% 降至 2006 年的 12.79%,美国从 1930 年的 15.28% 降至 2007 年的 6.94%;同时中国 1978—2006 年的资本回报率下降趋势不明显,1978 年为 23.17%,到 2006 年为 21.82%。更多的经验研究指出,中国的资本回报率不降反升。舒元等(2010)指出中国工业资本收益率在近十年内大幅提高。中国工业资本回报率在 1978—2006 年间总体上呈现"U"型模式,其中,1978—1998 年总体上处于下降趋势,1998 年之后呈现上升的趋势(单豪杰和师博,2008)。中国四个地区工业资本回报率走势也呈 U 型,1993 年之后处于下降阶段,1998 年之后又开始上升(黄先海和杨君,2012)。1980—2007 年 28 个省(海南、重庆分别并入广东、四川,西藏未计入)的实际资本回报率基本呈 U 型的先下降后上升态势(胡凯,2012)。无论是全国还是区域的总体资本回报率,都呈现 U 型变化趋势。与已有研究中省际总资本回报率及全国总资本回报率的 U 型走势不同,本书估算出 1979—2012 年间各省三次产业实际资本回报率随时间变化并未呈现出 U 形或其他明显的变化趋势(见图 6.2)。

图 6.3 是基于公式(6.3)描绘的不考虑价格的三次产业资本回报率变化轨迹。此时的回报率不包括资本品价格与产出品价格的差值,这也是早期资本回报率测算中常用的方法(式 6.3)。产出品价格与资本品价格变化的巨大差异,是构成实际资本回报率波动的主要因素。因而,我们可以得出的结论是,中国三次产业部门的实际资本回报率呈现出先骤降后持稳的 L 型变化趋势;而考虑了资本品及产出品价格变化的实际资本回报率,因为价格的变化表现出极强的波动性,从而掩盖了长期变化趋势。

当以年份为横轴,我国三次产业的实际资本回报率并未有明显的变化规律。但资本回报递减规律是基于资本存量的变化,因此,本书还探讨了三次产业资本回报率随资本存量变化的相关性,见图 6.4。1979—2012 年间,随着各省三次产业的资本存量增加,本部门资本回报率会保持 L 型的先下降、后持平的变化趋势,并在拐点后保持持续稳定的回报。这说明,随着资

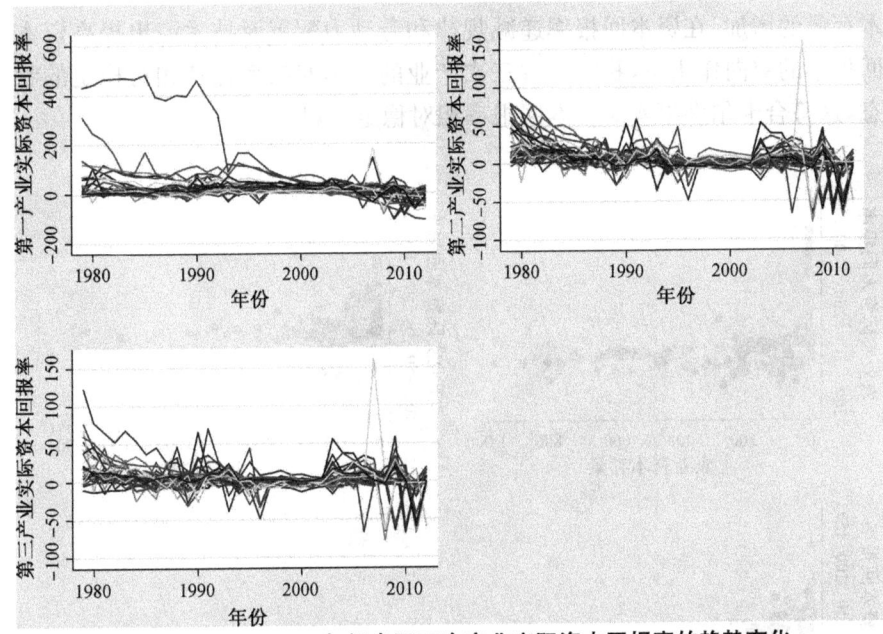

图 6.2　1979—2012 年间省际三次产业实际资本回报率的趋势变化

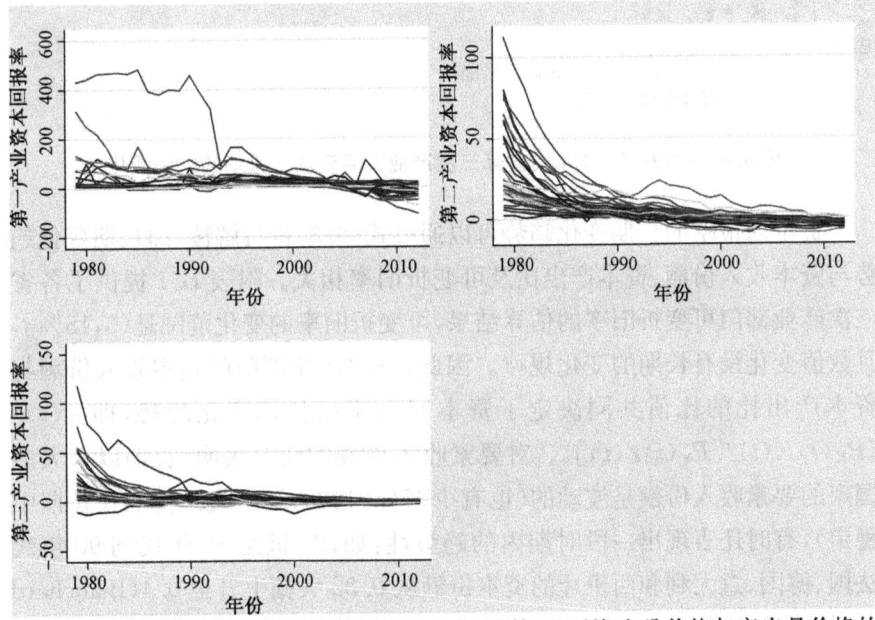

注：不考虑价格的资本回报率基于式(6.3)计算，此时资本品价格与产出品价格的变化率被假定为相同的。

图 6.3　1979—2012 年间省际三次产业资本回报率(不考虑价格)的趋势变化

本存量的增加,在资本回报率递减规律和劳动力配置及技术溢出提高资本回报率的双向作用下,我国各省三次产业的资本回报率保持相对稳定的状态,这符合卡尔多事实对资本回报率相对稳定的观察。

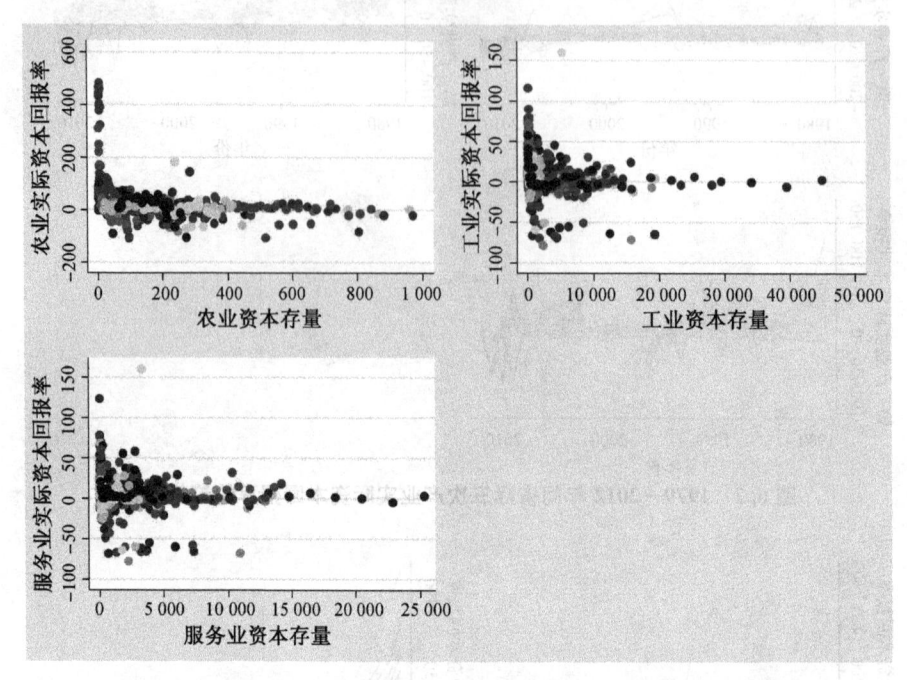

图 6.4　1979—2012 年间省际三次产业实际资本回报率的趋势变化

资本回报率的长期变化趋势可以通过式(6.3)进行解读,即长期变化趋势与资本收入份额、资本产出比及可变折旧率相关。附表 B.1 提供了各省三次产业部门可变折旧率的估算结果,可变折旧率的变化范围是(0,15%],且数值变化没有长期的变化规律。因此,三次产业部门的资本收入份额与资本产出比的比值共同决定了资本回报率的长期变化趋势,即 $\alpha(t)/\{P_K(t)K(t)/[P_Y(t)Y(t)]\}$。对要素收入份额的研究表明,长期以来大多国家的要素收入份额是波动的(也有少部分国家的要素收入份额在长期中稳定),有时还表现出一段时期内的趋势性:如,20 世纪 80 年代到 90 年代法国、德国、意大利和西班牙的资本份额从 0.32 大幅上升至 0.4(Blanchard et al,1997)。图 6.5 描绘了中国 1978—2012 年间三次产业资本收入份额的变化轨迹,表现出较强的波动性,但长期来看是相对稳定的。其中,第一产业资本收入份额的均值为 11.80%、第二产业为 61.63%、第三产业

54.12%。本书第四章图 4.7 为各省三次产业部门资本产出比变化,除第一产业外,二、三产业资本产出比都有较大幅度的攀升。因此,各省三次产业资本产出比自改革开放初期以来的持续攀升是资本回报率 L 形变化趋势的主要原因。

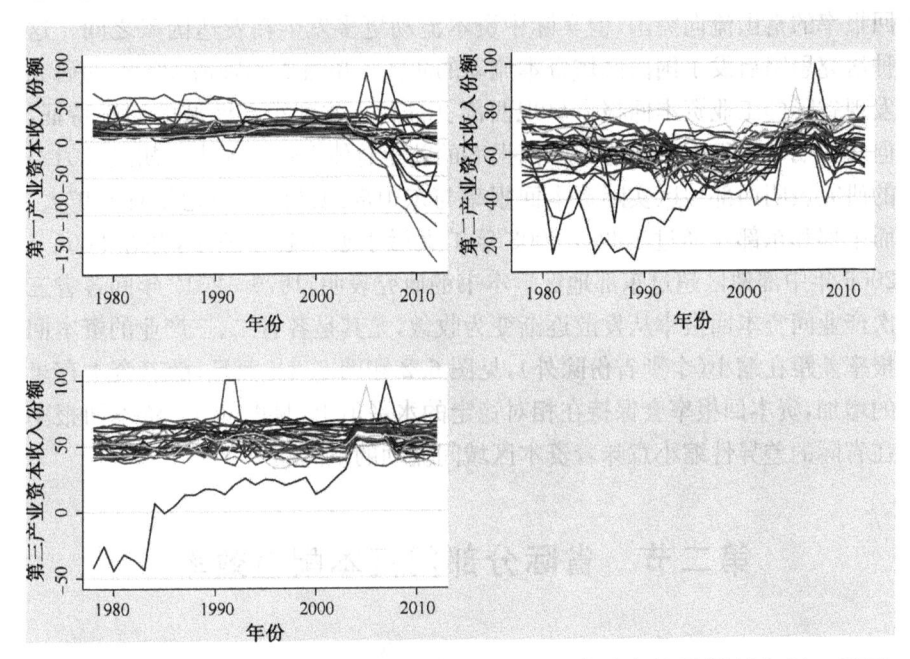

注:如前文所述,资本收入份额的计算方法为 1-(劳动者报酬/部门产出)。因而,会存在个别异常值。

图 6.5　1979—2012 年间省际三次产业资本收入份额的趋势变化

为何分部门估算的资本回报率趋势是 L 型下降,而已有研究中总量资本回报率是 U 型变化?这种趋势上的差异同样见于 Bai 等(2006)对全国三次产业资本回报率的估算。他们估算出的 1978—2005 年间全国一、三产业部门资本回报率为倒 U 型,第二产业部门资本回报率为先下降、再上升的 V 型反弹走势(见 Bai 等,2006,图 11)。[①] 可见,无论全国还是分省,分部

---

① Bai 等(2006)对全国三次产业资本回报率的估算表明,在改革开放初期,二产回报率最高,三产较低,一产最低;随着一产和三产回报率大幅上升、二产回报率降低,1989 年三次产业资本回报率几乎收敛到同一层次;自 1991 年起,三产资本回报率再次发散,二产回报率提高、一产略有下降、三产明显下降。

门资本回报率的变化趋势与总量资本回报率的变化趋势是有差异的。

3. 省际三次产业资本回报率的收敛事实

资本回报率对资本流动的解释肇始于"卢卡斯悖论",即二战后国际资本流动不符合资本回报递减假设下的应然流向。理论上资本应从较低资本回报率的富国流向穷国,但实际中资本流动更多发生在发达国家之间。这种研究思路启发了国内区域资本流动的研究。单豪杰和师博(2008)的研究发现省际的工业资本回报率呈现西部、中部、东北和东部区域的递进特征,但从长期来看省际的工业资本回报率的差距总体上逐渐缩小。胡凯(2012)的研究表明西部地区实际资本回报率与东中部地区的差距近年有所扩大,而中部和东部在经过1999—2003年扩大后于近年趋于缩小,并在2005—2006年中部地区超过东部地区。本书的研究表明,1979—2012年间各省三次产业间资本回报率从发散逐渐变为收敛,尤其是各省二、三产业的资本回报率差距在缩小(个别省份除外),见图6.2和图6.3。而且,随着资本存量的增加,资本回报率会保持在相对稳定的水平值上,见图6.4。资本回报率在省际的差异性缩小意味着资本区域间流动的空间收窄。

第二节 省际分部门资本配置效率

一、测算资本配置效率的两种方法

资本配置效率是从结构效率角度判断资本在不同行业不同地区的配置是否合理、投资流向是否正确等问题。有两种评判行业和地区间资本配置效率的方法。

一是根据一般均衡理论,当且仅当要素价格等于其边际生产率时,行业(地区)间的资本配置才完全有效,此时经济实现"帕累托最优";否则投资者不断调整投资流向以寻求更好的收益。由此以各要素边际生产率是否相等作为评判资本配置是否有效的标准,即"资本边际收益率均一化"准则,也有称"资本边际产出均等化"准则(才国伟和舒元,2009)。在经验研究中,资本边际收益均一化不符合现实,往往进一步放松条件,用各部门资本边际产出率的差别来判断一国资本配置效率。如龚六堂和谢丹阳(2004)即以测算生产要素(劳动和资本)的边际收益率方差来判断,差异变小就说明资本配置有效性得到改善。[①] 才国伟和舒元(2009)、舒元等(2010)则在资本边际产出均等化基础上,以资本边际产出、总产出构造最优资本边际产出和最优总产出,从而得到资本配置效率(总产出与最优总产出的比值)。[②] "资本边际收益率均一化"方法有其局限性:首先,这种方法涉及生产函数的设定,其选择将直接决定资本边际产出率估算的准确性。其次,这种方法只能对资本配置效率是否提高做出定性判断,而无法给出量化数值(韩立岩和王哲兵,2005)。

二是用弹性系数(或称行业投资反应系数)来衡量稀缺的资本要素配置到边际效率最高的区域或部门的有效程度。Wurgler(2000)开创性地提出了弹性系数直接度量资本配置效率的方法,该方法认为资本的最优配置取决于投资增长与工业企业产值增长的相互协调程度,由此提出一个可进行资本配置效率国际比较的回归方程:$\ln \frac{I_{i,c,t}}{I_{i,c,t-1}} = \alpha_c + \eta_c \ln \frac{V_{i,c,t}}{V_{i,c,t-1}} + \varepsilon_{i,c,t}$,其中$I_{i,c,t}$表示国家$c$第$i$个行业(地区)第$t$年的固定资本形成总额[③],$V_{i,c,t}$表示国家$c$第$i$个行业(地区)第$t$年的实际产出增加值。如果一个国家在产值增加的行业(地区)追加投资、在日趋衰退的行业(地区)减少投资,那么该国的资金配置就是有效率的。行业(地区)的投资变动对产出增加值的弹性系数η_c反映一国行业(地区)间资本流动对行业(地区)兴衰变化的敏感程度。如果η_c大于零,表明投资增长率是产出增加值增长率的η_c倍,说明该国行业(地区)间配置是有效的;如果η_c小于零,则表示投资减少率是产出增加值增长率的η_c倍,该国行业(地区)间资本是错配的;若η_c为零,说明各行业(地区)吸引资金的能力与盈利能力无关。此外,η_c值越高,说明投资增减

[①] 龚六堂和谢丹阳(2004)的研究发现,1970—1984年资本边际回报率的方差下降,说明资本配置有效性增加;随后相对稳定,表明资本配置效率稳定。

[②] 研究发现,我国资本配置效率从1978年的82.7%上升到了2006年的98.1%,到2009年则保持平缓。同时,资本的流入流出以资本边际产出与最优资本边际产出的大小衡量,当某地区资本边际产出高于最优边际产出,则该地区是资本流入。当前处于资本流入状态的省区有:天津、河北、黑龙江、上海、福建、山东、广东等省区,而大部分中西部省区均处于资本流出状态。

[③] Wurgler(2000)一文中所使用的数据无法获得折旧率从而难以估算出资本存量,所以用固定资本形成总额代替。

对行业(地区)效应变动的反应越灵敏。① 国内不少研究参考了 Wurgler(2000)的方法,对地区或行业间的投资效率展开研究:韩立岩和蔡红艳(2002)、韩立岩等(2002)、潘文卿和张伟(2003)、刘赣州(2003)、韩立岩和王哲兵(2005)、方军雄(2006)、曾五一和赵楠(2007)、俞颖(2008)、许可等(2011)、郭炜等(2014)等等,具体见附表 D.1。需要指出的是,国内早期关于资本配置效率的研究中均未明确交代是否对数据进行了价格指数平减,这直接关系到结论的稳健性;因为投资波动具有很强的顺周期性,名义数据测算出的结论可能与经济周期密切相关(樊潇彦和袁志刚,2006)。

二、数据和方法

本书测算中国各省 1978—2012 年间三次产业的资本配置效率。在方法上沿用 Wurgler(2000)的思路,同时将表示投资增长的指标拓展为固定资本形成总额和资本存量。三次产业的固定资本形成总额数据来自公开的统计年鉴。其中 1978—2002 年的分产业数据在《中国国内生产总值核算历史资料》(1952—1995)、(1996—2002)上获取;2003 年及以后的各省固定资本形成数据来自各省统计年鉴,但并未提供三次产业部门的固定资本形成总额,仅有各省三次产业部门的全社会固定资产投资数据。假定二者的构成比例相同,根据相同年份 TIFA 的三次产业构成比例及全行业 GFCF 计算出分产业的 GFCF 数据。用本书第四章构造的各省三次产业 GFCF 价格指数进行了平减处理,折旧率、基期资本存量及各省三次产业资本存量估算的具体细节选择可参见本书第四章。表示经济增长的指标为产业增加值数据。各省 1978—2012 年的三次产业增加值现价数据及生产总值指数均来源于各省 2013 年的统计年鉴,这些数据在统计局的公开网站上均可查询到。附表 D.2 是对各省 1979—2012 年间三次产业投资增长率对数值、资本存量增长率对数值及产出增长率对数值三个变量的统计描述。I 表示固定资本形成总额,K 表示资本存量,V 表示产出增加值,i 表示我国大陆 31 个省、自治区和直辖市,c 表示三次产业部门,t 表示 1979—2012 的年份时间。

---

① Wurgler 研究了 65 个国家 28 个行业的资源配置效率,发现金融市场发达程度与弹性系数显著正相关,即金融体系较发达的国家资本配置效率更高;发达国家之所以比发展中国家能吸收更多投资,正是由于发达国家资本配置效率(如,德国为 0.988,美国为 0.723)明显高于发展中国家(如,印度为 0.1,墨西哥为 0.344)。

沿用 Wurgler(2000)，基于数据的可得性，式(6.4)和(6.5)是本书使用的两个模型。

$$\ln\frac{I_{i,c,t}}{I_{i,c,t-1}} = \alpha_{i,c}^{I} + \eta_{i,c}^{I}\ln\frac{V_{i,c,t}}{V_{i,c,t-1}} + \varepsilon_{i,c,t}^{I} \quad (6.4)$$

$$\ln\frac{K_{i,c,t}}{K_{i,c,t-1}} = \alpha_{i,c}^{K} + \eta_{i,c}^{K}\ln\frac{V_{i,c,t}}{V_{i,c,t-1}} + \varepsilon_{i,c,t}^{K} \quad (6.5)$$

根据已有文献对回归方法的使用，本书可选的回归方法有 OLS(普通最小二乘方法)和面板两种。前者或使用截面数据，或使用时间序列，可获得三次产业部门总体的资本配置效率；后者则基于面板数据估计出分省分部门的资本配置效率。

三、测算结果

1. 时间序列回归

将各省 1978—2012 年三次产业部门的投资增长率(分固定资本形成总额增长率与资本存量增长率)与产出增加值增长率分别代入式(6.4)和(6.5)，建立 6 个方程，应用普通最小二乘法进行回归，得到 1979—2012 年三次产业部门的总体资本配置效率，结果见表 6.1。

表 6.1　OLS 回归：中国省际 1979—2012 年三次产业部门的资本配置效率

式(6.4)			式(6.5)		
第一产业	第二产业	第三产业	第一产业	第二产业	第三产业
−0.245	−0.051	−0.307**	0.073**	0.001	−0.130**
(0.163)	(0.113)	(0.129)	(0.028)	(0.031)	(0.038)
0.088***	0.130***	0.157**	0.076**	0.131**	0.165**
(0.017)	(0.007)	(0.010)	(0.003)	(0.002)	(0.003)
0.002 1	0.000 2	0.005 3	0.006 4	0.000 0	0.011

注：括号中为标准误。显著性水平分别是 * 为 $p<0.10$，** 为 $p<0.05$，*** 为 $p<0.001$。每一列为一个回归方程，$N=1054$。考虑到各省不同时间的扰动项存在自相关可能，本书还另行使用聚类稳健标准差(是普通标准差的两倍)进行了回归，结果只影响到括号中的标准差，对弹性系数的数值及显著性基本没有影响。

表 6.1 说明，衡量 1979—2012 年中国三次产业资本配置效率时，资本存量数据比固定资本形成总额数据更为恰当，这印证了资本存量的生产性属性。如果以固定资本形成总额作为投资指标，则仅有第三产业产出增加

值相对于上一期增加时,三产固定资本形成总额的增长率减少;一、二产业的弹性系数虽然为负值,却并不显著。而以资本存量作为投资指标,一、三产业的弹性系数均显著。根据弹性系数的取值及显著性,得出各省三次产业部门资本配置整体是否有效的初步结论:第一,各省第一产业的资本配置效率有效。1979—2012 年间,当某省第一产业产出增加值相对上一期增加时,资本存量增长率也会相应增加,且资本存量增长率增加的百分比是产出增加率百分比的 0.073 倍。当某省第一产业成长性较好时,更多资金流入;当某省第一产业成长性较差时,资金会流出。第二,各省第二产业的资金吸引能力与该产业部门的成长性无关。第三,各省第三产业资本是相对严重的错配。1979—2012 年间,当某省第三产业产出增加值相对上一期增加时,固定资本形成增长率和资本存量增长率反而减少,前者增长率减少的百分比是产出增加率百分比的 0.307 倍,后者增长率减少的百分比是产出增长率百分比的 0.13 倍。当某省第三产业成长性较好时,资金反而流出;当某省第三产业成长性较差时,反而会有资金流入。

2. 面板数据回归

本书使用的数据是 31 个省 34 年(1979—2012 年)的平衡面板。根据面板数据的二维特性,模型设定的正确与否决定了参数估计的有效性。面板回归时需要对模型设定形式进行检验,即考察模型中截距项和斜率是否随时间或(和)个体特征而变化。由于对三次产业部门分开估计,因此本书主要看式(6.4)和式(6.5)中参数是否包含表示省份的下标。

若不考虑斜率的下标,即弹性系数是不随时间和省份变化的常数项,此时的公式(6.4)和(6.5)就是最为常见的单向误差成分回归模型,其重点是考虑作为个体异质性的随机变量截距项。若与某个解释变量相关,则为固定效应模型(Fixed Effects Model);若与解释变量均不相关,则称之为随机效应模型(Random Effects Model)。本书首先构建关于省份的虚拟变量(共 31 个),然后对包含虚拟变量的方程进行回归,再将虚拟变量删除后对原方程进行线性回归,对结果报告中的 F 值显著性进行观察。当 F 检验的 P 值显著时,则可以使用固定效应回归。结果表明,固定资本形成数据接受截距项为固定常数的假设,此时可使用混合回归,这相当于上文对时间序列进行 OLS 回归,有省份的某一产业拥有完全一样的回归方程;而资本存量数据则需要考察个体效应,需要使用固定效应模型进行回归。回归结果见表 6.2,所得结论与 OLS 回归基本一致,只是系数显著性更强。

表 6.2　固定效应：中国省际 1979—2012 年三次产业部门的资本配置效率

	式(6.5)		
	第一产业	第二产业	第三产业
	0.084*** (0.025)	−0.028(0.029)	−0.123*** (0.036)
	0.076*** (0.003)	0.130*** (0.002)	0.164*** (0.003)
within	0.010 6	0.000 9	0.011 4
Between	0.104 7	0.197 8	0.017 3
overall	0.006 4	0.000 0	0.011 2

注：括号中为标准误。显著性水平分别是* 为 $p<0.10$，** 为 $p<0.05$，*** 为 $p<0.001$。每一列为一个回归方程，$N=1054$。

第一，第一产业的资本配置效率有效，成长性较好的行业会吸引更多资金流入，成长性较差行业资金会流出。1979—2012 年间，当第一产业产出增加值相对上一期增加时，资本存量增长率增加的百分比是产出增加率百分比的 0.084 倍。第二，第二产业的资金吸引能力与该产业部门的成长性无关。第三，第三产业资本是相对严重的错配：1979—2012 年间，当第三产业产出增加值相对上一期增加时，资本存量增长率减少的百分比是产出增长率百分比的 0.123 倍。

3. 分省虚拟变量的面板回归

为了获得省际的可比性，本书使用最小二乘虚拟变量模型（Least Square Dummy Variable Model，LSDV）进行面板回归，结果见表 6.3。

表 6.3　中国各省 1979—2012 年三次产业部门的资本配置效率

	第一产业			第二产业			第三产业		
	η	SE	排序	η	SE	排序	η	SE	排序
内蒙古	0.084*	0.046	1	0.028	0.022	5	−0.123**	0.041	31
西藏	0.001	0.001	4	−0.080***	0.000	31	−0.001*	0.001	15
安徽	−0.027***	0.000	10	0.014***	0.000	7	0.048***	0.000	2
北京	−0.042***	0.000	14	−0.010***	0.000	13	0.004***	0.001	12
重庆	−0.002***	0.000	5	0.022***	0.000	6	0.054***	0.001	1
福建	−0.022***	0.000	9	0.036***	0.000	1	−0.013***	0.001	21

(续表)

	第一产业			第二产业			第三产业		
	η	SE	排序	η	SE	排序	η	SE	排序
甘肃	−0.076***	0.000	24	−0.060***	0.000	30	−0.047***	0.000	29
广东	−0.029***	0.000	11	0.013***	0.000	8	0.022***	0.001	6
广西	−0.072***	0.000	22	−0.017***	0.000	16	0.008***	0.001	9
贵州	−0.110***	0.000	31	−0.019***	0.000	19	−0.015***	0.001	22
海南	−0.016***	0.001	6	−0.018***	0.000	18	0.043***	0.000	3
河北	−0.074***	0.000	23	−0.023***	0.000	20	0.008***	0.000	10
黑龙江	−0.059***	0.000	20	−0.016***	0.000	15	0.001***	0.000	13
河南	−0.052***	0.000	17	−0.004***	0.000	11	0.034***	0.000	4
湖北	−0.030***	0.000	13	−0.028***	0.000	25	0.000	0.000	14
湖南	−0.077***	0.000	25	−0.027***	0.000	23	−0.008***	0.001	18
江苏	−0.022***	0.000	8	0.028***	0.000	4	0.033***	0.000	5
江西	−0.044***	0.000	15	−0.026***	0.000	22	−0.002***	0.000	16
吉林	0.025***	0.000	2	−0.005***	0.000	12	0.021***	0.000	7
辽宁	0.007***	0.000	3	0.010***	0.000	9	−0.011***	0.000	19
宁夏	−0.018***	0.000	7	−0.053***	0.000	28	−0.037***	0.001	26
青海	−0.085***	0.001	26	−0.054***	0.000	29	−0.050***	0.000	30
陕西	−0.045***	0.000	16	−0.028***	0.000	24	0.010***	0.000	8
山东	−0.061***	0.000	21	0.032***	0.000	3	−0.046***	0.001	28
上海	−0.109***	0.000	30	−0.025***	0.001	21	−0.012***	0.000	20
山西	−0.102***	0.000	29	−0.010***	0.000	14	−0.015***	0.000	23
四川	−0.059***	0.000	19	−0.003***	0.000	10	−0.028***	0.000	25
天津	−0.055***	0.001	18	−0.018***	0.000	17	−0.039***	0.001	27
新疆	−0.030***	0.000	12	−0.033***	0.000	26	−0.016***	0.000	24
云南	−0.099***	0.000	28	−0.042***	0.000	27	−0.004***	0.000	17
浙江	−0.086***	0.000	27	0.033***	0.000	2	0.006***	0.001	11

注：括号中为标准误。显著性水平分别是* 为 $p<0.10$，** 为 $p<0.05$，*** 为 $p<0.001$。按斜率数值由高到低排序。

1979—2012年间,大多省份第一产业资本配置基本处于无效状态,仅内蒙古、吉林、辽宁三省的一产资本配置是有效的(西藏的系数不具有显著性);第二产业资本配置有效性覆盖了8个省份,依次是福建、浙江、山东、江苏、重庆、安徽、广东、辽宁(内蒙古的系数不具有显著性),且沿海的带状分布明显;第三产业资本配置有效性扩大到12个省份,依次是重庆、安徽、海南、河南、江苏、广东、吉林、陕西、广西、河北、浙江、北京、黑龙江。各省资本配置效率的水平也普遍低于表6.1和6.2中总体资本配置效率。资本配置效率的三次产业部门差异——一产最优、二产无关、三产错配,与先前资本回报率的三次产业部门分布——一产最高,二、三产更接近有着相似之处。第一产业较高的资本配置效率对应着相对高的资本回报率,与此同时二、三产业无效或错配的资本配置效率则对应着相对低的资本回报率。可能的原因在于政府产业政策和行政手段配置资本导致投资结构缺乏效率和资本要素价格扭曲。

第三节 资本回报率影响因素分析

一如资本回报率的估算有微观与宏观之分,资本回报率的影响因素也有微观和宏观两个视角。微观角度研究资本回报率,以企业资本回报率为研究对象,或基于资本资产定价模型和MM定理从资本结构和企业运行效率等角度研究公司金融,或从产业组织出发探讨市场结构与利润率之间的相互影响机制。当然,宏观因素如行业、市场结构、经济周期等也会对微观企业的资本回报率产生影响。宏观角度研究资本回报率,往往是以某个行业、某个地区的资本回报率为研究对象,其涉及的影响因素也是多元的。本书将考察省际三次产业部门资本回报率的影响因素。

一、影响因素的概述

纵观中国资本回报率影响因素的已有研究,主要从三个角度展开分析。第一个角度是对资本回报率进行分解,第二个角度是从资源错配的角度,第三个角度是从计量方程回归分析的角度。

1. 资本回报率的分解研究

一些文献乐于探讨所有制结构与资本回报率的关系,但由于研究对象和研究方法的差异,往往会得出并非一致的结论。如:蒋云赟和任若恩

(2004)使用 Feldstein 方法估算出 1996—2000 年中国工业企业的资本收益率稳定在 6%左右,而国有工业企业的资本收益率则略低,为 4.5%。樊潇彦(2004)兼用函数法和指标法测算中国资本回报率,分析地域分布、行业结构、所有制比例等因素下资本收益率的差异;文中根据国家资本占比情况将行业部门分为占比高、中和低三类,发现国资比中等行业的资本收益率明显低于国资比高和国资比低的行业。舒元等(2010)用 1999—2007 年工业企业数据库测算企业资本回报率指标作为中国工业资本收益率,并用"份额转换分析"方法分解行业间资本收益率,发现资本收益率高得多是资源垄断性行业,收益率低的则为城市公共品供应行业。关于国有经济部门资本回报率较低的结论在 Bai 等(2006)、Hsieh 和 Song(2015)等文中得到确认。

另有一些文献着重分析全要素生产率对资本回报率的影响。如郑玉歆和李玉红(2007)将 1998—2005 年工业企业收益率变化分解为全要素生产率变动和分配格局变动,发现重工业贡献了工业利润增长 70%以上的部分,轻工业和机械工业收益率改善主要来自生产率水平的提高,且利润的高速增长是以工资的缓慢增长为代价的。黄先海等(2011)从资本深化和技术进步视角分解中国的资本回报率,发现影响资本回报率变动的主要因素有乘数大小、资本深化和技术进步,其中,资本深化导致了资本回报率的降低,技术进步提高了资本的边际产出,从而使得中国资本回报率处于稳定水平。

2. 资源错配的分析视角

资源错配视角的分析比较多元,包括要素错配、金融结构错配等。Hsieh 和 Klenow(2009)比较中印两国制造业的资源错配及 TFP 情况,发现中国制造业若能消除资本和劳动力的错配,TFP 能提高 30%~50%,由此亦可带动资本回报率提升。邵挺和李井奎(2010)从金融错配的角度,运用中国工业企业统计库(2001—2006)、以企业净利润与企业总资产比值作为衡量企业资本收益率的指标,发现 2001—2006 年,从企业所有制来看,私营企业、外资企业和港澳台企业的资本收益率高于股份制企业、集体企业、混合企业和国有企业;从行业特征来看,垄断性较强行业的资本收益率比竞争性行业高得多;从地区分布来看,东部沿海企业资本收益率要大大高于中西部地区,中部地区企业资本收益率普遍高于西部地区。类似的研究同样见邵挺(2010),文中指出私营企业带动了中国资本回报率的提高;国企与私企间金融错配的消除会使得我国 GDP 增量提高 2%~3%。Song 等(2011)对中国私有企业生产效率比国有企业高的现象进行分析,认为受到资本约束的私有企业在资本积累效应下逐渐占领整个中国市场,私企份额的扩大会逐渐提升中国整体的资本回报率。

3. 计量方程的回归分析

更多的文献以资本回报率为被解释变量,用计量方程回归分析各种因素变量与资本回报率之间可能存在的关系,包括辛清泉等(2007)、黄伟力(2007)、黄先海和杨君(2012)、胡凯和吴清(2012)、徐建国和张勋(2013)和白重恩和张琼(2014)等,见附表D.3。这些研究构建了以资本回报率为被解释变量的计量方程,从不同视角回归分析了资本回报率的影响因素。但是,由于研究者分析了不同层次资本回报率的影响因素,因此回归结果之间不存在可比性。

二、全要素生产率影响资本回报率的机制

1. 分析框架

在上文的文献综述中,研究地区或部门或企业资本回报率影响因素的文献有很多,但还未有研究省际三次产业部门的。本书着重从全要素生产率角度研究,原因有二。首先,全要素生产率影响资本回报率是有理论机制的。徐建国和张勋(2013)在新古典生产模型框架下推导出影响资本回报率的理论模型,此时均衡状态下资本的边际产出等于实际利率加上金融约束导致的一个额外回报。理论上,影响资本回报率的因素有全要素生产率、资本劳动比率、资本份额、金融约束、实际利率等;实证结果表明,全要素生产率对省际工业资本回报率的贡献最大。其次,根据实际资本回报率的表达式(见式6.2),任意时期资本回报率的大小主要取决于经济体在该时期生产效率的高低,而整个经济效率的高低与以下因素相关:要么是要素投入量的有效使用发生变化,即要素投入量不变时产出的增加或减少;要么是单位要素生产力水平变化,即要素的名义投入量和有效使用量不变时产出依然变化,这对应着可能的"技术进步"及要素配置效率的改善。由此,资本回报率可以分解为技术选择、要素有效使用和配置效率三部分,见式(6.6)(白重恩和张琼,2014)。

$$r_{it} = \underbrace{(\phi_1 \mathrm{TE}_{1,it} + \phi_2 \mathrm{TE}_{2,it} + \cdots)}_{\text{技术进步因素}} + \underbrace{(\varphi_1 \mathrm{EU}_{1,it} + \varphi_2 \mathrm{EU}_{2,it} + \cdots)}_{\text{要素有效使用因素}} +$$
$$\underbrace{(\gamma_1 \mathrm{AE}_{1,it} + \gamma_2 \mathrm{AE}_{2,it} + \cdots)}_{\text{配置效率}} + \Gamma X + \varepsilon_{it} \qquad (6.6)$$

可以说,TFP增长率影响资本回报率的机制,可以通过技术进步、要素有效

使用因素和配置效率三个方面来实现。这与本书第五章将 TFP 增长率分解为技术进步(TP 或 f_t,见式 5.14)、技术效率增长率(TE,见式 5.15)和配置效率增长率(SE,见式 5.16)有异曲同工之处。①

2. 指标及数据

各省三次产业部门的资本回报率(1979—2012)分为实际资本回报率(cr1)和名义资本回报率(cr2),测算公式及方法见本章第一节。

技术进步因素为各省三次产业部门的技术进步(tpa、tpm、tps,a、m、s 依次分别表示三次产业部门,下同),其分布见图 5.3。要素使用效率因素为各省三次产业部门技术效率增长率(dtea、dtem、dtes),其分布见图 5.4。配置效率分两个变量,一是各省三次产业部门的配置效率增长率(sea、sem、ses),二是本章第二节测算出的资本配置效率(cam、cam、cas)②,测算结果来自第五章。

此外,附表 D.3 表明,除全要素生产率外,还有许多内部因素会影响资本回报率。本书纳入解释变量的有:代表宏观经济景气程度的经济增长率(g),由各省三次产业部门实际产出水平计算获得;代表资本份额影响因素的资本产出比;(k/y)(资本产出比也可近似当作投资率)和资本劳动比(k/l)(人均资本存量);各省三次产业的产出份额(em)及增加值份额(va)。

外部环境也会影响资本回报率,包括:政府干预或政府规模(gov)用地方政府支出(本级)占本省当年 GDP 的比重表示;基础设施建设变量(infra)为铁路密度(公里/百平方公里)与公路密度(公里/百平方公里)的几何平均值;市场化程度变量(market)用非国有企业从业人员比值表示;开放程度变量(open)用出口占 GDP 比重表示,出口总额为万美元,通过每年的汇率价格折算为人民币。这些变量的数据来源在前文中都有所交代,这里不做赘述。上述各变量的统计描述见附表 D.4。

回归方法包括固定效应、随机效应以及系统 GMM。其中,前两种方法在前文已做介绍。关于系统 GMM 方法,它通过引入内生变量的水平和差分滞后项作为工具变量,在很大程度上解决宏观变量的回归问题,详细分析见鲁晓东和连玉君(2012)。

---

① 白重恩和张琼(2014)在分析省际资本回报率的影响因素时,使用了一些替代变量(见附表 D.2);本文则可以直接使用 TFP 增长率的分解变量来作为式(6.6)中一一对应的指标。

② 各省三次产业资本配置效率的序列来自分省虚拟变量的面板回归结果,见表 6.3。

三、实证结果

表 6.4 报告了基本回归结果,解释变量包括技术进步、技术效率增长率、配置效率增长率、资本配置效率、资本产出比、资本劳动比、劳动就业份额、产出就业份额和经济增长率。为稳健计,本书使用了三种回归方法,对聚合回归、固定效应、随机效应三种方法显著性进行检验,只报告具有显著性的一种方法。

表 6.4 表明,三次产业部门的资本回报率(包括实际与名义)都与技术进步有着显著的关系,但是技术进步与第一产业部门的资本回报率有着显著的正向相关性,与二、三产业部门有着显著的负向相关性。技术效率,即要素使用效率,与一、二产业部门的资本回报率有着显著的相关关系,系数值在千万级。因此,TFP 增长率主要通过技术进步和要素使用作用于资本回报率,要素配置效应不显著。资本份额影响因素中,资本产出比相对显著,它与第一产业资本回报率负相关、与第二产业资本回报率正相关;资本劳动比仅作用于第三产业资本回报率。宏观经济对三次产业资本回报率无显著关系;资本配置效率仅对第二产业名义资本回报率有积极作用。结构转变因素中,第二产业结构转变对本产业资本回报率作用存在互逆关系,一方面,第二产业产出份额有助于提高本产业资本回报率;另一方面,第二产业就业份额不利于本部门资本回报率;第三产业结构转变主要通过第三产业就业份额阻碍本部门资本回报率。表 6.5 增加了外部环境变量对三次产业部门资本回报率的影响,并使用系统 GMM 方法估算,以与表 6.4 的结果对比。白重恩和张琼(2014)的研究中发现,资本回报率具有惯性特征,因此,表 6.5 也加入了资本回报率的两期滞后项。

结果表明,三次产业资本回报率都无一例外地表现出惯性特征,无论是滞后 1 期还是 2 期,都对名义和实际资本回报率产生显著影响(第三产业滞后 1 期的名义资本回报率例外)。在系统 GMM 方法及考虑了外部环境影响后,TFP 增长率影响资本回报率的机制发生变化,技术进步仅对二、三产业部门产生负向影响,对第一产业部门的负影响不显著;要素使用效率对一、二产业部门资本回报率产生较大的影响,但是对第一产业部门依然是正向的影响、对第二产业部门是负向的影响;配置效率开始对第三产业部门资本回报率产生正向作用。资本份额中,资本产出比对三次产业部门资本回报率都有积极作用,这与固定效应回归的情况有差;资本配置效率仅对第二产业资本名义回报率产生积极影响;资本劳动比仅对第一产业实际资本回

表 6.4　面板回归：资本回报率的基准

被解释变量		第一产业			第二产业			第三产业	
解释变量		实际回报	名义回报		实际回报	名义回报		实际回报	名义回报
TFP增长率	tp	2445.86** (939.03)	2430.14** (939.05)		−174.53*** (35.32)	−172.41*** (35.75)		−118.57*** (44.02)	−97.85** (44.23)
	dte	18332.57*** (2183.61)	18355.48*** (2183.67)		4214.05*** (730.27)	4356.76*** (739.03)		69.98 (508.07)	149.60 (510.47)
	se	−0.457 (3.200499)	−0.47 (3.20)		−0.18 (0.68)	−0.30 (0.69)		0.35 (0.27)	0.34 (0.27)
	ca	−921.36 (1651.67)	−1006.77 (1651.71)		−759.11 (2136.25)	4442.48** (2161.91)		1964.36 (1392.93)	1556.947 (1399.49)
资本份额	k/y	−11.37*** (1.90)	−11.36*** (1.90)		0.16** (0.07)	0.14** (0.07)		0.04 (0.04)	0.04 (0.04)
	k/l	8.66 (9.13)	8.89 (9.13)		−0.37 (0.27)	−0.32 (0.28)		0.89* (0.46)	0.83* (0.47)
宏观经济	g	63.17 (123.52)	168.73 (123.53)		1.01 (55.52)	−56.62 (56.19)		206.18 (157.60)	251.03 (158.34)
	va	−42.69 (34.42)	−42.78 (34.42)		93.52*** (9.80)	88.55*** (9.92)		1.58 (11.77)	−2.56 (11.83)
结构转变	em	−34.99 (27.23)	−35.43 (27.23)		−90.25*** (17.10)	−80.54*** (17.31)		−59.78*** (17.07)	−59.93*** (17.15)

(续表)

被解释变量		第一产业		第二产业		第三产业	
解释变量		实际回报	名义回报	实际回报	名义回报	实际回报	名义回报
常数		−532.58** (152.51)	−525.97** (152.51)	142.03 (277.77)	−533.47* (281.10)	−262.68 (229.43)	−200.24 (230.51)
R^2		0.1967	0.0836	0.0080	0.0141	0.0422	0.1107
回归方法		Fe	Fe	Fe	Fe	Fe	Fe
Hausman 检验	卡方值	40.31	40.50	88.06	83.63	33.85	33.23
	P值	0.0000	0.0000	0.0000	0.0000	0.0000	0.0000

注：上述解释变量均为本产业部门的指标，如以第一产业实际资本回报率为被解释变量时，技术进步表示的是各省第一产业技术进步序列。括号中为稳健标准误。显著性水平分别是 * 为 $p<0.10$，** 为 $p<0.05$，*** 为 $p<0.001$。每一列为一个回归方程，$N=1054$。

表 6.5 加入外部环境变量的系统 GMM

解释变量	被解释变量		第一产业			第二产业			第三产业	
			实际回报	名义回报		实际回报	名义回报		实际回报	名义回报
惯性	L1		0.51 (0.02)***	0.47*** (0.02)		0.12*** (0.03)	0.11** (0.03)		0.07** (0.03)	0.04 (0.03)
	L2		0.28*** (0.02)	0.29*** (0.02)		0.13*** (0.03)	.10** (0.03)		0.09** (0.03)	0.07** (0.02)
TFP 增长率	tp		−487.59 (884.19)	−282.87 (822.48)		−137.48** (56.07)	−144.84 (52.63)		−198.60** (47.25)	−157.41** (46.44)
	dte		2 672.37** (1 115.43)	2 694.00** (1 113.35)		−679.46* (391.48)	−737.89* (380.98)		266.62 (357.24)	432.85 (347.36)
	se		−0.24 (1.88)	−0.13 (1.85)		0.25 (0.72)	−0.05 (0.72)		0.51* (0.28)	0.53* (0.27)
	ca		934.66 (1 042.12)	1 476.08 (997.26)		−175.86 (2 573.41)	7 197.18** (2 599.07)		1 327.27 (1 510.95)	971.39 (1 478.09)
资本份额	k/y		6.39** (2.42)	6.30** (2.20)		0.20** (0.07)	0.17** (0.07)		0.14** (0.06)	0.14** (0.05)
	k/l		16.28** (9.18)	8.69 (8.24)		0.06 (0.32)	−0.25 (0.30)		0.60 (0.67)	0.45 (0.65)
宏观经济	g		−72.26 (78.62)	−14.84 (75.78)		−16.85 (66.86)	−133.78** (67.66)		138.29 (170.64)	182.63 (166.71)

（续表）

解释变量	被解释变量	第一产业 实际回报	第一产业 名义回报	第二产业 实际回报	第二产业 名义回报	第三产业 实际回报	第三产业 名义回报
结构转变	va	−16.90 (26.03)	−49.80* (26.11)	65.85** (15.20)	63.01** (13.39)	40.49** (14.99)	19.31 (13.50)
	em	26.82 (23.08)	55.48** (22.79)	−108.96** (24.874)	−101.88** (22.81)	−73.70** (20.57)	−55.59** (20.41)
	market	−56.54** (20.75)	−36.48* (20.47)	−55.88** (14.77)	−48.53** (14.45)	10.50 (12.83)	6.20 (11.79)
外部环境	open	−0.54 (9.24)	1.87 (8.64)	−5.50 (5.30)	−5.54 (5.46)	−7.17 (5.45)	−7.75 (5.43)
	gov	−7.10 (14.80)	−32.06** (14.37)	−13.00 (12.51)	−0.88 (9.60)	−21.14 (14.02)	−24.15* (12.56)
	infra	−0.19 (0.43)	−0.34 (0.45)	−0.13 (0.28)	0.10 (0.30)	0.10 (0.28)	0.15 (0.28)
常数		−105.00 (107.81)	−176.87* (100.79)	70.29 (335.53)	−898.72** (338.87)	−144.17 (249.32)	−91.09 (244.23)
AR(1)		0.000 4	0.000 5	0.000 0	0.000 1	0.000 1	0.000 1
AR(2)		0.000 6	0.001 3	0.000 2	0.003 8	0.018 2	0.069 4
Sargan 检验		0.000 0	0.000 0	0.000 0	0.000 0	0.000 0	0.000 0

注：除外部环境变量外，其它解释变量均为本产业部门的指标。AR(1)、AR(2)、Hansen Test 分别报告的是 Abond 一阶、二阶检验及 Sargan 检验的 p 值。每一列为一个回归方程，N=1 054。括号中为稳健标准推误。显著性水平分别是：* 为 $p<0.10$，** 为 $p<0.05$，*** 为 $p<0.001$。

报率产生正面作用。第二产业部门经济增长率对本部门的名义资本回报率有负向作用。结构转变变量依然对三次产业资本回报率产生互逆影响：第一产业产出份额对本部门名义资本回报率有负向影响、就业份额对本部门名义资本回报率有正向作用；第二产业产出份额对本部门资本回报率有正向作用、就业份额为负向作用；第三产业产出份额对本部门实际资本回报率有正向作用，就业份额对本部门名义和实际资本回报率都有负向作用。外部环境变量的影响中，市场化无一例外地对一、二产业部门资本回报率有负面作用，政府干预对第一产业与第三产业名义资本回报率产生负面作用。

第四节 本章小结

本章从资本回报率和资本配置效率三个维度勾勒出中国省际三次产业的投资效率，重点特征事实如下。

1. 本书估算出 1979—2012 年间中国第一产业实际资本回报率均值为 21.91%（名义资本回报率均值为 28.96%）、第二产业实际资本回报率均值为 6.33%（名义资本回报率均值为 9.95%）、第三产业实际资本回报率均值为 4.26%（名义资本回报率均值为 9.74%）。各省三次产业部门实际资本回报率比名义资本回报率，有更小的均值和方差；各省三次产业资本回报率分布区间低于已有研究的总量资本回报率，这是因为产业间替代与互补关系以及互动、合作与融合的关系体现于总体资本回报率中，但并不能反映到各部门的资本回报率中。

2. 与已有研究中省际总资本回报率及全国总资本回报率的 U 型走势不同，本书估算出 1979—2012 年间各省三次产业资本回报率为 L 形下降趋势，并在近年来保持相对稳定的态势，这符合卡尔多事实对资本回报率相对稳定的观察。分解资本回报率的表达公式表明，各省三次产业资本产出比自改革开放初期以来的持续攀升是资本回报率 L 形变化趋势的主要原因。产出品价格与资本品价格变化的巨大差异，是构成实际资本回报率波动的主要因素。在我国以政府为主导的投融资体系中，二、三产业部门资本回报率低于第一产业。1979—2012 年间各省三次产业间资本回报率从发散逐渐变为收敛，尤其是各省二、三产业的资本回报率差距在缩小。

3. 各省第一产业的资本配置效率有效，第二产业的资金吸引能力与该产业部门的成长性无关，第三产业资本是相对严重的错配。总体来看，在资本增长率、资本配置效率上,第三产业部门优于第二产业,第二产业优于第一产业;在资本产出比、资本劳动比和资本回报率上,则是第二产业优于第三产业,第三产业优于第一产业。这与我们的预期一致:二、三产业的投资效率相对较高,第一产业的投资效率是经济增长的阻力。尽管第一产业在效率提升上有较大空间,但鉴于其在国民经济中所占份额及对经济增长日益降低的贡献率,第一产业效率提升对经济增长绩效的改进是有限的。第二产业相对高的资本产出比、资本劳动比和资本回报率,说明第二产业原有的高投入增长方式已经进入瓶颈,提升的空间来自资本配置效率的改进。三次产业中,第二产业转型升级最为迫切。第三产业的资本回报还有上升空间,依赖投资驱动获得收益的传统模式尚可持续,转型升级的节奏可慢于第二产业。

4. 在三次产业部门的影响因素中,全要素生产率主要通过技术进步与要素使用效率作用于三次产业部门的资本回报率,要素配置效应对资本回报率的作用有限。三次产业资本产出比和产出份额对三次产业部门资本回报率产生积极影响,三次产业就业份额对本部门资本回报率产生负面影响。资本回报率有明显的惯性特征。值得注意的是,市场化和政府行为对三次产业资本回报率的作用均为负,本书认为,这与我国当前的投融资体系相关。中国传统的投融资结构以银行间接融资为主、资本市场直接融资为辅。在银行传统信贷模式驱动的投资结构下,信贷主要服务于出口、基建、地方政府的各种投资等,但随着借贷成本高企、投资回报率下降、银行惜贷等原因,这种低效率的资金配置方式及投资增长模式已经难以为继。因此,直接融资在经济发展的作用相应提升。尤其是,资本市场具有价格发现、去杠杆、优化资源配置、创新驱动等功能,当前经济转型与改革的背景是资本市场发展的重要节点,资金进入股市等虚拟经济中与实体经济并不冲突,通过虚拟经济对资金和社会财富进行更加有效的配置。

第七章　产业转型升级的技术选择

无论是国际比较,还是中国省际分部门的结构变化,一个关于结构转变与经济增长的基本事实是:随着人均收入水平提高,生产要素会逐步转移至非农部门。然而,这个典型事实并不是一个新发现,早在20世纪二战结束后,结构转变与经济增长的高度相关性被当作因果关系,认为发展中国家的落后根源在于产业结构的落后,从而涌现出"大推进"(Rosenstein-Rodan,1943)、"联系效应"(Prebisch,1950)、"中心外围"(Singer,1950)、"二元结构"(Lewis,1954)、"幼稚产业保护"(Hirschman,1958;Baldwin,1969)等政策性理论——指导发展中国家通过政府干预,或扶持工业尤其是优先发展重工业,或通过进口替代战略减少对发达国家的依赖。然而,践行上述理论的拉美国家和其他发展中地区,不仅没能获得增长绩效,反而陷入通货膨胀、经济停滞的状况。与此相对比的东亚地区,实施相反的经济政策——重点扶持具有比较优势的纺织、食品等劳动密集型产业,同时开展出口导向战略——获得了快速的产业结构升级与经济增长。这段经济史公案无疑提醒后来的产业政策研究,需要时刻警惕自身研究的局限性。理论的魅力在于它的抽象和逻辑能力,但不可否认它与复杂多变的现实世界的脱轨。这也就可以理解,为何在各式各样的理论研究为政府产业政策制定提供指导与依据时,对同一产业政策有效性的质疑与批评一直存在。前文以时空维度下的结构转变为研究对象,每每描绘其变化的曲线时,感叹于全球各地结构变迁机制的同一趋势,仿佛结构部门具有一个内生的转型和升级机制。很遗憾,这一升级机制难以量化捕获。尽管不能否认规模经济、外部性、不完全竞争、不完全信息等因素对产业结构升级的阻碍作用,但是,市场机制一直在部门间要素转移与配置发挥着决定性的作用,这种作用是任何其他主体(包括政府在内)所无法比拟的;而任何阻碍因素在市场机制前仅是匆匆过客,完成其出现问题→干扰→被解决→新出现问题的更替。

第一节　技术选择、产业结构转型升级与经济增长

如何持续地引导产业结构转型升级从而带动经济结构调整是当下中国经济发展的题中之义。已有研究从技术进步(技术进步)、资本积累(物质和人力)、经济开放、制度改革等角度考察我国产业转型升级的路径。其中,技术进步对产业转型升级的主要推动作用是毋庸置疑的:"以持续技术创新和产业升级为显著标志的人均收入和经济持续增长,是一个现代以来才发生的过程"(林毅夫,2010),经济发展本质上是一个技术不断创新、产业不断升级、结构不断变迁的过程(林毅夫等,2012)。

一、技术推动中国产业升级的文献综述

探讨技术推动中国产业升级的文献很多。如,张耀辉(2002)用"高附加值产业替代低附加值产业的过程"定义产业升级,以此为前提讨论产业创新对产业升级的作用,指出产业创新以分工创新为主要模式更为合理。宋辉和李强(2003)运用投入产出模型,从技术原理上定量地测算出我国1981—1995年全社会产出增长的78.1%是由技术进步引起(21.3%由对外贸易增长和国内需求变化引起)。黄茂兴和李军军(2009)构建出经济增长关于技术选择和产业结构升级的关系模型,以中国1991—2007年的省际面板数据为对象。徐康宁和冯伟(2010)基于理论模型的推导,指出中国产业升级的关键在于企业形成创新能力、加快实现技术创新;并在案例分析基础上对比以企业为主体的不同技术创新模式,提出了基于本土市场规模效应的技术创新道路。丁志国等(2012)采用空间面板模型判别了劳动力、固定资产投资和技术进步等资源要素对中国经济增长的实际影响效果,相较于劳动力对三次产业的不显著及固定资产投资仅对第二产业的负效应和第三产业的正效应,技术进步对三次产业的促进效应均显著,从而得出技术进步是驱动中国经济可持续增长核心动力的结论。韩江波和李超(2013)通过梳理国际产业转移案例,指出中国在主导、关键及核心技术领域实施先发优势、自主创新及赶超战略,在一般技术领域采用后发优势、模仿创新及追赶战略,来实现本国的产业升级。

但是,由于中国经济发展不平衡,地区差异明显,三次产业部门的发展又都具有其独特性,不能简单从总量层面概括中国产业转型的一般规律,还

需要具体到不同地区的不同产业部门,从而对产业转型升级有更好地推动。

二、概念界定:技术选择

就企业微观层面而言,生产力要素在生产过程中的一切表现可以用"技术"概括。选择何种技术组织生产,是影响其生产率至关重要的因素。对于一国而言,也面临着优先发展何种技术、保障国家发展战略的选择。技术选择与技术进步是完全不同的概念。技术选择问题是20世纪40—50年代,针对发展中国家提出。当时,发展中国家为缩短与发达国家的差距,试图通过复制发达国家的工业化模式来加速本国发展。但是,受资源、资金、技术等要素禀赋的限制,发展中国家不可能完全照搬发达国家的前沿生产技术,需要在模仿与原创的技术种类上进行选择:哪些技术是"拿来主义"、哪些技术是本土开发。

对技术选择的系统性研究始于Sen(1960),探讨经济发展中的技术选择问题,倡导"优先发展资本品工业"的战略。Atkinson和Stiglitz(1969)用"本土化的干中学"(localized learning by doing)概念首次阐述了"适宜技术"思想。他们在新古典贸易理论的研究领域解释发展中国家和发达国家存在巨大人均收入差距的原因:一国或地区经济发展要受到当地特定的投入要素组合的制约;并指出,发展中国家根据自己的要素禀赋特征,着重发展劳动力密集型工业,有利于吸收剩余劳动力,提高工业部门产出和利润。Schumacher(1973)就发展中国家在技术进步过程中的技术选择问题正式提出"适宜技术"(appropriate technology)的概念,使得技术选择上升至关系发展中国家经济发展成败的重要地位。Basu和Weil(1998)在一个关于适宜技术的多国AK增长模型中,假定技术与本国要素投入相匹配,技术溢出效应使得技术领导国的收益小于技术追随国,从而得以解释东亚的增长奇迹。Acemoglu和Zilibotti(2001)假设一国技术结构与本国要素禀赋结构相一致,因此,尽管发展中国家可以直接使用由发达国家研发出的技术,但由于技能上的差异造成技术需求与技能工人的不匹配,最终导致发展中国家的低效率。林毅夫的技术选择假说认为,一个国家的要素禀赋结构内生决定了其经济结构,通过构建关于技术选择、地理位置、政府质量等因素的增长函数,发现技术选择如果背离由要素禀赋结构决定的最优结构的程度,将对经济增长率和TFP有显著负影响(林毅夫等,2004)。这对盲目追求前沿技术的发展战略无疑是当头棒喝,技术选择应该是与本国要素禀赋结构的比较优势相匹配的,且应是循序渐进的。

对技术选择的系统研究使得其定义更加清晰。根据黄茂兴和李军军（2009），技术选择是指决策者在系统内外制约条件下，对各种技术路线、方针、措施和方案进行分析比较、选取最佳方案的过程。这个定义本身就涵盖了技术选择与经济发展的关系，技术选择是经济发展的手段，而非目标。

三、省际三部门的技术选择

1. 分析框架

本书研究技术选择对中国各省三次产业的作用，参考黄茂兴和李军军（2009），假设某省三次产业部门的生产函数均为规模报酬不变的 C-D 函数：

$$Y_{ijt}=A_{ijt}K_{ijt}^{\alpha_i}L_{ijt}^{\beta_i} \quad \alpha_i+\beta_i=1 \tag{7.1}$$

Y_{ijt} 表示某省某产业部门的产出，K_{ijt} 表示某省某产业部门的资本存量，L_{ijt} 表示某省某产业部门的劳动力投入量；α,β 分别表示资本和劳动力的产出弹性，A 表示技术进步，i 表示三次产业部门，j 表示省份，t 表示年份。当式(7.1)中各变量的下标不存在时，为各省全行业的生产函数。考虑人均产出形式，式(7.1)可以改写为：

$$\frac{Y_i}{L_i}=A_i\left[\frac{K_i}{L_i}\right]^{\alpha_i} \tag{7.2}$$

林毅夫(2002)将技术选择指标定义为制造业的实际资本劳动比率与整个国民经济的资本劳动比率比值，将之作为制造业部门实际的技术选择指数；黄茂兴和李军军(2009)定义技术选择指标为地区资本劳动比与全国平均资本劳动比的比值。契合本研究的主题，本书对技术选择指标做重新定义，为某省某产业部门资本劳动比与全国该产业部门资本劳动比的比值：

$$\mathrm{TCI}_{ijt}=\frac{K_{ijt}/L_{ijt}}{K_{it}/L_{it}}=\left(\frac{Y_{ijt}}{L_{ijt}}\right)^{1/\alpha_i}\left(\frac{Y_{it}}{L_{it}}\right)^{-1/\alpha}\frac{A_{it}^{1/\alpha}}{A_{ijt}^{1/\alpha_i}} \tag{7.3}$$

式(7.3)等号最右边的代数式为技术选择指标替换到生产函数表达式后所得到的等价关系。将式(7.3)代入生产函数，会得到某省某产业部门总产出与技术选择指标、全国该部门总产出和技术进步的等量关系：

$$\frac{Y_{ijt}}{L_{ijt}}=(\mathrm{TCI}_{ijt})^{\alpha_i}\left(\frac{Y_{it}}{L_{it}}\right)^{\alpha_i/\alpha}\frac{A_{itj}}{A_{it}^{\alpha_i/\alpha}} \tag{7.4}$$

如果用 y_{ijt} 表示人均产出，则式(7.5)为表示分省分部门人均产出的增长模型：

$$y_{ijt}=(\mathrm{TCI}_{ijt})^{\alpha_i}(y_{it})^{\alpha_i/\alpha}\frac{A_{itj}}{A_{it}^{\alpha_i/\alpha}} \tag{7.5}$$

对数线性化得到回归方程：

$$\ln(y_{ijt}) = \alpha_{ijt} + \beta_1 \ln(TCI_{ijt}) + \beta_2 \ln(y_{it}) + \varepsilon_{ijt} \quad (7.6)$$

其中，$\alpha_{ijt}=\ln(A_{ijt}/A_{it}^{\alpha_i/\alpha})$，$\beta_1=\alpha_i$，$\beta_2=\alpha_i/\alpha$。

这个方程将各省分部门的人均产出、技术选择及全国分部门人均产出纳入一起。产业部门人均产出可衡量产业发展水平，各省某产业部门的人均产出水平受到技术选择和该部门全国范围内人均产出水平的影响。在某产业部门资本产出弹性为正（$\alpha_i>0$）的情况下，技术选择指标对该部门有正向的影响。如果该省某个产业部门的要素禀赋结构在全国处于相对优势，则可以通过对该省的该产业实施优先扶持和重点发展战略，促使其资本深化和技术选择系数的提高，从而提升其在国民经济中的比重和地位，最终带动全国产业结构调整与升级。

2. 数据来源

本书需要寻找的数据是各省 1978—2012 年三次产业的总产出、资本存量、劳动力就业数据，这些都来自公开的统计年鉴中。各省 1978—2012 年三次产业的增加值现价数据、生产总值指数、就业人数均来源于各省 2013 年的统计年鉴，这些数据在统计局的公开网站上均可查询到。价格指数、折旧率、基期资本存量及各省三次产业资本存量估算、资本产出比的具体细节选择可参见本书第四章。全国的分部门数据为各省加总值。产出、资本存量等都进行了平减。

3. 技术选择与产业结构的变量分析

为反映各省某部门技术选择指标、产业结构变化对该省该部门实际产出的影响，需要计算各省历年的三次产业结构（产出占比和就业占比）。附图 E.1 的 A、B、C 分别是各省一、二、三产部门的产出与该部门的产出比重及该部门技术选择指数的三维立体图。其中，x 轴（长方体的宽）为产业部门产出，y 轴（长方体的长）为产出比重，z 轴（长方体的高）为技术选择指数。附图 E.2 的 A、B、C 分别是各省一、二、三产部门的产出与该部门的就业占比及该部门技术选择指数的三维立体图。其中，x 轴（长方体的宽）为产业部门产出，y 轴（长方体的长）为就业比重，z 轴（长方体的高）为技术选择指数。无论是哪个产业部门，技术选择与部门产出都是递增关系；随着部门产出的增加，这种递增关系更为明显。从部门产出、部门结构（产出与就业）及部门技术选择三者关系看，第一产业部门为带状图，第二产业为山峰状，第三产业为星状。这三种图形印证了本书第三章对结构转变的典型事实,第一产业的产出与就业占比为直线下降,下降幅度最大;第二产业的产出与就业占比为驼峰形;第三产业的产出与就业占比为波动中上升。但是附图 E.1 和附图 E.2 中为总量数据的关系,当中的时间效应与个体效应尚未区隔,因此,需要严谨的实证回归做进一步分析。

三、实证结果

采用省际面板数据对式(7.6)进行估计。分别采用固定效应和随机效应模型,并使用 Hausman 检验,见表 7.1。各省三次产业部门中,第一产业和第三产业应使用随机效应模型,第二产业则使用固定效应模型。仅第二产业的技术选择对该部门实际人均产出有显著影响,且系数较高,当第二产业技术选择上升 1 个百分点,则该部门实际人均产出上升 0.21 个百分点。同时,无论是三次产业哪个部门,全国的部门产出对省际部门产出都有显著的带动效应,其中第一产业部门的带动效应最强:当全国第一产业实际人均产出上升 1 个百分点时,省际第一产业实际人均产出会上升 0.03 个百分点;当全国二、三产业实际人均产出分别上升 1 个百分点时,二、三产业的带动幅度分别为 0.006% 和 0.005%。

表 7.1 面板回归:中国省际 1978—2012 年技术选择与经济增长

	第一产业		第二产业		第三产业	
	固定效应	随机效应	固定效应	随机效应	固定效应	随机效应
$\ln TCI$	0.075 4 (0.050 5)	**0.078 4** **(0.049 6)**	**0.214 7**** **(0.085 7)**	0.224 2** (0.084 2)	0.066 2 (0.075 0)	**0.706 0** **(0.073 8)**
$\ln yp$	0.031 0*** (0.001 3)	**0.031 0***** **(0.001 3)**	**0.005 9**** **(0.000 5)**	0.006 0** (0.000 5)	0.005 3** (0.000 5)	**0.005 3**** **(0.000 5)**
α	5.862 5*** (0.047 7)	**5.863 3***** **(0.066 7)**	**7.613 1**** **(0.021 6)**	7.611 6** (0.072 8)	7.018 5** (0.167 2)	**7.018 8**** **(0.053 6)**
R^2	0.676 4	**0.677 0**	**0.255 4**	0.259 8	0.131 0	**0.134 7**
Hausman 检验	卡方值 1.07 P 值 0.300 1		卡方值 9.73 P 值 0.007 7		卡方值 4.46 P 值 0.107 8	

注:括号中为稳健标准误。显著性水平分别是 * 为 $p<0.10$,** 为 $p<0.05$,*** 为 $p<0.001$。每一列为一个回归方程,$N=1085$。$\ln TCI$ 为各省某产业部门的技术选择指标的对数值,$\ln yp$ 为全国某产业部门实际人均产出(1978 年价格)的对数值。加粗列表示该部门适应的回归模型类型。

假定时间上没有区别,主要考察技术选择对人均产出变化的省份异质性。这里使用随机系数模型(Random-coefficients regression,或称变系数模型)对式(7.6)进行回归,回归结果见附表 E.1。整体而言,变系数模型的回归显著性和带动强度都优于固定效应和随机效应模型。就技术选择指标而言,当第一产业技术选择系数上升1个百分点时,第一产业实际人均产出上升0.21个百分点;当第二产业技术选择系数上升1个百分点时,第二产业实际人均产出上升0.36个百分点;第三产业部门的技术选择效应不显著。就全国实际人均产出而言,当全国第一产业实际人均产出上升1个百分点时,某省第一产业实际人均产出上升0.27个百分点;当全国第二产业实际人均产出上升1个百分点时,该省第一产业实际人均产出上升0.028个百分点;当全国第二产业实际人均产出上升1个百分点时,该省第二产业实际人均产出上升0.006个百分点;当全国第三产业实际人均产出上升1个百分点时,该省第三产业实际人均产出上升0.005个百分点。

技术选择指标对各省产业部门的实际产出影响不同,这种不同既包括影响大小,也包括影响的方向。虽然整体上技术选择指标对产业部门实际人均产出为正向影响,但一些省份某产业部门却出现了负值情况:广西、陕西、云南3省(自治区)第一产业的技术选择对该省实际人均产出的影响为负(系数不显著的不做考虑);福建、宁夏、青海、陕西、山东、云南、浙江7省(自治区)第二产业的技术选择对该省实际人均产出的影响为负(湖南、江苏两省系数不显著);西藏、安徽、福建、海南、河北、河南、江苏、天津8省(自治区)第三产业的技术选择对该省实际人均产出的影响为负。无独有偶,黄茂兴和李军军(2009)的分省总量研究中,也出现了某些省份技术选择指数影响为负的情况。本书的回归结果无疑说明,各省在加快资本深化、提高资本劳动比、提高劳动生产率以促进本省产业结构升级的制度安排显然是不同的。各省发展的异质性既不能简单以经济发展阶段或地区人均实际产出水平来衡量,还要根据本省资源禀赋要素情况,建立起一套与之相匹配的要素流动机制。

第二节 全文结论与政策建议

一、各省资源要素禀赋结构

在过去的追赶式增长激励下,各省实施同质化的产业政策,造成全国性的产业趋同发展、产能过剩严重、产业效率低下等问题。同时,由于要素禀赋结构、地理分布、历史文化等因素的差异,中国区域经济增长是不均衡的,表现为俱乐部收敛效应。2008年的金融危机打破了原有的东部率先俱乐部结构。在大国雁阵模式的假定下,产业在中国内部区域之间重新布局,东、中、西部会形成产业的转移与承接:沿海地区实现产业的升级与转移,中西部地区凭借劳动力供给优势进行产业承接。然而,以越南等为代表的新制造业加工地加入了全球产业分工格局的竞争,吸引外资撤出中国,转而进入更具低劳动力成本优势的越南等国;同时,中国中西部地区的基础设施尚在建设中,这直接影响产业承接的实现。本书对资本回报率、资本配置效率、技术选择等指标进行测算,发现地区间的产业承接面临严峻考验。首先,各省三次产业的资本回报率趋于收敛,资本从东部沿海地区向中西部流动的速度将会放缓。其次,就第二产业的资本配置效率而言,明显形成沿海、内陆的区隔。

省际的投资效率也表现出地区差异,但是在资本回报率及资本配置效率的指标衡量下,并未能像以往研究中提炼出明显的东、中、西区域递减特征。仅仅以东、中、西这种轮廓差异来描述中国的地域差异稍显粗犷。本书的研究中,东部地区也有一些省份投资效率指标不尽如人意,西部地区也有部分省(直辖市)表现出色。从产业结构层面看,中国各省之间的投资效率差异已经超越了区域框架,越来越多的呈现为省际个体差异。

值得庆幸的是,中西部地区有优于东部地区的要素禀赋结构,其技术选择对经济增长有相对显著的效应。这种对比说明,仅仅依靠东西部地区的产业承接实现产业结构内部循环来缩小地区差距、推动经济增长的路径已然不可行,未来需要中西部省份进一步开拓市场。经验表明,东部沿海地区是依靠对外开放、加入产业的全球价值链实现产业升级。当前中央政府实行"一带一路"政策,即改变区域产业承接的内循环思路,强调中西部地区发挥要素禀赋结构的比较优势,向欧亚地区"走出去",实现产业承接的外循环。

二、三次产业的升级路径

1. 以农村改革为抓手推进农业现代化

在本书的研究中,无论是资本回报率还是资本配置效率,农业都有着优于二、三产业的表现。但这些数据并不能反映当前中国农民收入与农村发展陷入的困境。生产要素的自由流动与高效配置可以解释中国过去的高速增长。改革开放以来的双轨制市场化改革和地方政府以 GDP 增长为考核的政治锦标赛下,促进了乡镇企业和私营企业的崛起,它们吸纳了乡村多余的劳动力要素,使得更多劳动力资源从农业中流出并进入工业部门。人口红利和地方政府的招商引资行为,使得外商直接投资强化了经济增长绩效。同时,高投资加速城市化步伐,城市化及产业集聚化的规模效应极大增加了对第三产业的需求,生产要素开始进入第三产业部门。生产要素从传统农业部门配置到现代产业部门,造就了中国的"追赶"式发展;而农村、农业和农民则成为"追赶"拉长的背影。

对于农村和农业而言,生产要素的自由流动与否不仅仅是一个微观资源配置问题,更关系到经济发展模式的转变和经济结构的优化。因此,当前需要从顶层设计转换到落地阶段、推进农业农村的各项改革,包括农村土地征收、集体经营性建设用地入市、宅基地制度、集体产权制度等,促进土地要素的自由流转,将农业的高资本回报率和高资本配置效率释放出来,从而增加农民收入、改善农村建设。

2. 以"存量调整"打造制造业强国

本书的分析表明,我国大部分省份的第二产业部门已经进入到一个瓶颈期。在原材料供应国、生产国和消费国的全球产业格局构成中,中国位于产业价值链的中间,尤其是东部沿海地区以劳动力低廉的成本优势承担着制造业外包服务。这种分工格局下,使得东部沿海地区的制造业回报率低下且发展模式不可持续。随着中国劳动力成本的提升以及越南等东亚国家低成本优势,外商撤资现象凸显,中国制造业的外包份额缩减。在利润稀薄、竞争加剧的挑战下,在现有制造业存量体量庞大的发展阶段下,一方面,中国需要学习德国、日本这样的制造业强国,实施积极的产业政策,对业已成熟的制造业进行技术改造和提升,实现制造业企业的转型升级;同时,契合国家"一带一路"等发展战略,开拓欧美以外的世界市场,消化过剩产能,打造制造业强国。

本书的研究关注产业层面,但忽视了产业内企业的异质性,不可避免"归并偏差"(aggregation bias)。现代国际贸易格局的主导方,已经由各国产业比较优势变为各国跨国企业国际竞争力的比较。可以预期,能够夯实未来中国制造业强国基础的,必然是拥有国际市场份额和话语权、掌握关键核心技术的制造业跨国企业。

3. 以"增量改革"培育服务业增长点

中国服务业的发展一直受中国低消费率约束,这与我国生产要素配置的结构性问题相关。我国从计划经济向市场经济转轨的进程中,社会各行业是有步骤、有先后的有序放开,一些产业部门先放开、另一些产业部门常处于有计划的管制中。自由放开的竞争性领域,生产要素自由流进、流出;而禁止进入的行业部门,生产要素的配置是扭曲的。徐朝阳(2014)假设社会生产部门有竞争性部门和供给抑制[①]部门两类,生产要素自由进入竞争性部门而不能随意进入供给抑制部门,构建出的多部门动态一般均衡模型很好地解释了中国转型期消费率下滑与社会消费品零售额持续增长的矛盾现象:由于我国供给抑制部门(如土地、医疗、教育、金融等领域)尚未完全放开,供给有限,无法满足居民日益旺盛的消费需求;同时竞争性部门的政策空间允许社会富余民间资本进入、供给扩张,超过了这些部门的社会消费需求。生产要素在两部门的一张一弛最终压低中国的消费率,使得过去中国经济模式为外需驱动型。

尽管我国的城市化进程还在持续上升的路径上,但是,城市化已步入降速通道,这一定程度上制约了第三产业部门的规模扩张。同时,互联网技术和通信技术的变革,又为产业发展构造了新前景,传统产业的互联网化、智能化、物联化,都是以新兴的服务业行业来推动传统产业的转型升级、提高传统产业的生产效率。纵观中国互联网行业自20世纪90年代以来的发展,经历了流量变现(以新浪、搜狐、网易为典型代表的门户网站)→基于现实供需的全产业链布局(乐视、京东的崛起)→传统产业互联网化、重塑线上线下产业链的三阶段发展(王禹媚,2015)。未来中国庞大的人口基数和需求将会转变成大数据红利,成为新的经济增长点。而且,与美国20世纪90年代高举免费大旗、只顾技术创新、引致资本进入、造成互联网泡沫不同,如今中国资本市场对"互联网+"的商业模式更加谨慎,资本的累积与涌入是以新业态的市场应用价值为导向。未来的增量改革是以"互联网"+"工业4.0"为核心,不仅为服务业培育了新兴增长点,而且能提高全行业的生产效率。

---

① 徐朝阳(2014)将转型期间由于改革不到位阻碍社会资本进入、从而制约其供给能力增长的各种体制性因素定义为供给抑制政策。实施供给抑制政策的产业部门即供给抑制政策。

参考文献

[1] 钱纳里,鲁宾逊,赛尔奎因.工业化和经济增长的比较研究[M].吴奇,王松宝,译.上海:上海三联书店,上海人民出版社,1995.

[2] 钱纳里,赛尔昆.发展的型式:1950—1970[M].李新华,徐公理,迟建平,译.北京:经济科学出版社,1988.

[3] 库兹涅茨.现代经济增长:速度、结构与扩展[M].戴睿,易诚,译.北京:北京经济学院出版社,1989.

[4] 米切尔.帕尔格雷夫世界历史统计(美洲卷)(1750—1993年)[M].贺力平,译.4版.北京:经济科学出版社,2002.

[5] 米切尔.帕尔格雷夫世界历史统计(欧洲卷)(1750—1993年)[M].贺力平,译.4版.北京:经济科学出版社,2002.

[6] 米切尔.帕尔格雷夫世界历史统计(亚洲、非洲和大洋洲卷)(1750—1993年)[M].贺力平,译.4版.北京:经济科学出版社,2002.

[7] "SNA的修订与中国国民经济核算体系改革"课题组.SNA关于资本服务的测算及对国民账户的影响[J].统计研究,2013,30(5):3-8.

[8] ABRAMOXITZ M. Notes on international differences in productivity growth rates[M] // Mueller D C. The political economy of growth. New Haven: Yale University Press, 1983.

[9] ACEMOGLU D, ZILIBOTTI F. Productivity differences[J]. The Quarterly Journal of Economics, 2001, 116(2):563-606.

[10] ACEMOGLU D. Introduction to modern economic growth[M]. Princeton: Princeton University Press, 2009.

[11] ACEMOGLU D, GUERRIERI V. Capital deepening and non-balanced economic growth[J]. Journal of Political Economy, 2008, 116:467-498.

[12] AGHION P, HOWITT P. A model of growth through creative

destruction[J]. Econometrica, 1992, 60(2): 323 - 351.

[13] AGHION P, HOWITT P. Endogenous growth theory [M]. Cambridge: MIT Press, 1998.

[14] AGHION P, HOWITT P. The economics of growth[M]. MA: Massachusetts Institute of Technology Press, 2009.

[15] AKAMATSU K. A historical pattern of economic growth in developing countries [J]. The Developing Economies (Tokyo), 1962, 1(1): 3 - 25.

[16] HESHMATI A, KUMBHAKAR S C. Technical change and total factor productivity growth: The case of Chinese provinces[D]. IZA Discussion Paper, 2010.

[17] ALVAREZ-CUADRADO F, POSCHKE M. Structural change out of agriculture: Labor Push versus Labor Pull [J]. American Economic Journal: Macroeconomics, 2011, 3: 127 - 158.

[18] AOKI M. The five—phases of economic development and institutional evolution in China and Japan[D/OL]. ADBI Working Paper Series, 2011. http://www. adbi. org/files/2011. 12. 30. wp340. five. phases. economic. dev. evolution. prc. japan. pdf.

[19] ATKINSON A B, STIGLITZ J E. A new view of technological change[J]. Economic Journal, 1969, 79: 573 - 578.

[20] BAH EL-HADJ. Structural transformation in developed and developing countries [Z]. Mamuscript, Arizona State University, Tempe, AZ, 2008.

[21] BAI C E, HSIEH C T, QIAN Y. The return to capital in China[D/OL]. NBER Working Paper Series, 2006, 12755. http://www. nber. org/papers/w12755.

[22] BALDWIN R. The case against infant-industry tariff protection[J]. Journal of Political Economy, 1969, 77: 573 - 594.

[23] BASU S, WEIL D. Appropriate technology and growth [J]. Quarterly Journal of Economics, 1998, 113(4): 1025 - 1054.

[24] BATTESE G E, COELLI T J. A model for technical inefficiency effects in a Stochastic frontier Production Function for Panel Data [J]. Empirical Economics, 1995, 20(2): 325 - 332.

[25] BAUMOL W J, HEIM P, MALKIEL B G, et al. Earnings retention, new capital and the growth of the firm[J]. Review of Economics and Statistics, 1970, 52(4): 345-355.

[26] BAUMOL W J, BLACKMAN S, WOLFF E N. Unbalanced growth revisited: asymptotic stagnancy and new evidence[J]. The American Economic Review, 1985, 75(4): 806-817.

[27] BAUMOL W J. Macroeconomics of unbalanced growth: the anatomy of urban crisis[J]. The American Economic Review, 1967, 57(3): 415-426.

[28] BERTHELEMY J C. The role of capital accumulation, adjustment and structural change for economic take-off empirical evidence from African growth episodes[J]. World Development, 2001, 29(2): 323-343.

[29] BLANCHARD O, NORDHAUS W, PHELPS E. The medium run [J]. Brookings Papers on Economic Activity, 1997, 28(2): 89-158.

[30] BOSWORTH B, COLLINS S M. Accounting for growth: comparing China and India[J]. Journal of Economic Perspectives, 2008, 22(1): 45-66.

[31] BRANDT L, HSIEH C, ZHU X. China's structural transformation[M] // BRANDT L, RAWSKI T. China's great economic transformation. Cambridge: Cambridge University Press, 2008.

[32] BROADBERRY S, CAMPBELL B, LEEUWEN B V. When did Britain industrialise? The sectoral distribution of the labour force and labour productivity in Britain, 1381—1851 [J]. Explorations in Economic History, 2013, 50(1): 16-27.

[33] BUERA F J, KABOSKI J P. Scale and origins of structural change [J]. Journal of Economic Theory, 2012, 147(2): 684-712.

[34] SCHROEPPEL C, NAKAJIMA M. The changing interpretation of the flying geese model of economic development[J]. Japan Studies, 2002, 14, German Institute for Japanese Studies.

[35] CASELLI F, COLEMAN J. The U. S. structural transformation and regional convergence: A reinterpretation[J]. Journal of Political

Economy, 2001, 109: 584 - 617.

[36] CASELLI F, FEYER F. The marginal product of capital[J]. Quarterly Journal of Economics, 2007, 122(2): 535 - 568.

[37] CCER"中国经济观察"研究组, 卢锋. 我国资本回报率估测(1978—2006)——新一轮投资增长和经济景气微观基础[J]. 经济学, 2007, 6(3): 723 - 758.

[38] JONES C I, ROMER P M. The new Kaldor facts: ideas, institutions, population, and human capital[D]. NBER Working Paper, 2009, 15094.

[39] CHEN E K. The total factor productivity debates: determinants of economic growth in East Asian[J]. Asian-Pacific Economic Literature, 1997, 11(1): 18 - 38.

[40] CHENERY H B. Structural change and development policy[M]. New York: Oxford University Press, 1997.

[41] CHENERY H B. Patterns of industrial growth[J]. American Economic Review, 1960, 50(4): 624 - 654.

[42] CHOW G, LI K. China's economic growth: 1952—2010[J]. Economic Development and Cultural Change, 2002, 51(1): 247 - 256.

[43] CHOW G. Capital formation and economic growth in China[J]. Quarterly Journal of Economics, 1993, 108(3): 809 - 842.

[44] CLARK C. The conditions of economic progress[M]. 3rd ed. London: Macmillan, 1960.

[45] DEATON A, MUELLBAUER J. An almost ideal demand system[J]. American Economic Review, 1980, 70(3): 312 - 326.

[46] DEKLE R, VANDENBROUCKE G. A quantitative analysis of China's structural transformation[J]. Journal of Economic Dynamics and Control, 2012, 36(1): 119 - 135.

[47] DEWHURST J H. An empirical investigation of the relationship between regional economic growth and structural change[J]. Dundee Discussion Papers in Economics, 2003.

[48] DIXIT A, STIGLITZ J. Monopolistic competition and optimum product diversity[J]. The American Economic Review, 1977, 67

(3): 297-308.

[49] DOUGHERTY C, JORGENSON D W. International comparisons of the sources of economic growth[J]. American Economic Review (Papers and Proceedings), 1996, 86(2): 25-29.

[50] DUARTE M, RESTUCCIA D. The role of structural transformation in aggregate productivity[J]. Quarterly Journal of Economics, 2010, 125(1): 129-173.

[51] ECHEVARRIA C. Changes in sectoral composition associated with economic growth[J]. International Economic Review, 1997, 38: 431-452.

[52] EICHENGREEN B, PARK D, SHIN K. When fast growing economies slow down: international evidence and implications for China[D]. NBER working paper, 2011, 16919.

[53] FAGERBERG J. Technological progress, structural change and productivity growth: a comparative study[J]. Structural Change and Economic Dynamics, 2002, 11(4): 393-411.

[54] FARRELL M J. The measurement of productive efficiency[J]. Journal of the Royal Statistical Society, 1957, 120(3): 253-290.

[55] FELDSTEIN M. Does the United States save too little? [J]. American Economics Review, 1977, 67(1): 116-121.

[56] FELIPE J. Total factor productivity growth in east Asia: a critical survey[J]. Journal of Development Studies, 1999, 35(4): 1-41.

[57] FISHER A G B. Production, primary, secondary and tertiary[J]. Economic Record, 1939, 15(1): 24-38.

[58] FOELLMI R, JOSEF Z. Structural change, Engel's consumption cycles and Kaldor's facts of economic growth [J]. Journal of Monetary Economics, 2008, 55(7): 1317-1328.

[59] FOSTER L, JOHN H, CHAD S. Reallocation, firm turnover, and efficiency: selection on productivity or profitability[J]. American Economic Review, 2008, 98: 394-425.

[60] GALLMAN R E. The United States commodity output, 1839—1899 [M] // WILLIAN P. Trends in the American economy in the nineteenth century, NBER studies in income and wealth. Princeton:

Princeton University Press, 1960.

[61] GALLMAN R E, WEISS T J. The service industries in the nineteenth century [M/OL] // FUCHS V R. Production and productivity in the service industries, NBER studies in income and wealth. New York: Columbia University Press, 1969. http://www.nber.org/chapters/c1205.

[62] GEARY R C. A note on a constant-utility index of the cost of living [J]. Review of Economic Studies, 1950, 18: 65-66.

[63] GOLLIN D, PARENTE S, ROGERSON R. The role of agriculture in development[J]. American Economic Review, 2002, 92(2): 160-164.

[64] GOLLIN D, PARENTE S, ROGERSON R. Structural transformation and cross-country income differences[Z/OL]. Manuscript, University of Illinois. http://www.dklevine.com/archive/refs4506439000000000259.pdf.

[65] GREENE W. Reconsidering heterogeneity in Panel Data Estimators of the Stochastic Frontier Model[J]. Journal of Econometrics, 2005, 126(2): 269-303.

[66] HALL R E, JONES C I. Why do some countries produce so much more output per worker than others? [J]. The Quarterly Journal of Economics, 1999, 114(I): 83-116.

[67] HALL R, JORGENSON D. Tax policy and investment behavior[J]. American Economic Review, 1967, 57(3): 638-655.

[68] HANSEN G, PRESCOTT E. Malthus to solow[J]. American Economic Review, 2002, 92: 1205-1217.

[69] HARBERGER A C. Perspectives on capital and technology in less developed countries [M] // ARTIS M J, NOBAY A R. Contemporary economic analysis. London: Croom Helm, 1978.

[70] HARBERGER A C. A vision of the growth process[J]. American Economic Review, 1998, 88(1): 1-32.

[71] HAYAMI Y, GODO Y. Development economics: From the poverty to the wealth of nations[M]. Oxford: Oxford University Press, 2005.

[72] HERRENDORF B, SCHMITZ J, TEIXEIRA A. Transportation and development: insights from the US, 1840—1860[D]. Staff Report, 2009.

[73] HERRENDORF B, ROGERSON R, Ákos Valentinyi. Growth and structural transformation[D/OL]. NBER Working Paper, 2013, 18996. http://www.nber.org/papers/w18996.

[74] HIRSCHMAN A. The strategy of economic development[M]. New Haven: Yale University Press, 1958.

[75] HOLZ C A. New capital estimation for China[J]. China Economic Review, 2006, 17: 142–185.

[76] HOUTHAKKER H S. An international comparison of household expenditure patterns: Commemoratingthe centenary of Engel's law [J]. Econometrica, 1957, 25: 532–551.

[77] HSIEH C, SONG Z. Grasp the large, let go of the small: The transformation of the state sector in China[D/OL]. NBER Working Paper, 2015, 21006. http://www.nber.org/papers/w21006.

[78] HSIEH C T, KLENOW P J. Misallocation and manufacturing TFP in China and India[J]. Quarterly Journal of Economics, 2009, 124 (4): 1403–1448.

[79] HU Z, KHAN M S. Why is china growing so fast?[D]. IMF working paper, 1997.

[80] HULTEN C R. The measurement of capital[M/OL] // BERNDT E R, TRIPLETT J E. Fifty years of economic measurement: The jubilee, NBER, Studies in Income and Wealth. Chicago: University of Chicago Press, 1991. http://www.nber.org/chapters/c5974.pdf.

[81] HULTEN C R. Total factor productivity: a short biography[D]. NBER Working Paper, 2000, 7471.

[82] LOVE I, ZICCINO L. Financial development and dynamic investment behavior: evidence from Panel VAR[J]. The Quarterly Review of Economics and Finance, 2006, 46(2): 190–210.

[83] JEFFERSON G, RAWSKI T, ZHENG Y. Growth, efficiency, and convergence in China's state and collective industry[J]. Economic

Development and Cultural Change, 1992, 40: 239-266.

[84] JORGENSON D W, GRILICHES Z. The explanation of productivity change[J]. The Review of Economic Studies, 1967, 34(3): 249-283.

[85] JORGENSON D. The economic theory of replacement and depreciation [M] // SELLEKAERTS W. Econometrics and economic theory. New York: MacMillan, 1973.

[86] JU J D, LIN J Y, WANG Y. Endowment structures, industrial dynamics, and economic growth [J]. Journal of Monetary Economics, 2015, 76: 244-263.

[87] JURGEN M. Structural change and generalized balanced growth[J]. Journal of Economics, 2002, 77(3): 241-266.

[88] KOJIMA K. The "flying geese" model of Asian economic development: origin, theoretical extensions, and regional policy implications[J]. Journal of Asian Economics, 2000, 11: 375-401.

[89] KALDOR N. Capital accumulation and economic growth[M] // LUTZ F A, HAGUE D C. The theory of capital. London: Macmillan, 1961.

[90] KALIRAJAN K P, OBWONA M B, ZHAO S. A decomposition of total factor productivity growth: The case of Chinese agricultural growth before and after reform[J]. American Journal of Agricultural Economics, 1996, 78(2): 331-338.

[91] WILFORD I K. The national income and its purchasing power[M/OL]. National Bureau of Economic Research, 1930. http://www.nber.org/chapters/c6382.

[92] KONGSAMUT P, REBELO S, XIE D Y. Beyond balanced growth [J]. Review of Economic Studies, 2001, 68: 869-882.

[93] KRANTZ O, SCHN L. Swedish historical national accounts 1800—2000. Lund Studies in Economic History[M]. Lund: Lund University, 2007.

[94] KRUGMAN P. Increasing returns and economic geography[J]. Journal of Political Economy, 1991, 99(3): 483-499.

[95] KRUGMAN P. The myth of Asia's miracle[J]. Foreign Affairs,

1994, 73(6): 62-78.

[96] KUMBHAKAR S C, LOVELL C A. Stochastic frontier analysis [M]. New York: Cambridge University Press, 2000.

[97] KUMBHAKAR S C, DENNY M, FUSS M. Estimation and decomposition of productivity change when production is not efficient: A panel data approach[J]. Econometric Reviews, 2000, 19: 425-460.

[98] KUZNETS S. Quantitative aspects of the economic growth of nations II: industrial distribution of national product and labor force [J]. Economic Development and Cultural Change, 1957, 5: 3-110.

[99] KUZNETS S. Economic growth of nations: Total output and production structure [M]. Cambridge, MA: Harvard University Press, 1971.

[100] KUZNETS S. Modern economic growth: findings and reflections [J]. American Economic Review, 1973, 63: 829-846.

[101] KUZNETS S. Modern economic growth: rate, structure, and spread[M]. New Haven: Yale University Press, 1996.

[102] KUZNETS S, EPSTEIN L, JENKS E. Distribution by industrial source [M/OL] // KUZNETS S. National income and its composition, 1919—1938, Vol. 1. New York: National Bureau of Economic Research, 1941. http://www.nber.org/chapters/c5541.

[103] LAITNER J. Structural change and economic growth[J]. Review of Economic Studies, 2000, 67: 545-561.

[104] LEWIS W A. Economic development with unlimited supplies of labour[J]. The Manchester School, 1954, 22(2): 139-191.

[105] LI W. The impact of economic reform on the performance of Chinese state enterprises, 1980—1989 [J]. Journal of Political Economy, 1997, 105(5): 1080-1106.

[106] LI K. China's total factor productivity estimates by region, investment sources and ownership[J]. Economic Systems, 2009, 33(3): 213-230.

[107] LIN J Y. From flying geese to leading dragons: New opportunities and strategies for structural transformation in developing countries

[J]. Global Policy, 2012, 3(4): 397-409.

[108] LIPSEY R G, CARLAW K I. Total factor productivity and the measurement of technological change[J]. Canadian Journal of Economics, 2004, 37(4): 1118-1150.

[109] LUCAS R E. Why doesn't capital flow from rich to poor countries [J]. The American Economic Review, 1990, 80(2): 92-96.

[110] MADDISON A. Economic growth and structural change in advanced countries[M] // LEVESON I, WHELER J W. Western economies in transition: Structural change and adjustment policies in industrial countries. London: Croom Helm, 1980.

[111] MADDISON A. Growth and slowdown in advanced capitalist economies: techniques of quantitative assessment[J]. Journal of Economic Literature, 1987, 25(2): 649-498.

[112] MADDISON A. Standardized estimation of fixed capital stock: a six country comparison[M] // ZOBOLI R. Essays on innovation, natural resources and the international economy. Ravenna, Italy: Studio AGR, 1993.

[113] MADDISON A. Chinese economic performance in the long run[M/OL]. Paris: OECD Development Centre, 1998. http://browse.oecdbookshop.org/oecd/pdfs/product/4107091e.pdf.

[114] MADDISON A. The world economy: A millennial perspective [M]. Paris: OECD Development Centre, 2001.

[115] MATSUYAMA K. Increasing returns, industrialization, and indeterminacy of equilibrium[J]. Quarterly Journal of Economics, 1991, 106(2): 617-650.

[116] MATSUYAMA K. Agricultural productivity, comparative advantage and economic growth[J]. Journal of Economic Theory, 1992, 58(2): 317-334.

[117] MATSUYAMA K. The rise of mass consumption societies[J]. Journal of Political Economy, 2002, 110(5): 1035-1070.

[118] MATTHEWS R C O, FEINSTEIN C, ODLING-SMEE C. British economic growth[M]. Oxford: Oxford University Press, 1982.

[119] MESSINA J. The role of product market regulations in the process

of structural change[J]. European Economic Review, 2006, 50: 1863-1890.

[120] MICHAEL P. Industrial structure and aggregate growth [J]. Structural Change and Economic Dynamic, 2003, 14: 427-448.

[121] MONTOBBIO F. An evolutionary model of industrial growth and structural change[J]. Structural Change and Economic Dynamics, 2002, 13: 387-414.

[122] MUELLER D, REARDON E. Rates of return on corporate investment[J]. Southern Economic Journal, 1993, 60(2): 430-453.

[123] MURPHY K, SHLEIFER K, VISHNY R. Income distribution, market size and industrialization [J]. Quarterly Journal of Economics, 1989, 104(3): 537-564.

[124] NADIRI M I. Some approaches to the theory and measurement of total factor productivity: A Survey [J]. Journal of Economic Literature, 1970, 8(4): 1137-1177.

[125] NGAI L R, PASSARIDES C A. Structural change in a Multi-Sector model of growth[J]. American Economic Review, 2007, 97: 429-443.

[126] NGAI L R, PASSARIDES C A. Trends in hours and economic growth[J]. Review of Economic Dynamics, 2008, 11: 239-256.

[127] NOTARANGELO M. Unbalanced growth: a case of structural dynamics[J]. Structural Change and Economic Dynamics, 1999, 10: 209-223.

[128] OECD. Measuring capital-OECD manual, measuring of capital stock, consumption, consumption of fixed capital and capital services[M/OL]. Paris: OECD, 2001. http://www.oecd.org/std/na/1876369.pdf.

[129] OECD. Measuring capital-OECD manual: second edition [M]. Paris: OECD, 2009.

[130] OECD.生产率测算手册——基于总量层次和产业层次生产率增长的测算[M].北京:科学技术文献出版社,2008.

[131] OULTON N. Must the growth rate decline? Baumol's unbalanced

growth revisited[J]. Oxford Economic Papers, 2001, 53(4): 605 – 627.

[132] PASINETTI L. Structural change and economic growth: a theoretical essay on the dynamics of the wealth of nations[M]. Cambridge: Cambridge University Press, 1981.

[133] PASINETTI L. Structural economic dynamics[M]. Cambridge: Cambridge University Press, 1993.

[134] PENEDER M. Industrial structure and aggregate growth[D]. WIFO Working Papers, 2002, 182.

[135] POTERBA J M. The rate of return to cooperate capital and factor shares: Mew estimates using revised national income accounts and capital stock data[D]. NBER Working paper, 1997, 6263.

[136] PREBISCH R. The economic development of Latin America and its principal problems[M]. New York: United Nations, 1950.

[137] RAA T, SHESTALOVA V. The solow residual, domar aggregation, and inefficiency: a synthesis of TFP measures[J]. Journal of Productivity Analysis, 2011, 30(3): 191 – 199.

[138] REINSDORF M, COVER M. Measurement of capital stocks, consumption of fixed capital, and capital services: Report on a presentation to the Central American Ad Hoc Group on national accounts[Z]. Working Paper, 2005.

[139] ROBERTSON P. Economic growth and the return to capital in developing economies[J]. Oxford Economic Papers, 1990, 51(4): 577 – 594.

[140] ROGERSON R. Structural transformation and the deterioration of European labor market outcomes[J]. Journal of Political Economy, 2008, 226: 235 – 259.

[141] ROMER P. Endogenous technological change[J]. Journal of Political Economy, 1990, 98: 71 – 102.

[142] ROSENSTEIN-RODAN P. Problems of industrialization of eastern and south-eastern Europe[J]. The Economic Journal, 1943, 53: 202 – 211.

[143] SCHUMACHER E F. Small is beautiful: Economics as if people

mattered[M]. London:Blond and Briggs, 1973.

[144] SEN A. Choice of techniques: An aspect of the theory of planned economic development[M]. Oxford: Basil Blackwell, 1960.

[145] SINGER H. The distribution of gains between borrowing and investing countries[J]. American Economic Review, 1950, 40: 473-485.

[146] SMITS J P, HORLINGS E, ZANDEN J L. Dutch GNP and its components 1800—1913 [M/OL]. Groningen: University of Groningen, 2007. http://nationalaccounts. niwi. knaw. nl.

[147] SOLOW R M. Technical change and the aggregate production function[J]. The Review of Economics and Statistics, 1957, 39 (3): 312-320.

[148] SONG Z, STORESLETTEN K, ZILIBOTTI F. Growing like China[J]. American Economic Review, 2011, 101(1): 202-241.

[149] STONE R. Linear expenditure systems and demand analysis: An application to the pattern of British demand[J]. Economic Journal, 1954, 64: 511-527.

[150] SUN L L, REN R E. Estimates of China capital input index by industries(1981—2000) [J]. Frontiers of Economics in China, 2008, 3(3): 462-481.

[151] SYRQUIN M. Patterns of structural change[M] // CHENERY H, SRINIVASAN T N. Handbook of development economics, Vol. 1. Amsterdam and New York: North Holland, 1988.

[152] SYRQUIN M. Growth and structural change in Latin America since 1960: A comparative analysis[J]. Economic Development and Cultural Change, 1986, 34 (3): 433-454.

[153] TEMIN P. A time-series test of patterns of industrial growth[J]. Economic Development and Cultural Change, 1967, 15(2): 174-182.

[154] TIAN X, YU X H. The enigmas of TFP in China: A Meta-Analysis[J]. China Economic Review, 2012, 23(2): 396-414.

[155] TIMMER M P, SZIRMAI A. Productivity growth in Asian manufacturing: The structural bonus hypothesis examined[J].

Structural Change and Economic Dynamics, 2000, 11: 371-392.

[156] TIMMER M P, INKLAAR R, O'MAHONY M, et al. Economic growth in Europe. Cambridge: Cambridge University Press, 2010.

[157] WANG L L, SZIRMAI A. Capital inputs in the Chinese economy: Estimates for the total economy, industry and manufacturing[J]. China Economic Review, 2012, 23: 81-104.

[158] WANG H J, HO C W. Estimating fixed-effect panel stochastic frontier models by model transformation [J]. Journal of Econometrics, 2010, 157(2): 289-296.

[159] WANG H J, SCHMIDT P. One-Step and Two-Step estimation of the effects of exogenous variables on technical efficiency levels[J]. Journal of Productivity Analysis, 2002, 18: 129-144.

[160] WU Y R. Is China's growth sustainable? A productivity analysis [J]. China Economic Review, 2000, 11: 278-296.

[161] WU Y R. Has productivity contributed to China's growth[J]. Pacific Economic Review, 2003, 8(1): 15-30.

[162] WU Y R. Productivity, efficiency and economic growth in China [M]. London: Palgrave Macmillan, 2008.

[163] WU Y R. China's capital series by region and sector[D/OL]. Perth: The University of Western Australia, 2009. http://www.uwa.edu.au/_data/assets/pdf_file/0009/260487/09_02_Wu.pdf.

[164] WU H X. Accounting for China's growth in 1952—2008[D]. Japan: RIETI, 2011.

[165] WURGLER J. Financial markets and the allocation of capital[J]. Journal of Financial Economics, 2000, 58(1-2): 187-214.

[166] YOUNG A. Gold into base metals: Productivity growth in the People's Republic of China during the reform period[J]. Journal of Political Economy, 2003, 111(6): 1220-1261.

[167] ZHANG J. Investment, investment efficiency, and economic growth in China[J]. Journal of Asian Economics, 2003, 14(5): 713-734.

[168] 白重恩,张琼. 中国的资本回报率及其影响因素分析[J]. 世界经济, 2014(10): 3-30.

[169] 才国伟,舒元.我国资本的配置效率:一种新的测算方法[J].经济科学,2009(4):43-52.

[170] 蔡昉,王德文.中国经济增长可持续性与劳动贡献[J].经济研究,1999(10):62-68.

[171] 蔡昉.理解中国经济发展的过去、现在和将来——基于一个贯通的增长理论框架[J].经济研究,2003(11):4-16.

[172] 蔡晓陈.中国资本投入:1978—2007——基于年龄—效率剖面的测量[J].管理世界,2009(11):11-20.

[173] 曾五一,赵楠.中国区域资本配置效率及区域资本形成影响因素的实证分析[J].数量经济技术经济研究,2007(4):35-42.

[174] 曾先峰,李国平.资源再配置与中国工业增长:1985—2007年[J].数量经济技术经济研究,2011(9):3-18.

[175] 陈昌兵.可变折旧率估计及资本存量测算[J].经济研究,2014(12):72-85.

[176] 陈培钦.中国高投资下的资本回报率研究[D].武汉:华中科技大学,2013.

[177] 陈诗一.中国工业分行业统计数据估算:1980—2008[J].经济学(季刊),2011,10(3):735-776.

[178] 陈体标.经济结构变化和经济增长[J].经济学,2007,6(4):1053-1074.

[179] 陈体标.技术增长率的部门差异和经济增长率的"驼峰形"变化[J].经济研究2008(11):102-111.

[180] 陈晓光,龚六堂.经济结构变化与经济增长[J].经济学,2005,4(3):583-604.

[181] 陈勇,李小平.中国工业行业的面板数据构造及资本深化评估:1985—2003[J].数量经济技术经济研究,2006(10):57-68.

[182] 单豪杰.中国资本存量K的再估算:1952—2006年[J].数量经济技术经济研究,2008(10):17-31.

[183] 单豪杰,师博.中国工业部门的资本回报率:1978—2006[J].产业经济研究,2008(6):1-9.

[184] 丁志国,赵宣凯,苏治.中国经济增长的核心动力——基于资源配置效率的产业升级方向与路径选择[J].中国工业经济,2012(9):18-30.

[185] FAN S, ZHANG X, ROBINSON S. Structural Change and Economic Growth in China[J]. Review of Development Economics, 2003, 7(3): 133-150.

[186] 樊潇彦. 中国工业资本收益率的测算与地区、行业结构分析[J]. 世界经济, 2004(5): 48-57.

[187] 樊潇彦, 袁志刚. 我国宏观投资效率的定义与衡量:一个文献综述[J]. 南开经济研究, 2006(1): 44-59.

[188] 范巧. 永续盘存法细节设定与中国资本存量估算:1952—2009 年[J]. 云南财经大学学报, 2012(3): 42-50.

[189] 方军雄. 市场化进程与资本配置效率的改善[J]. 经济研究, 2006(5): 50-61.

[190] 方文全. 中国的资本回报率有多高——年份资本视角的宏观数据再估算[J]. 经济学, 2012, 11(2): 521-540.

[191] 干春晖, 郑若谷, 余典范. 中国产业结构变迁对经济增长和波动的影响[J]. 经济研究, 2011(5): 4-16.

[192] 干春晖, 郑若谷. 改革开放以来产业结构演进与生产率增长研究——对中国 1978 年—2007 年"结构红利假说"的检验[J]. 中国工业经济, 2009(2): 55-65.

[193] 龚六堂, 谢丹阳. 我国省份之间的要素流动和边际生产率的差异分析[J]. 经济研究, 2004(1): 45-53.

[194] 古明明, 张勇. 中国资本存量的再估算和分解[J]. 经济理论与经济管理, 2012(12): 29-41.

[195] 郭庆旺, 贾俊雪. 中国全要素生产率的估算:1979—2004[J]. 经济研究 2005(6): 51-60.

[196] 郭炜, 许可, 李双玲. 我国区域资本配置效率的实证研究[J]. 武汉理工大学学报(社会科学版), 2014, 27(4): 575-580.

[197] 郭熙保, 罗知. 中国省际资本边际报酬估算[J]. 统计研究, 2010, 27(6): 71-77.

[198] 韩江波, 李超. 产业演化路径的要素配置效应:国际案例与中国选择[J]. 经济学家, 2013(5): 39-49.

[199] 韩立岩, 蔡红艳. 我国资本配置效率及其与金融市场关系评价研究[J]. 管理世界, 2002(1): 65-70.

[200] 韩立岩, 蔡红艳, 郄冬. 基于面板数据的中国资本配置效率研究[J].

经济学,2002,1(3):541-552.

[201] 郝枫.资本存量核算的国际进展及其对中国的启示[J].统计与信息论坛,2005,20(5):14-17.

[202] 郝枫.中国省区资本存量估算:1952—2004[J].数据分析,2006,1(6):11-29.

[203] 郝枫,郝红红,赵慧卿.中国基准资本存量研究——基于首次经济普查修订数据[J].统计与信息论坛,2009,24(2):7-13.

[204] 何枫,陈荣,何炼成.SFA模型及其在我国技术效率测算中的应用[J].系统工程理论与实践,2004(5):42-48.

[205] 何枫,陈荣,何林.我国资本存量的估算及其相关分析[J].经济学家,2003(5):29-35.

[206] 贺菊煌.我国资产的估算[J].数量经济技术经济研究,1992(8):24-27.

[207] 胡凯.中国省际资本回报率的地区差距[J].湖北经济学院学报,2012,10(3):80-86.

[208] 胡凯,吴清.制度环境与地区资本回报率[J].经济科学,2012(4):66-79.

[209] 黄茂兴,李军军.技术选择、产业结构升级与经济增长[J].经济研究,2009(7):143-151.

[210] 黄少卿,施浩,叶兵.中国各省分类物质资本存量估算:1985—2011[J/OL].《经济研究》工作论文,2014,WP619. http://www.erj.cn/cn/lwInfo.aspx? m=201009211137383908938&n=20140909102019333137.

[211] 黄伟力.中国资本利润率的变动趋势及其影响因素[J].山西财经大学学报,2007,29(8):15-21.

[212] 黄先海,杨君.中国工业资本回报率的地区差异及其影响因素分析[J].社会科学战线,2012(3):40-47.

[213] 黄先海,杨君,肖明月.中国资本回报率变动的动因分析——基于资本深化和技术进步的视角[J].经济理论与经济管理,2011(11):47-54.

[214] 黄先海,杨君,肖明月.资本深化、技术进步与资本回报率:基于美国的经验分析[J].世界经济,2012(9):3-20.

[215] 黄勇峰,任若恩,刘晓生.中国制造业资本存量永续盘存法估计[J].

经济学，2002，1(2)：377-396.
[216] 黄宗远，宫汝凯.中国物质资本存量估算方法的比较与重估[J].学术论坛，2008(9)：97-104.
[217] 黄宗远，宫汝凯.中国省区物质资本存量的重估：1978—2007 年[J].广西师范大学学报(哲学社会科学版)，2010，46(1)：74-80.
[218] 蒋云赟，任若恩.中国工业的资本收益率测算[J].经济学，2004(4)：877-888.
[219] 金戈.中国基础设施资本存量估算[J].经济研究，2012(4)：4-14.
[220] 孔庆洋，余妙志.中国各地区工业资本存量的估算[J].经济问题探索，2008(4)：6-10.
[221] 雷辉.我国资本存量测算及投资效率的研究[J].经济学家，2009(6)：75-83.
[222] 李宾.我国资本存量估算的比较分析[J].数量经济技术经济研究，2011(12)：21-36.
[223] 李飞跃.技术选择与经济发展[J].世界经济，2012(2)：45-62.
[224] 李尚骜，龚六堂.非一致性偏好、内生偏好结构与经济结构变迁[J].经济研究，2012(7)：35-47.
[225] 李小平，陈勇.劳动力流动、资本转移和生产率增长[J].统计研究，2007(7)：22-28.
[226] 李小平，卢现祥.中国制造业的结构变动和生产率增长[J].世界经济，2007(5)：52-64.
[227] 李治国，唐国兴.资本形成路径与资本存量调整模型[J].经济研究，2003(2)：34-42.
[228] 梁昭.国家经济持续增长的主要因素分析[J].世界经济，2000(7)：50-56.
[229] 林毅夫.发展战略、自生能力和经济收敛[J].经济学，2002，1(2)：269-300.
[230] 林毅夫.新结构经济学——重构发展经济学的框架[J].经济学，2010，10(1)：1-32.
[231] 林毅夫，董先安，殷韦.技术选择、技术扩散与经济收敛[J].财经问题研究，2004(6)：3-10.
[232] 林毅夫.新结构经济学文集[M].上海：格致出版社，2012.
[233] 刘赣州.资本市场与资本配置效率：基于中国的实证分析[J].当代经

济研究,2003(11):69-72.

[234] 刘辉霞.论中国经济的长期增长[J].经济研究,2003(5):41-47.

[235] 刘建党.就业结构变化与中国经济增长关系的实证研究——基于中国29个省份面板数据的计量分析[J].经济研究导刊,2008(18):4-6.

[236] 刘伟,李绍荣.产业结构与经济增长[J].中国工业经济,2002(5):14-21.

[237] 刘伟,李绍荣.中国的地区经济结构与平衡发展[J].中国工业经济,2005(4):61-85.

[238] 刘伟,张辉.中国经济增长中的产业结构变迁和技术进步[J].经济研究,2008(11):4-15.

[239] 刘晓光,卢峰.中国资本回报率上升之谜[J].经济学,2014,13(3):816-835.

[240] 鲁晓东,连玉君.中国工业企业全要素生产率估计:1999—2007[J].经济学,2012(1):541-558.

[241] 吕铁.制造业结构变化对生产率增长的影响研究[J].管理世界,2002(2):87-94.

[242] 吕铁,周叔莲.中国的产业结构升级与经济增长方式转变[J].管理世界,1999(1):113-125.

[243] 潘文卿,张伟.中国资本配置效率与金融发展相关性研究[J].管理世界,2003(8):16-23.

[244] 邱晓华,郑京平,万东华.中国经济增长动力及前景分析[J].经济研究,2006(5):4-14.

[245] 邵挺.金融错配、所有制结构与资本回报率:来自1999—2007年我国工业企业的研究[J].金融研究,2010(9):51-68.

[246] 邵挺,李井奎.资本市场扭曲、资本收益率与所有制差异[J].经济科学,2010(5):35-45.

[247] 沈坤荣.如何应对国际经济格局新变化[J].求是,2013(8):32-34.

[248] 沈能,赵建强.我国资本配置效率的区域差异分析及其成因分解[J].当代经济科学,2005(6):33-39.

[249] 石奇,孔群喜.动态效率、生产性公共支出与结构效应[J].经济研究,2012(1):92-104.

[250] 史永东,齐鹰飞.中国经济的动态效率[J].世界经济,2012(8):65-70.

[251] 舒元,张莉,徐现祥.中国工业资本收益率和配置效率测算及分解

[J].经济评论,2010(1):27-35.

[252] 宋海岩,刘淄楠,蒋萍.改革时期中国总投资决定因素的分析[J].世界经济文汇,2003(1):44-56.

[253] 宋辉,李强.从投入产出模型看科技进步对中国产业结构升级的影响[J].数量经济技术经济研究,2003(1):103-107.

[254] 孙辉,支大林,李宏瑾.对中国各省资本存量的估计及典型性事实:1978—2008[J].广东金融学院学报,2010,25(3):103-116页.

[255] 孙琳琳,任若恩.资本投入测量综述[J].经济学,2005,4(4):823-842.

[256] 孙琳琳,任若恩.转轨时期我国行业层面资本积累的研究——资本存量和资本流量的测算[J].经济学,2014,13(3):837-862.

[257] 孙文凯,肖耿,杨秀科.资本回报率对投资率的影响:中美日对比研究[J].世界经济,2010(6):3-24.

[258] 王德文,王美艳,陈兰.中国工业的结构调整、效率与劳动配置[J].经济研究,2004(4):41-49.

[259] 王金田,王学真,高峰.全国及分省份农业资本存量K的估算[J].农业技术经济,2007(4):64-70.

[260] 王玲,SZIRMAI A.高技术产业技术投入和生产率增长之间关系的研究[J].经济学,2008,7(3):913-932.

[261] 王小鲁.中国经济增长的可持续性与制度变革[J].经济研究,2000(7):3-15.

[262] 王小鲁,樊纲.中国经济增长的可持续性——跨世纪的回顾与展望[M].北京:经济科学出版社,2000.

[263] 王益煊,吴优.中国国有经济固定资本存量初步测算[J].统计研究,2003(5):40-45.

[264] 王志刚,龚六堂,陈玉宇.地区间生产效率与全要素生产率增长率分解(1978—2003)[J].中国社会科学,2006(2):55-66.

[265] 吴方卫.我国农业资本存量的估计[J].农业技术经济,1999(6):34-38.

[266] 吴延瑞.生产率对中国经济增长的贡献:新的估计[J].经济学,2008,7(3):827-842.

[267] 武剑.外国直接投资的区域分布及其经济增长效应[J].经济研究,2002(4):27-35.

[268] 肖红叶,郝枫. 资本永续盘存法及其国内应用[J]. 财贸经济,2005(3):55-62.

[269] 谢千里,罗斯基,谢玉歆. 改革以来中国工业生产率变动趋势的估计及其可靠性分析[J]. 经济研究,1995(12):10-22.

[270] 谢群,潘玉君. 中国内地各省区1952—2009年实物资本存量估算[J]. 当代经济,2011(1):122-128.

[271] 辛清泉,林斌,杨德明. 中国资本投资回报率的估算和影响因素分析——1999—2004年上市公司的经验[J]. 经济学,2007,6(4):1143-1164.

[272] 徐朝阳. 工业化与后工业化:"倒U型"产业结构变迁[J]. 世界经济,2010(12):67-88.

[273] 徐朝阳. 供给抑制政策下的中国经济[J]. 经济研究,2014(7):81-93.

[274] 张勋,徐建国. 中国资本回报率的驱动因素[J]. 经济学,2016,15(2):32.

[275] 徐杰,段万春,杨建龙. 中国资本存量的重估[J]. 统计研究,2010(12):72-77.

[276] 徐康宁,冯伟. 基于本土市场规模的内生化产业升级:技术创新的第三条道路[J]. 中国工业经济,2010(11):58-67.

[277] 徐现祥,周吉梅,舒元. 中国省区三次产业资本存量估计[J]. 统计研究,2007,24(5):6-13.

[278] 许宪春. 中国国内生产总值核算[J]. 经济学,2002,2(1):23-36.

[279] 薛俊波,王铮. 中国17部门资本存量的核算研究[J]. 统计研究,2007(7):49-54.

[280] 杨勇. 中国服务业全要素生产率再测算[J]. 世界经济,2008(10):46-55.

[281] 姚战琪. 生产率增长与要素再配置效应:中国的经验研究[J]. 经济研究,2009(11):130-143.

[282] 叶明确,方莹. 中国资本存量的度量、空间演化及贡献度分析[J]. 数量经济技术经济研究,2012(11):68-84.

[283] 叶裕民. 全国及各省区市全要素生产率的分析及计算[J]. 经济学家,2002(3):115-121.

[284] 叶宗裕. 中国资本存量再估算:1952—2008[J]. 统计与信息论坛,2010,25(7):36-41页.

[285] 于君博.前沿生产函数在中国区域经济增长技术效率测算中的应用[J].中国软科学,2006(11):50-59.

[286] 俞颖.我国区域资本配置效率的实证研究[J].山西财经大学学报,2008(8):18-24.

[287] 袁富华.长期增长的结构性加速与结构性减速:一种解释[J].经济研究,2012(3):127-140.

[288] 袁志刚,何樟勇.20世纪90年代以来中国经济的动态效率[J].经济研究,2003(7):18-26.

[289] 张健华,王鹏.中国全要素生产率:基于分省份资本折旧率的再估计[J].管理世界,2012(10):18-30.

[290] 张军.资本形成、工业化与经济增长:我国的转轨特征[J].经济研究,2002(6):3-13页。

[291] 张军,陈诗一,JEFFERSON G H.结构改革与中国工业增长[J].经济研究,2009(7):4-20.

[292] 张军,施少华.中国经济全要素生产率变动:1952—1998[J].世界经济文汇,2003(2):17-24.

[293] 张军,施少华,陈诗一.中国的工业改革与效率变化——方法、数据、文献和现有的结果[J].经济学,2003,3(1):1-38.

[294] 张军,吴桂英,张吉鹏.中国省际物质资本存量估算:1952—2000[J].经济研究,2004(10):35-44.

[295] 张军,章元.对中国资本存量K的再估计[J].经济研究,2003(7):35-43.

[296] 张军扩."七五"期间经济效益的综合分析——各要素对经济增长贡献率的测算[J].经济研究,1991(4):8-17.

[297] 张平.在增长的迷雾中抉择:行难知亦难——评吴敬琏著《中国经济增长模式的抉择》[J].经济研究,2006(2):120-125.

[298] 张耀辉.产业创新:新经济下的产业升级模式[J].数量经济技术经济研究,2002(2):14-17.

[299] 郑玉歆,李玉红.工业新增利润来源及其影响因素:基于企业数据的经验研究[J].中国工业经济,2007(12):5-12.

[300] 中国经济增长前沿课题组.中国经济长期增长路径、效率与潜在增长水平[J].经济研究,2012(11):4-17.

[301] 周辰亮,丁剑平.开放经济下的结构转型:一个三部门一般均衡模型

[J]. 世界经济,2007(6):28-34.
[302] 周英章,蒋振声. 我国产业结构变动与实际经济增长关系实证研究
[J]. 浙江大学学报(人文社会版),2002(3):146-152.
[303] 宗振利,廖直东. 中国省际三次产业资本存量再估算:1978—2011
[J]. 贵州财经大学学报,2014(3):8-16.

附　录

扫码阅览

后 记

2015年春节,在我埋头撰写博士论文时,一则题为《一位博士生的返乡笔记:近年情更怯,春节回家看什么》的文章在微信朋友圈及微博等社交媒体疯传,个中的乡愁情节、失落的农村文化、分割的城乡结构、社会变迁步伐等等都成了争论话题。作者文中吐槽的返乡礼遇和知识在乡村不受重视是我最感同身受的。我来自"鱼米之乡"的江苏姜堰,出生在颇具江浙特色的城郊乡镇家庭——祖父辈是面朝黄土背朝天的农民,父母辈在城镇上班、8小时之外务农。在"知识改变命运"的感召下,省内对教育的异常重视催生了一批异军突起的县级中学——我的母校姜堰中学就是一例。自我2004年迈入南京大学,在象牙塔的10余年,亲身感受到社会对博士认同感的削弱、博士头衔社会美誉度逐渐去魅。与此同步的是一个分裂变化:一方面,社会各界对于知识重要性的一致认可与推崇;另一方面,大学教育无用论、过剩论的腔调日盛。作为时代浪潮中的个体,唯有狄更斯那段被重复无数次的话可以言表其中失落飘摇与信心奋进交织的复杂情绪:

"这是一个最坏的时代,这是一个最好的时代;
这是一个智慧的年代,这是一个愚蠢的年代;
这是一个光明的季节,这是一个黑暗的季节;
这是希望之春,这是失望之冬;
人们面前应有尽有,人们面前一无所有。"

读博士究竟为了什么?"朝为田舍郎,暮登天子堂"的功利化期许不复成立。教育回报率是一个倒U型变化轨迹,拐点在本科和硕士研究生之间,博士教育回报率的下降是不争事实。2011年,《自然》杂志就刊文《教育:博士工厂》(Education:The PhD factory)就1998—2008年博士数量的增长以致泛滥成灾及博士就业前景表示担忧。在当前中国经济社会激烈变化的转型时期,供给过剩,实用主义与工具论成为新一轮主导思潮。因而,一方面,大学培养的专业与方向存在路径依赖与惯性维持的特点,另一方面,社会技术进步又加速了现有行业分类的重新洗牌,这种脱节使得博士供给与需求存在结构性过剩与短缺的问题尤其突兀。在互联网架构出来的网络社会中,信息传播更加快速、便捷、畅通,从大学获取知识的传统门槛被踏平,博士,尤其是文科博士的身份被解构,并打上了"职业化"的烙印——这将成为博士教育与培养的"新常态"。

虽然"万般皆下品、唯有读书高"透着封建文人的酸腐之气,但是读博无用论也是一种矫枉过正。从社会分工的角度而言,有人卖茶叶蛋,就有人造导弹;有人拿剃须刀,就有人持手术刀;有人形而下,就有人形而上;有人入世,就有人出世。作为社会构成的成员,既是理性决策的经济人,也是被社会分工异化了的个体;知识分子也不能幸免。于是,大楼林立,大师遁世,专家纷呈,公知喧嚣。仰望先哲,顶礼膜拜;低头探路,却只能亦步亦趋,在自己的一亩三分地上深耕细作。论文写作的过程,就像一场未知旅程的探险,不到最后的定稿,都未知终点在何处;而一篇的终点,又是另一篇的起点,此起彼伏。这就是学术引得学子们不求回报,为伊消得人憔悴、衣带渐宽终不悔的魅力所在吧。

十分感谢我的博士生导师沈坤荣教授。当年我以传播学硕士身份报考南京大学理论经济学博士生候选人,沈老师撇除一贯的专业歧视,鼓励我参加入学考试的公平竞争,并慷慨纳我入门下。入学后,沈老师悉心指导我的理论和方法学习,引领我进入经济学的殿堂,提点我的学术研究,包容我的疏漏与粗鄙,颇有孔子有教无类之风。尽管身兼多职,沈老师总会拨冗指导我辈的学术研究,谆谆教诲都彰显知识分子"自由之思想、独立之精神"本色。在这个浮华时代,沈老师对学术思考的推崇心与敬畏心弥足珍贵,也是我今后的人生"idol"。求学时光总是短暂,憾未能学得恩师十分之一;虽然毕业,但路漫漫其修远兮、吾将上下而求索。

由衷感谢南京大学商学院的老师们。感谢洪银兴教授和葛杨教授在资本论研究课程的授课,是你们诲人不倦的分享给予了我用马克思经济观点思考现实世界的灵感,并撰写成文、公开发表。可惜自己脸皮比较薄、不敢叨扰,一直未能向两位老师当面致谢,借此机会以文遥寄。感谢耿强教授、李剑老师等在团队课题研究中的不吝赐教,让我受益匪浅。还有商学院的其他老师,这里不一而足。每一位老师的学术生涯与成果是我们茶余饭后的八卦谈资,好似学术道路上的丰碑,激励我辈毫不松懈地向前。感谢南京大学商学院给我们提供了良好的硬件设施和学习环境;感谢商学院的诸位行政老师们,他们贴心的人性化服务、标准化的行政事务指导,我认为可以作为公共机构管理的蓝本。

真诚感谢我的同门师兄弟师姐妹、安中楼1621工作室的同学及同窗们：单豪杰、李猛、李子联、顾元媛、周密、李蕊、郑安、李怀建、徐爱燕、滕永乐、吴尧、余红艳、张兴龙、吕大国、盛天翔、巩师恩、胡育蓉、齐结斌、高莉莉、朱江丽、孙俊、赵锦春、丁平等同学，从你们身上我学到了很多，与你们不经意的交流往往成为新一轮头脑风暴的前奏。博士生涯的一路同行，将是我们一生值得回味的隽永记忆。

特别感谢南京大学新闻传播学院的老师们：韩丛耀教授（我的硕士导师）、杜骏飞教授、郑丽勇教授、郑欣教授、周海燕教授、朱莉莉教授、祁林教授、夏文蓉教授等，我在新闻传播学院的七年时光与诸位老师交集颇多：是你们的多方位教育，让我在本科阶段从一个"后高中生"蜕变为社会化的人；也是你们的学术指导，开拓了我的视野，引领我走上学术研究的道路。

衷心感谢我的家人对我换专业攻读博士的支持。首先感谢我的先生，你拥有一颗强大内心、支持我读博；还有一颗无私内心，给予我物质和精神的双重支持，是我的钱袋子和精神港湾。你是真正称得上"大男子"的！其次，感谢我的父母！双亲都是普通的工薪阶级，给予我最大的自由发展空间。尽管对我从事的学术研究一无所知，也对我放弃的工作机会表示可惜，却依然无条件地支持我和我的家庭，不辞劳苦地分担照顾小孩的责任，让我可以心无旁骛地埋头研究。学术是一件奢侈品，你们的包容让这件奢侈品触手可及！再次，感谢我遥在巴蜀的公公婆婆。谢谢你们对我们小家庭的宽容与理解！最后，感谢我刚过周岁的女儿，虽然你什么都没做，但就是因为你什么都没做，在同龄人中还算乖、不粘人的秉性就是对我莫大的支持了。

最后，感谢、感恩南京大学。我人生的18岁到29岁，先后在南京大学的浦口校区和鼓楼校区度过。11年来，"诚朴雄伟、励学敦行"以及"嚼得菜根、做得大事"的校训一直萦绕耳畔；11年来，从新闻采风的社会实践，到电视拍摄与剪辑的专业技能，再到学术领域的知易行难，在南京大学的每段历练与收获都嵌入我的社会人格中，伴我成长。虽然迄今还没做成大事，但勤勤恳恳、踏踏实实、厚积薄发的人生态度已然养成。"今日我以南大为荣"，祝福母校早日建设成为世界一流大学；自己也会继续努力，希冀"明日南大以我为荣"。

2021年9月21日
于南京